노무현 트라우마

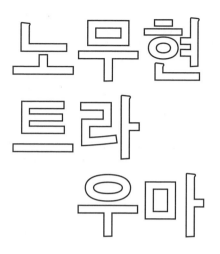

노무현
트라
우마

보복을 넘어 공존의 정치로

손병관 지음

메디치

2022년 3월 10일 0시 30분 국민의힘 대선 개표 상황실이 차려
진 국회도서관 지하 대강당에서 "와~" 하는 함성이 울려 퍼졌다.

국민의힘 윤석열 후보(82만 2,507표)가 더불어민주당 이재명 후
보(82만 5,263표)를 역전하기 일보 직전이었다.

전날 오후 7시 30분 발표된 방송사 출구 조사 결과가 나올 때
만 해도 국민의힘과 더불어민주당 관계자들의 표정은 달랐다.
지상파 3사(KBS, MBC, SBS)는 윤석열의 0.6%p 우세(윤 48.4%, 이재
명 47.8%)를, JTBC는 이재명의 0.7%p 우세(이 48.4%, 윤석열 47.7%)
를 각각 점쳤다.

산술적으로는 뚜껑을 열어봐야 알 수 있다는 결론임에도 크
게 이길 것으로 기대했던 국민의힘은 실망했고, 민주당은 힘들
었지만 이겼다고 해석했다. 나와 가까운 민주당 지지자들도 "썩
만족스러운 캠페인은 아니었지만, 국민의힘 따위에 정권을 내줄
정도는 아니지 않냐"면서 결과를 낙관했다.

엄청난 착시였다.

투표함을 절반 정도 연 다음부터 윤석열은 이재명을 추월한 뒤 재역전을 허용하지 않았다. 선거 결과는 지상파 3사의 예측에 수렴되어 갔다. 자정 무렵까지 개표 방송을 지켜본 이재명 지지자들은 아침에 일어나 결과를 보고 경악했다.

두 사람의 득표율 차이는 0.73%p, 표차는 24만 7,077표였다. 1997년 15대 대선 당시 1위 김대중과 2위 이회창의 득표 차(39만 557표, 득표율 차 1.53%p)를 깬 신기록이었다.

"다시는 절대로 정권을 빼앗기지 않겠다"°고 했던 문재인의 공언은 5년 만에 물거품이 되어버렸다. 2016년부터 2017년까지 이어진 이른바 '촛불 정국'을 거쳐 탄생한 문재인 정부의 5년을 복기해 보면 너무도 어이없는 결과였다. 박근혜 정부에서 핍박받던 검사 윤석열이 문 정부 검찰의 '신데렐라'로 각광받을 때만 해도 누구도 이런 결말을 예상하지 못했기 때문이다.

그렇다면 문재인 정부는 정권을 내줬으니 '실패한 정부'일까? 손혜원 전 의원(20대 국회의원, 더불어민주당)은 "잘못한 것보다 잘한 게 훨씬 많은 대통령이었다. 윤석열 인사 등에서 실수한 부분은 있지만 임기 말 지지율이 40%를 넘는 대통령은 없었다"고 평가했다.

문재인 정부는 노무현 정부처럼 임기 말 돌아선 민심 때문에 처절하게 심판받는 전철을 밟지는 않았다. 하지만 지지층이 결

° 2017년 3월 29일 대선 후보 경선 충청권 순회 투표.

집한 것 이상으로 반대편을 뭉치게 해 정권을 내줬다는 결과가 달라지는 것은 아니다.

문재인 정부는 최저임금, 소득주도성장, 탈원전, 남북 관계 개선 그리고 이명박과 대법원장에게 칼을 댄 적폐 청산까지 48%를 뭉치게 하는 정책들에 온 힘을 쓰다가 나머지 52%의 마음을 잡는 데는 실패한 게 아닐까? 지지율을 51, 52%까지 끌어올릴 수 있는 '보다 유연한' 정책을 폈더라도 정권 재창출에 실패했을까?

나는 이런 사태의 뿌리를 더듬어 보기로 마음먹었다. 그 과정에서 2009년 노무현 전 대통령 서거가 남긴 상흔들이 눈에 밟혔다.

돌이켜 보면 '노무현 이후'의 현대사는 그가 살아있었다면 과연 일어났을까 생각되는 사건들의 연속이었다. 수십 년을 관통하는 집단 트라우마를 낳은 1950년 한국전쟁, 1980년 광주민주화운동 이후 이 정도까지 사람들의 의식에 지속적인 영향을 준 사건이 있었을까?

문제는 노무현의 죽음 이후 정권이 세 번이나 바뀌었지만 우리는 그의 죽음이 남긴 트라우마에서 여전히 벗어나지 못했다는 것이다. '노무현 트라우마'는 문제의 존재를 이심전심 인지하면서도 해결의 실마리를 찾지 못하는, 이 시대의 숙제다.

기자 시절 노무현과 인연을 맺어 참여정부 청와대의 대변인을 지낸 김종민 이원(20·21대 국회의원, 더불어민주당)의 말이다.

프랑스는 18세기 대혁명 이후 혁명과 반혁명으로 나뉘어서 100여 년 동안 '단두대 정치'를 했다. 우리도 적폐 청산을 했는데 윤석열이 집권하자 그 대상이 조국과 문재인, 민주당, 이재명으로 바뀐 거 아니냐? 단두대만 없을 뿐, 대한민국은 노무현의 죽음 이후 프랑스의 길을 반복하고 있다. (2022년 9월 14일 필자와의 인터뷰)

그의 말은 내가 문재인 정부 출범 이후 줄곧 느꼈던 문제의식과 맞닿아있다.

이것이 정녕 노무현이 바라던 나라인가?

노무현은 집권 여당 후보로는 이례적으로 '정치 개혁'의 기치를 내걸고 대통령에 당선됐다.

노무현은 그 자신의 말대로 새로운 시대를 여는 세종이 되고 싶었지만, 구시대의 막내 노릇을 할 수밖에 없는 태종이 될 수도 있다는 생각에 낙담했다. 자신의 부족함을 딛고 후계자들이 더 좋은 지도자가 되길 진심으로 기도했다.

그런 노무현 전 대통령을 지켜주지 못했다는 지지자들의 죄책감이 우상에 대한 열광과 적폐에 대한 단죄로 반복적으로 발현되면서 정치가 선악이 맞서는 아레나로 전락한 게 아닐까?

그런 의미에서 이 책은 전직 대통령이 죽음에 이르게 된 과정과 그것이 대중에게 일으킨 의식의 변화, 그로 인해 파생된 나비 효과에 대한 관찰기다.

'노무현 서거'의 기억은 아직 생생하지만, 이 또한 언젠가는 넘겨야 할 '역사의 한 페이지'인 것은 분명하다. 더는 '노무현'을 호명하지 않아도 되는 시대를 소망한다.

전업 작가가 아닌 기자로서 1년 만에 두 번째 책을 내게 됐다.

집필 과정에서 2002·2007·2012년 대선 당시에 작성한 취재 메모들을 되살렸고, 기억이 불확실하거나 추가 취재가 필요한 부분은 취재원 인터뷰로 보강했다.

"문재인 대통령의 시대를 돌아보는 것이 다소 이를 수 있다"며 난색을 보이면서도 말문을 열어준 취재원들에게도 거듭 고마움을 표시한다. 여전히 '빠진 퍼즐'이 많다는 지적에도 십분 동의한다. 건강이 허락하는 한 '더 큰 그림'을 위한 후속 작업을 이어가겠다.

시대의 기록을 남기는 것이 기자의 소명이라면 이 책을 쓰는 것은 기록자로서의 나를 증명하는 작업이기도 했다. 5년간 머릿속에만 담아둔 아이디어를 책으로 써보라고 격려해 준 메디치미디어 김현종 대표와 배소라 출판콘텐츠실장, 황정원 편집자에게 감사하다.

무엇보다 내가 한국 정치사에 관심을 가질 수 있도록 인문학에 대한 관심의 씨앗을 어린 시절부터 뿌려준 어머니와, 건강이 안 좋은 나를 물심양면 보살펴 준 아내와 딸에게 이 책을 바친다.

2022년 12월
손병관

차례

'지못미'

노무현

1   귀향

2002년 16대 대선이 종반으로 치닫던 그해 12월 7일 오전 11시. 새천년민주당 노무현 후보가 경남 김해 김수로왕릉 앞에 섰다. 대선 기간 고향 땅을 밟은 노무현이 호기 있게 말했다.

"제가 대통령이 될 겁니다. 5년간 그야말로 대통령답게 잘하고 이제 감옥 안 가는 대통령, 아들을 감옥에 안 보내는 대통령, 떳떳하고 자랑스러운 대통령이 돼서 5년간 잘 마치고, 제가 어디 갈 데가 있습니까? 고향에 내려와 작은 집을 하나 마련해서 여러분과 함께 살 것입니다. 그때 소주 한잔합시다."

유세가 있기 전 노무현은 김해관광호텔에서 문병욱 썬앤문그룹 회장에게서 3,000만 원(1억 원이라는 얘기도 있다)을 받았다. 1년 뒤 검찰이 여야의 대선 자금을 모두 들추는 과정에서 이 사실이 드러나 톡톡히 망신을 당했다. 검찰은 2002년 대선의 양강 후보였던 노무현과 한나라당 이회창 후보를 모두 불기소 처분하고 불법 정치자금 수령의 대리인들을 처벌했다. "(두 사람 모두) 불법

모금에 직접 관여했다는 구체적 증거는 발견하지 못했다"는 이유를 댔지만, 현직 대통령을 기소할 수 없는 상황에서 문제를 '정치적으로' 덮은 것이다.

노무현으로서는 청와대에 들어가기 전의 허물로 인해 값비싼 액땜을 한 셈이지만, 그의 시련은 끝나지 않았다.

2004년 탄핵 역풍으로 기사회생했지만, 노무현 대통령은 임기 후반 '대연정 파동' 등으로 내내 한나라당에 끌려다녔다. 재보선과 지방선거 연전연패 속에 지지율도 크게 떨어졌다. 여론조사 회사 케이엠조사연구소가 《헤럴드경제》 의뢰로 2006년 12월 2~4일 실시한 전화 여론조사에서는 국정 운영 지지도가 5.7%를 기록했다('매우 잘한다' 1%, '잘한다' 4.7%).°

대통령님, 나와 주세요

그러나 대통령직에서 물러난 후 분위기는 달랐다. 2008년 2월 25일 오후 3시 30분 경남 김해 봉하마을에 도착했을 때 2만여 명의 팬들이 노무현의 '시민 복귀'를 기다리고 있었다.

"여러분, 제가 딱 말 놓고 하고 싶은 얘기 한마디 하겠습니다. '야, 기분 좋다!' 감사합니다."

노무현 대통령은 귀향길 기자 간담회에서 퇴임 후 어떤 일을

° 이는 10년 뒤인 2016년 11월 넷째 주(22~24일) 박근혜 대통령의 국정 운영 지지율이 4%를 기록하기 진까지 최저 수지였다. 당시 박근혜는 국회 탄핵소추안 표결을 앞두고 있었다.

하고 싶냐는 질문에 "실제로 이런저런 일을 내가 계획하더라도 손님 맞다가 볼일을 보지 못할까 그것이 제일 걱정이다. 안 와도 걱정, 와도 걱정"이라고 답했다.

다음 날 상황을 청와대 대변인이었던 윤태영은 이렇게 기록했다.

> 그는 절반의 기대와 절반의 설렘을 가슴에 품은 채로 아직은 낯선 사저에서 오지 않는 잠을 청했다. 다음 날 아침, 그는 간밤의 기대와 설렘이 혼자만의 착각일 수도 있음을 확인해야 했다. 아침 일찍부터 사저 앞으로 몰려든 방문객들 때문이었다.
>
> "대통령님, 나와 주세요."
>
> 한가한 농촌 생활을 꿈꾸었던 그로서는 뜻밖의 상황이 아닐 수 없었다. 어안이 벙벙해질 정도로 당황스러웠다. 솔직히 그는 정권을 넘겨준 대통령, 낮은 지지율로 퇴임한 대통령으로 스스로를 규정짓고 있었다. 그런 전직 대통령에게 사람들이 찾아오면 얼마나 찾아오겠나? 손가락질 안 받으면 다행이지! 하는 냉소가 있는 것도 사실이었다. 그런데 사람들이 그를 찾고 있었다. 그 이유를 천착해 볼 여유가 그에게는 없었다. 그냥 한 차례 예의를 갖추면 끝날 것으로 생각했던 방문객들의 요청은 한 시간이 멀다 하고 이어졌다. 사저에서 새로운 생활을 함께 시작한 비서들의 얼굴에 웃음꽃이 피어났다.
>
> 3월 16일 하루에만 노무현 사저 앞에서 눈도장을 찍은 방문객 수가 1만여 명에 이르렀다. 그날 밀려드는 방문객들을 감당

하기 어려워 들판으로 산책 나가자 200~300명이 따라붙고 또 다른 500~600명이 논두렁에서 그를 기다렸다. 끝이 보이지 않는 기념사진 세례에 지친 노무현은 경호관의 자전거를 타고 논길을 따라 도망가야 했다.[1]

퇴임 후 6개월 동안 연인원 55만 명이 봉하마을을 찾았다.

그러나 노무현에게서 국정의 짐을 넘겨받은 이명박 대통령의 사정은 전혀 달랐다.

2008년 4월 29일 MBC 〈PD수첩〉이 '긴급 취재 미국산 쇠고기, 과연 광우병에서 안전한가'를 방송한 후부터 미국산 쇠고기 안전성 문제에 대한 불안 심리가 비등(沸騰)했다. 그해 5월 2일 청계광장에서 시작된 촛불 시위에는 무려 1만 명이 참석했다.

5월 31일 《조선일보》에 촛불 시위 초기 이명박 대통령의 반응을 보여주는 기사가 실렸다.

"(청와대) 민정수석실은 쇠고기 대책 회의에서 '어제 촛불 집회가 열렸고 1만 명이 참석했다'고 보고했다가 혼쭐이 났다. 이 대통령은 '신문만 봐도 나오는 걸 왜 보고하냐. 1만 명의 촛불은 누구 돈으로 샀고, 누가 주도했는지 보고하라'며 화를 냈다고 한다."

이명박 입장에서 5월의 정국 전개가 기이하게 느껴졌던 것은 사실이다. 그해 4월 총선에서 한나라당(153석)은 통합민주당(81석)에 2배에 가까운 의석을 얻으며 승리했다. 한나라당은 서울에서만 48석 중 40석(통합민주당 7석, 창조한국당 1석)을 휩쓸었다.

전직 대통령을 의심한 현직 대통령

그러나 이명박의 의심처럼 광우병 촛불 집회를 누군가가 돈을 대고 주도한 결과라고 보기는 어렵다. 시민 단체들이 5월 6일 광우병대책회의를 출범시키는 등 발 빠르게 대응했지만, 이들은 시위를 주도했다기보다는 거대한 물결에 떠밀려 갔다고 보는 게 더 정확하다.

2008년 당시 희망제작소 상임이사를 맡았던 박원순 전 서울 시장은 "이명박 정부는 자신의 잘못을 생각하기보다는 주모자를 찾았던 것 같다. 이 집회는 특정 단체에 의해 주도된 게 아니었는데……"[2]라고 회고했다.

당시 시민단체연대회의 운영위원장을 맡았던 하승창(전 청와대 사회혁신수석)의 말이다.

> 2008년의 촛불 시위는 자연발생적으로 발생했다. (5월 2일) 청계 광장에서 열린 최초의 촛불 시위에도 가봤지만 현장에는 중고생들로 보이는 젊은 사람들이 집회를 진행하고 있었다. (2022년 8월 9일 필자와의 인터뷰)

참여연대 등 시민 단체들이 가세한 광우병대책회의가 출범한 것은 그로부터 나흘 뒤의 일이었지만, 이들은 촛불 시위 인파를 이끌 정도의 리더십을 인정받지는 못했다.

어쨌든 대통령 취임식 다음 날(2008년 2월 26일) 83.7%였던 이

명박의 국정 운영 지지율은 광화문 촛불 시위가 절정에 달한
6월 10일 15.2%까지 급락했다(한국사회여론연구소 KSOI 정례조사 기
준). 광우병 촛불 시위는 6월 10일 집회에 서울 40만, 전국 50만
명이 운집한 후 서서히 열기가 사그라들었다. 이명박 대통령은
6월 19일 기자회견에서 민심을 헤아리지 못한 것에 대해 뼈저
리게 반성한다고 기자회견을 했다.

이 대통령이 기자회견에서 "시위대의 함성과 함께, 제가 오래
전부터 즐겨 부르던 〈아침이슬〉 노랫소리가 들려왔다"고 말한
것은 전통적인 지지층을 실망시켰다. 보수 논객 복거일은 그해
말 필자와의 인터뷰에서 "그 말 때문에 대통령의 지지율을 최소
한 10% 까먹었다. 어린 전경들이 폭도들에게 짓밟히는 상황에
서 혼자 감상에 젖어 노래나 부르는 게 대통령이냐?"고 힐난
했다.

거리 시위가 주춤해지자 이명박 정부는 국정 동력을 서서히
되찾았다. 하지만 권위의 상실을 맛본 정권으로서는 자신들의
권능을 보여주는 이벤트가 필요한 타이밍이었다.°

정권 말기에 꼬리가 잡힌 공직윤리지원관실의 민간인 사찰
사건은 이명박 정부의 '촛불 트라우마'가 어떻게 노무현 전 대통

° 촛불 시위가 한창 고조되는 시점에 노무현 전 대통령이 이 시위의 효과에 부정적인
반응을 보였다는 점이 아이러니하다. 노무현은 2008년 6월 7일 경남 양산에서 열린 노
사모 정기총회에 참석했다. 그는 1,000여 명의 회원들에게 "쇠고기 협상이 아무리 잘못
됐다 할지라도 그 일로 정권 퇴진을 밀어붙이는 것은 민주주의 질서에서 바람직한 일이
아닙니다"라고 밀했나. 또 촛불 시위대가 청와대로 행진하는 것에 대해 "청와대에 살아봐
서 아는데 청와대 행진은 별다른 소득이 없는 만큼 안 했으면 좋겠다"고 말했다.

령의 주변을 터는 수사로 이어졌는지 보여주는 대표 사례다.

KB한마음 대표였던 김종익은 이명박을 비판하는 '쥐코' 동영상을 자신의 블로그에 올렸다가 공직윤리지원관실의 표적이 된다. 김종익은 공무원이 아니었는데도 공직윤리지원관실은 그의 법인카드 사용 내역 등을 회사로부터 강압적으로 확보한 뒤 경찰에 넘겨 수사를 지시했다.

검찰 "법인 카드로 촛불 집회 지원한 것 아니냐"

2009년 국무총리실 국무차장을 지낸 박영준의 말이다.

> 공직윤리지원관실이 수십 년 지속되어 온 조직인데 박재완 청와대 국정기획수석이 총리실 규모를 줄인다고 날려버렸다. 하지만 공무원 기강 확립 때문에 (2008년 8월) 다시 만들었다고 한다. 그런데 새로 만들면서 새로운 인원들로 채웠는데 그런 부분에 경험이 많지 않은 사람들이 많았다. 그러다 보니 국민은행이 공기업인 줄 알고 의심의 여지 없이 조사한 것이다.[3]

공직윤리지원관실은 2008년 11월 17일 서울 동작경찰서에 넘긴 수사 자료에 "(김종익이) 노사모 핵심 멤버로 활동하였으며 내사가 진행되자 9월 21일 일본으로 도피했다"고 기술했다. 경찰에 불려간 김 씨는 '노사모에 가입한 사실은 없나', '이광재 의원과는 아는 사이냐', '노사모의 핵심 멤버로 활동하며 촛불 집회에도 적극적으로 참여하지 않았냐'는 식의 질문을 받았다. 서울지검 조사에서도 그에게 "회사 법인 카드로 구입한 백화점 상품권 등을 현금화해 촛불 집회를 지원한 것 아니냐"는 질문이 쏟아졌다.

이광재의 말이다.

> 김종익이 평창 출신이다. 그의 형을 알지만 김 씨와는 면식이 없었다. 나중에 보니 강원 출신 고위 공직자나 공공 기관장 중에 압수수색 안 당한 사람이 거의 없었다. 오로지 나를 잡겠다는 생각으로 엉뚱한 사람들을 들쑤신 거다. (2022년 9월 8일 필자와의 인터뷰)

김 씨는 자신의 억울한 사연을 2010년 5월 MBC 〈PD수첩〉에 제보했고, 불법행위가 백일하에 드러나자 공직윤리지원관실은 해체되고 만다.

그러나 2010년 보수 텃밭인 경남에서 한나라당 후보가 야권 후보에게 패하는 등 야당의 지방선거 승리로 민심 이반이 확인되기 전까지는 '이명박의 시간'이었다.

2008년 6월 12일 《조선일보》 1면에 "노 정권 청와대 직원들 내부 자료 불법 유출"이라는 기사가 실렸다. 이명박 청와대가 전문가들을 동원해 청와대 내부 업무망의 로그 기록을 분석해 보니 '노무현 청와대' 직원들이 올해 초 200만 건이 넘는 자료를 복사해 불법 유출했다는 내용이었다. 익명의 청와대 관계자

는 "정부 기관이 아닌 곳에서 대통령 기록을 관리하는 것 자체
가 불법인데다, e지원시스템(청와대 업무관리 시스템)이 해킹당할 경
우 중요한 국가 정보가 유출될 수 있어 심각한 문제"라는 논리
를 들이댔다.

　노무현 전 대통령은 청와대를 떠났지만, 그는 재임 중 자신이
남긴 국정 기록물을 볼 권리가 있었다. 그러나 서울이 아닌 고향
을 거처로 정한 노무현이 기록물을 보기 위해 경기도 성남의 국
가기록원을 내왕한다는 것은 비현실적인 일이었다. 노무현은 국
가기록원에 있는 대통령 기록을 원격으로 열람할 수 있는 시스
템을 원했지만, 국가기록원은 "봉하마을에서 e지원 자료를 열람
하려면 1년 정도 준비 기간이 필요하다"며 난색을 표했다. 그 기
간만이라도 대통령 기록물 사본을 임시방편으로 볼 수 있도록
봉하마을에 가져간 것이 사태의 전말이다.

　그러나 사건의 프레임을 '국가 기록물 불법 유출'로 잡은 이
명박 청와대는 공세의 고삐를 늦추지 않았다. 6월 13일 오전 행
정안전부 산하 국가기록원은 노무현의 비서실장 역할을 하는
문용욱 전 청와대 제1부속실장에게 "사저에 있는 e지원시스템
에 대해 외부 접근이 우려되는 만큼 외부 전산망 차단과 복사해
간 자료를 반납해 달라"는 공문을 보냈다.

　참다못한 노무현이 이튿날(6월 14일) 정오 이명박에게 직접 전
화를 걸었다. 이명박의 반응은 "불편이 없도록 하는 방법이 뭔지
내가 한번 챙겨보겠다"였다.

　그러나 한나라당 지도부에서 진상 조사 목소리가 나오면서

이명박의 말은 '허언'이 되어버렸다.° 광우병 촛불 시위에서 봉하마을 대통령 기록물 유출로 정국이 전환되는 과정에서 이 문제에 관심을 보이는 사람은 극소수였다. 경남 김해를 지역구로 두었던 김정권 전 한나라당 의원이 당시 필자에게 한 말이다.

"우리 당에서 노무현 재임 시절 봉하마을 재조성 작업과 관련해 진상 조사를 하려고 할 때도 나는 주요 당직자 회의에서 반대했다. 나는 참여정부의 실정을 얘기해도 노무현 개인의 문제를 거론하지는 않았다. 그동안 정권이 바뀌면 이전 정권의 잘못을 공개적으로 지적하고 공격하고 고발하고 처벌하면서 새 정부의 당위성이 확보된다고 생각한 예가 많다. 이명박 정부는 그렇게 하면 안 된다."

그러나 이런 목소리는 그야말로 당랑거철(螳螂拒轍)의 몸부림이었다.

대통령 기록물 반환해도, '완전한 원상 회수 아니다'

7월 7일 이동관 청와대 대변인이 "노 전 대통령의 재임 시기 대통령 기록물 유출은 실정법상 명백한 불법행위"라며 "무엇보다 기록물이 사본이 아닌 원본이라는 점에서 더욱 중대한 상황이

° 한나라당 강재섭 대표는 6월 16일 최고위원 회의에서 "나라의 중추신경에 해당하는 청와대의 모든 자료를 전직 대통령이 자기 숙소로 다 가져갔다는 것은 말이 안 된다"고 비판했고, 권영세 사무총장도 "자료가 새어 나갈 경우 국가에 중요한 타격을 초래할 것이 예상되므로 자료 유출 조사는 불가피하다"고 주장했다.

아닐 수 없다"고 말했다. 그는 이것이 "청와대의 정리된 입장"이라고 못 박았다. "열람권이 보장되면 기록물은 즉시 반환할 것이다. 현재 봉하마을에 있는 것은 명백히 사본"(김경수 전 비서관)이라는 봉하마을 입장을 전혀 고려하지 않은 공격이었다.

7월 15일 정진철 국가기록원장이 노무현에게 공문을 보내 "18일까지 대통령 기록물을 반환하지 않으면 관계 법령에 따라 조치하겠다"고 엄포를 놓았다. 이명박 청와대도 이날 "대통령 기록물 반출 관련해 청와대 전직 비서관과 행정관 8~9명을 고발할 것을 검토 중"이라고 언론에 흘렸다.

이튿날 노무현 전 대통령이 이명박 대통령에게 보낸 장문의 편지다.

열람권을 보장받기 위하여 협상이라도 해보고 싶었습니다. 그런데 내 지시를 따랐던, 힘없는 사람들이 어떤 고초를 당할지 알 수 없는 마당이니 더 버틸 수가 없습니다.

"전직 대통령을 예우하는 문화 하나만큼은 전통을 확실히 세우겠다."

이명박 대통령 스스로 먼저 꺼낸 말입니다. 내가 무슨 말을 한 끝에 답으로 한 말이 아닙니다. 한 번도 아니고 만날 때마다, 전화할 때마다 거듭 다짐하며 말했습니다.

"전직 대통령을 내가 잘 모시겠다."

이 말이 아직도 귀에 생생한 만큼 지금의 궁색한 내 처지가 도저히 실감나지 않습니다. 내가 오해한 것 같습니다. 이명박 대통령을 오해해도 크게 오해한 것 같습니다.

7월 18일 양정철, 김정호 등 전직 비서진들이 5시간 밤길을 달려 e지원 하드디스크 28개를 성남의 국가기록원에 반납했다. 국가기록원은 6일 뒤 "비서진들의 임의 반환으로 '완전한 원상 회수'가 불가능해졌다"며 서울지검에 임상경 대통령기록관장 등 10명을 고발했다.°

윤태영은 "지나친 처사라는 생각을 지울 수 없었다. 전직 대통령이 기록물 한 세트를 가져갈 수밖에 없었던 사유와 배경을 이해하고 정치적으로 매듭짓는 것이 적절하지 않았을까 싶다"고 회고했다.

노무현 "박근혜보다는 이명박이 낫다"

노무현은 이명박의 공세를 이해할 수 없었다. 서갑원 전 의원은 1992년 7월 노무현을 만난 뒤 2002년 대선과 2003년 청와대 시절을 함께 보낸 핵심 측근이다. 그는 2007년 6월 22일 제주에

° 당시 국가기록원 기록정보서비스 부장으로 일하고 있던 설문원 부산대 문헌정보학과 교수는 10년 뒤 당시 상황을 이렇게 회고했다. "어느 날 부장단 회의에서 (정진철) 원장이 '노무현 대통령을 기록 유출로 고발해야 한다는 이야기가 있지만, 고발할 만한 사안은 아니라고 생각한다'고 말했어요. 참석자들 모두 당연히 그렇다고 했고요. 그런데 얼마 후 국가기록원이 노무현 대통령 비서진을 고발했다는 겁니다. 원장이 정책 라인의 직원들과 한동안 광화문 서울기록센터에 체류하면서 진행한 거예요. 그 후 원장은 그 사안에 관한 한 완진히 다른 사람처럼 보였어요. 마치 원래부터 확신했던 일을 처리한 것처럼 보였어요."[4]

서 노무현 대통령 내외와 조찬 중에 나눴던 대화를 아직도 잊지 못한다. 둘의 대화가 있기 나흘 전 정동영은 열린우리당을 탈당해 '참여정부와의 결별'을 시도했고, 한나라당에서는 이명박과 박근혜의 대통령 후보 경선이 치열했다.

> **서갑원**: 연말 대선 어떻게 될 것 같아요?
> **노무현**: 우리 후보는 정동영이 되겠지.
> **서갑원**: 저쪽은 누가 되는 게 우리에게 나을까요?
> **노무현**: 그래도 이명박이 낫지 않을까? 박근혜는 국가 운영을 해본 적이 없지만, 이명박은 도덕적 문제는 있어도 큰 조직에서 자기 성과를 내본 사람이니까. 국가를 위해서는 박근혜보다는 이명박이 낫지 않겠나 싶네.

서갑원은 "나로서는 뜻밖의 대답이었다. 적어도 노 대통령은 이명박이 퇴임한 자신을 정치적으로 공격할 것이라는 생각은 하지 못하고 있었다는 느낌을 받았다"고 말했다.

9월 4일 노 전 대통령의 생일을 맞아 이명박 대통령과 박희태 한나라당 대표가 봉하마을로 사람을 각각 보내 생일 축하 난과 함께 축하 인사를 전했다. 대통령 기록물을 둘러싼 전현직 대통령의 힘겨루기는 집권 초의 해프닝으로 끝나는 듯 보였다.

10월 20일 친환경 농법에 관심이 많았던 노무현이 '봉하오리쌀' 수확에 나서는 모습이 언론사 카메라에 잡혔다. 대통령 기록물 논란에도 불구하고 그는 다시 시민으로 돌아갈 준비가 되어

있는 것으로 보였다.

그러던 중 11월 24일 《동아일보》 1면 상단에 의미심장한 기사가 실렸다. 대검찰청 중앙수사부(부장 박용석)가 "농협이 세종증권(현 NH투자증권)을 인수하도록 노무현의 형 건평 씨에게 잘 얘기해 주겠다"며 대통령의 고교 동창 정화삼 형제가 세종캐피탈(세종증권 대주주)로부터 30억 원을 받았다는 진술을 확보했다"는 내용이었다. 노건평이 언론과의 접촉을 피하고 잠적한 것은 사건이 간단치 않게 흘러갈 것이라는 전조였다.

노무현은 임기 중 노건평이 남상국 대우건설 사장에게서 돈과 인사 청탁을 받은 일이 드러났을 때 형을 애써 두둔한 바 있었다. 이로 인해 남상국은 스스로 목숨을 끊었다. 그런 만큼 형의 이름이 재론되는 것에 노무현도 당혹스러울 수밖에 없었다.

12월 4일 오후 5시 법원이 노건평에게 알선수뢰 혐의를 적용한 구속영장을 발부했다. 봉하마을에는 여전히 그를 만나려는 방문객들이 몰려들었지만, 노무현은 그들을 맞이할 면목이 없었다.

"대통령이 힘들 텐데 방문객과 만나는 일을 잠시 중단했다가 좀 따뜻해지는 봄에 다시 하면 어떠냐"는 유시민 전 보건복지부장관의 제안이 이호철을 통해 노무현에게 전해졌다.

12월 5일 오후 2시 노무현은 봉하마을 방문객들 앞에 섰다.

"이 자리에서 금년 인사를 마지막으로 하고요. 내년에 날씨좀 따뜻해지면 그때 다시 인사드리러 나올 겁니다. (중략) 형님이혐의를 완강하게 부인하고 있는데 제가 여기서 사과를 해버리면 형님의 피의 사실을 인정해 주는 결과가 될 수 있어서 국민들에게 그런 서비스도 하기가 어렵습니다."

노무현은 이 순간에도 자신이 검찰의 수사 대상이 될 줄은 몰랐다. 그 자리에 있던 누구도 이것이 전직 대통령이 대중 앞에 나서는 '마지막 인사'가 될 줄은 꿈에도 몰랐다.

2   음모

'형님 문제'로 마음고생을 한 노무현 전 대통령에게 진짜 시련이 다가오고 있었다.

이보다 4개월 앞서 2008년 7월 30일 서울국세청 조사4국 직원 10여 명이 경남 김해의 태광실업 본사를 찾아가 장부 등 회계 관련 자료들을 압수수색했다. 노무현의 오랜 후원자였던 박연차가 이 회사의 대표였고, 서울청 조사4국은 심층 조사를 전담하는 베테랑 부서였기 때문에 세무조사 배경에 관심이 쏠렸다.

조사4국을 김해에 보낸 한상률 국세청장은 노무현 정부의 마지막 국세청장으로서 정권 교체 후에도 자리를 유지할지가 관심사였다. 훗날 한상률은 태광실업 세무조사에 대해 "표적 수사한 게 아니라 해외 비자금 조사를 하는 과정에서 밑에서 올라온 거라 나로서도 어쩔 수 없었다. 부산청에 맡겨서 조사가 됐겠냐?"고 반문했다.

그러나 당시 상황에 대한 노무현 측 문재인 전 비서실장의 판단은 달랐다.

"부산청에서 조사하면 조사가 되겠느냐고 하는 것 자체가 특별한 목적의 조사였다는 것을 자백하는 것입니다. 말하자면 부산청에 맡겨 놓으면 안 될 것 같으니까 서울청에서 직접 조사했다는 것 아닙니까? 그러니까 부산청에 맡겨서는 안 될 무슨 의도가 있었던 거지요. 그렇지 않으면 부산청에 맡기면 되고 안 되고가 뭐가 있나요?"[5]

동기야 어떻게 됐든 태광실업 세무조사가 이명박의 관심을 끌었던 것은 분명하다. 2008년 10월 24일 1차 조사가 마무리되자 한상률이 11월 초 이명박 대통령에게 결과를 직접 보고했다. 배석자는 정정길 대통령실장뿐이었다. 국세청 보고서에는 박연차가 빼돌린 수백억 원 가운데 '괴자금' 50억 원의 실소유주가 노무현일 가능성이 언급돼 있었다고 한다.[6]

정두언 "이명박, 노무현 패들 제압해야겠다 판단"

이명박 당선의 일등 공신이었던 정두언 전 의원(2019년 7월 16일 별세)은 이명박 취임 한 달 전인 2008년 1월 13일 스위스그랜드 호텔 비즈니스룸에서 한상률 국세청장을 만났다. 그에게서 국세청이 보유한 '이명박 파일'을 받아내려는 게 목적이었다. 결과적으로 파일을 확보하지 못했고 이명박 당선인에게 "왜 쓸데없이 국세청에 나와 관련된 자료를 요구했냐"는 질책을 받았다. 야당으로의 정권 교체를 앞두고 검찰과 경찰, 국정원, 국세청의 핵심 인물들이 '자리보전'을 위해 권력 실세들의 눈도장을 찍고자 여념이 없던 시기에 벌어진 해프닝이었다.

정두언은 훗날 라디오에 출연해 "여러 가지 뒤질 필요도 없이 박연차 회장을 동원해서 노 전 대통령의 급소를 찔러버렸다"며 사건 발생으로부터 10년이 지난 2018년 이 당시 일을 이렇게 회고했다.

> 그때 왜 그런 일을 벌었냐면, 촛불 시위, 소위 말해서 광우병 사태 났을 때 이 전 대통령이 식겁한 겁니다. 지지율 폭락하고 그러니까 노무현 패들을 제압하지 않으면 내가 국정 운영해 나가기 어렵겠구나. 그렇게 판단하고 한상률 국세청장의 꼬임에 넘어가서 박연차 수사를 통해서 노 전 대통령을 죽음으로 본 거죠.[7]

국세청이 던진 공을 받아 검찰이 플레이를 이어갔다. 이명박이 대통령에 취임하고 9개월째인 11월 25일, 국세청이 태광실업 박연차 회장을 탈세 혐의로 검찰에 고발하자 검찰 중수부는 3일 만에 회사를 압수수색했다. 12월 12일 박연차는 290억 원대 탈세와 정대근 전 농협 회장에게 뇌물 20억 원을 공여한 혐의로 구속됐다.

2008년이 저물기 전 박연차가 노무현에게 15억 원을 빌려주고 차용증을 받았다는 언론 보도가 쏟아졌다. 검찰 중수부는 "퇴임 뒤 돈을 꿔주고 빌린 개인 사이의 거래를 처벌할 수는 없지 않냐"며 더는 문제삼지 않았다. 그렇다고 해서 박연차에 대한 수사가 종결된 것은 아니었다.

"작별 인사하는 수사기획관의 얼굴이 홀가분해 보였다"

2009년 1월 13일 정기 인사에서 서울중앙지검장이 명동성에서 천성관으로, 중수부장이 박용석에서 이인규로 교체됐다. 뒤이어 수사기획관 홍만표, 중수1과장 우병우, 중수2과장 이석환으로 중수부 진용이 갖춰졌다. 《세계일보》 법조팀은 "대검 기자실에 작별 인사차 들른 최재경 기획관의 얼굴이 홀가분해 보였다"[8]고 썼다.

새 중수부장 이인규는 서울지검 형사9부장 시절이던 2003년 2월 17일 SK그룹을 편법 상속과 주식 부정거래 혐의로 압수수색했다. 손길승 SK회장이 이 사건의 수사 과정에서 "그룹 차원에서 정치권에 대선 자금을 제공했다"고 실토하면서 그해를 뜨겁게 달군 중수부의 불법 대선 자금 수사가 시작됐다.

이인규 중수부장 취임 뒤 한 달 정도의 '예열' 기간이 지나자 수사 결과들이 쏟아지기 시작했다.

2월이 되자 강금원 창신섬유 회장이 자택 압수수색을 당했고, 우리들병원 김수경 원장이 서울지검 금융조세조사2부의 조사를 받았다. 노무현의 오랜 후원자였던 두 사람 모두 탈세와 비자금 조성 혐의를 받고 기소됐다. 특별수사 경험이 있는 검사 8명이 파견 형식으로 중수부에 추가 합류한 것도 2월의 일이었다.

노무현은 2월 13일 자신의 홈페이지 '사람사는 세상'에 이 당시 심경을 담은 글을 썼다.

> 모든 것이 내 부족함에서 비롯된 일이라 생각해 근신하고 있을 뿐 누구를 원망하고 억지를 부려 책임을 감출 생각은 하지 않고 있다. (중략) 나로 인해 사람들이 감옥을 다녀오고, 상처 입고, 스스로도 친구들과 멀어지고 있다"며, "세상을 고치고 바꾸자고 한 일이었다면 이뤄 놓은 일이 너무 적고, 권세를 탐했다면 자신과 주위 사람들이 치른 대가가 너무 많은 것 같다.

노무현에 대한 직접적인 압박은 '박연차 게이트' 수사로부터 시작됐다. 이른바 '박연차 리스트'의 포문을 연 것은 《조선일보》였다.

2월 19일 자 이 신문 1면에는 탈세 및 뇌물 공여로 구속된 박연차 태광실업 회장이 검찰 조사에서 노무현의 측근인 L 씨, 정계 원로인 P 씨와 K 씨, 박 회장과 친분이 두터운 기업인 C 씨 등 4명에게 수억 원의 돈을 전달했다고 진술했다는 기사가 실렸다.

L은 이광재 의원, P와 K는 국회의장을 지낸 박관용과 김원기, C는 이명박과도 친분이 두터운 천신일 세종나모 회장으로 각각 밝혀졌다. 정치권으로 전방위 수사를 펼치면서도 여야 양쪽의 균형을 절묘하게 맞춰 '리스트'를 내놓은 셈이다.

다음 날 이 신문은 검찰 중수부가 박연차 회장이 노 전 대통령의 자녀 등 가족들에게도 돈을 건넨 흐름을 집중 추적 중이라고 연타를 쳤다. 노무현이 퇴임 직후 박연차에게 차용증을 주고 15억 원을 빌린 일이 있었는데, 이 돈과는 별개라는 분석 기사였다.

검찰은 일련의 보도에 대해 "박연차가 특정 정치인에게 돈을 줬다고 진술한 바 없고, 현재까지 입증할 만한 구체적인 단서도 확보하지 못했다"고 해명했지만, 언론들은 "입증 단서를 확보하지 못했다"는 부분에 주목했다.

3월 4일 노무현은 '사람사는 세상' 홈페이지에 의미심장한 제목의 글을 게재했다. '정치하지 마라'였다.

"정치, 하지 마라." 이 말은 제가 요즈음 사람들을 만나면 자주 하는 말입니다. 농담이 아니라 진담으로 하는 말입니다. 얻을 수 있는 것에 비하여 잃어야 하는 것이 너무 크기 때문입니다. 정치를 하는 목적이 권세나 명성을 좇아서 하는 것이라면, 그래도 어느 정도 성공을 할 수도 있을 것입니다. 그래도 성공을 위하여 쏟아야 하는 노력과 감수해야 하는 부담을 생각하면 권세와 명성은 실속이 없고 그나마 너무 짧습니다.

그는 "정치를 하는 사람은 모든 것을 정치에 바쳐야 하고, 그중에서도 사생활, 특히 가족들의 사생활을 보호할 수 없는 것은 참으로 치명적인 고통"이라며 "정치인이 가는 길에는 거짓말의 수렁, 정치자금의 수렁, 사생활 검증의 수렁, 이전투구의 수렁들을 지나가야 하고, 많은 사람이 이 수렁에 빠져서 정치생명을 마

감하거나 살아남은 사람도 깊은 상처를 입은 사람이 많다"고
썼다.

그는 "이는 모든 정치인에게 해당되는 것은 아니고 해당 없는
분들께는 양해를 구한다"고 말문을 닫았지만, 하고 싶은 말을
다하지 못한 여운을 남겼다. 그러나 그가 언급한 네 가지 파도(거
짓말, 정치자금, 사생활 검증, 이전투구)는 고향에서 안분지족하던 그의
일상을 덮치기 직전이었다.

이강철, 이광재…… 줄줄이 구속되는 '노무현의 사람들'

2009년 3월 들어 노 전 대통령의 주변 인물들이 무더기로 구속
됐다.

3월 13일 이강철 전 청와대 시민사회수석이 구속됐다. '금강
캠프'° 시절부터 노무현을 물심양면 지원했던 그는 민주당의 취
약 지대인 대구에서만 5번 떨어진 인물. 그 과정에서 사업가들
에게 불법 정치자금을 받은 혐의였다. 그는 수감되면서 "국가기
관이 권력을 총동원해 집어넣겠다는데 어떻게 하겠나. 정치 보
복은 나를 마지막으로 끝났으면 한다"고 말했다.

'큰 줄기'는 박연차 회장에게서 나왔다.

2005년 재보선에서 여당인 열린우리당 김해갑 후보로 출마

° 금강캠프는 노무현을 대권에 도전하도록 한 핵심 조직이다. 지방자치실무연구원 및
자치경영연구원이라는 이름을 갖고 있었지만, 여의도 금강빌딩에 있었기 때문에 금강팀
으로 통한다.

했던 이정욱 전 한국해양수산개발원장이 3월 17일 긴급 체포됐다. 3월 25일과 26일 장인태 전 행정자치부 차관과 박정규 전 청와대 민정수석, 민주당 이광재 의원이 잇달아 구속됐다. 모두가 박연차에게서 정치자금이나 상품권 등을 수수한 혐의를 받았다.

《조선일보》 편집인을 지낸 김대중은 3월 30일 신문 칼럼 〈4년 후 'MB 사람'에게 주는 경고〉에 "그는 역대의 어느 정권보다 후임 정권에 약을 올린 대통령이다. (중략) 어쩌면 노 씨와 그의 사람들이 지금 당하고 있는 정도는 노 씨 등이 너무 까불었기 때문인지도 모른다"라고 썼다.

이 무렵 박연차 수사를 총지휘하는 이인규 중수부장이 출입기자단 오찬에서 영국 시인 토머스 엘리엇의 〈황무지〉를 인용한 것이 화제가 됐다.

"춘래불사춘과 비슷한 의미로 그 시에 '4월은 잔인한 달. 겨울이 오히려 따뜻했네'라는 구절이 있지 않나요?"

기자들의 개별 전화 취재에 응하지 않던 그는 다음과 같은 말로 기자들을 달랬다.

"무엇인가 쓰기 전에 (나한테) 물어보면 확인해 줍니다. 그러니 쓰고 싶은 것 있으면 써요. 마음 같아선 한 달간 엠바고를 걸고 싶지만 안 받아줄 테고……."[9]

노무현의 주변 사람들은 하나같이 숨을 죽였다. 박연차의 정치자금으로부터 자유로웠던 유시민 정도만이 목소리를 낼 수 있었다.

그는 3월 30일 《후불제 민주주의》 북콘서트에서 박연차 리스트 수사에 대해 "(친노 진영을) 도덕적으로 완전히 망가뜨려 다시는 일어설 수 없게 하려는 것 아니냐"는 의견을 밝혔다. 그러면서도 그는 "박정희·전두환 시절과 비교해 보면 이명박 대통령은 별 게 아니다", "지금은 옛날처럼 되지 않는다, 대한민국 현실을 너무 비관할 필요 없다"며 낙관론을 잃지 않았다.

3월 30일 검찰 내부에서는 임채진 검찰총장이 정례 회의에서 이인규 수사팀에게 한 당부가 화제였다. 그는 수사팀에 "소속 당파나 지위의 고하를 불문하고, 어떠한 성역도 예외도 없이 오로지 법과 원칙에 따라 철저하고 엄정하게 수사해 각종 의혹을 명명백백하게 밝혀야 한다"고 강조했다. 그의 말은 전직 대통령이라고 봐주지 말라는 훈시로 비쳤고, 언론들도 그렇게 해석했다.

'사과드립니다' 3번 반복한 노무현

이인규의 암시처럼 4월은 뭔가 큰일이 있을 것 같은 분위기로 흘러갔다.

4월 7일 오전 8시 검찰 수사관들이 정상문 전 청와대 총무비서관을 자택에서 긴급 체포했다. 박연차에게서 금품을 받은 혐의였다. 정상문은 노무현의 대통령 임기 내내 청와대 안살림을 맡았던 인물. 젊은 시절 고시 공부를 같이한 적이 있고, 대통령이 당선자 시절에도 전화를 걸면 "어, 무현이가"라고 격의 없이 불러서 주변 사람들을 놀라게 했다는 일화도 있다.

그런데 정상문이 체포된 날 오후 3시 28분 노무현은 '사람사는 세상' 홈페이지에 글을 한 편 올렸다. 형의 구속 이후 의기소침해 있던 그는 이 글에서 '사과드립니다'라는 표현을 3번 반복했다.

> 그 혐의는 정 비서관의 것이 아니고 저희들의 것입니다. 저의 집에서 부탁하고 그 돈을 받아서 사용한 것입니다. 미처 갚지 못한 빚이 남아있었기 때문입니다. 더 상세한 이야기는 검찰의 조사에 응하여 진술할 것입니다. 그리고 응분의 법적 평가를 받게 될 것입니다. 거듭 사과드립니다.

글이 처음 올라왔을 때 많은 사람이 '저의 집'의 의미를 몰라서 의아해했다. 문재인과 김경수가 언론에 "부인(권양숙)을 뜻하는 것"이라고 설명해 줬다.

노무현은 그동안 박연차 회장에게서 금품을 받았다는 주장이 제기될 때마다 "퇴임 후에 받아서 대가성이 없다", "(조카사위가 받은 것은) 정상적인 투자였다"는 논리를 펴왔다. 그런 노무현이 부인을 에둘러 언급하며 저자세로 돌아선 것이다.

이튿날 《조선일보》에는 "검찰 중수부가 '권양숙이 정상문을 통해 박연차에게서 10억 원을 받은 혐의를 확인했고, 권 씨와 노무현을 차례로 소환 조사할 방침"이라는 기사가 실렸다.

그동안 언론이 노무현 관련 혐의를 제기할 때마다 공식적으로는 "모른다"고 잡아뗐던 검찰의 태도도 달라졌다. 홍만표 수

사기획관은 "박연차가 10억 원 상당의 현금과 달러를 돈가방에
담아 정상문에게 직접 전달했다. 돈이 오갈 때 차용증은 없었
다"고 확인했다.

일단 잘못을 시인하자 언론의 보도 방향도 달라졌다. 이전까
지는 노무현에게 혐의가 있냐 없냐가 쟁점이었다면 이후에는
자금 수수 규모와 처벌 방향에 더 관심이 쏠리게 된 것이다. 당
장 이튿날《조선일보》에는 "권양숙이 박연차에게서 10억 원을
받았다"는 기사가 실렸다. 검찰은 여느 때처럼 '확인 불가'와
'노 코멘트'를 되풀이했지만, 기자 세계에서 그 말은 '부정하는
것은 아니니 소신껏 쓰라'는 암시나 다름없었다.

노무현이 잘못을 시인한 다음 날(4월 8일) 홈페이지에 "제가
알고 있는 진실과 검찰이 의심하고 있는 프레임이 같지는 않을
것"이라며 "제 생각은 '잘못은 잘못'이란 쪽이고, 또 좀 지켜보
자는 말씀도 함께 드린다"고 호소했다.

그러나 이미 여론은 싸늘하게 식고 있었다. 4월 9일에는 정상
문의 영장실질심사를 통해 노무현 대통령 퇴임 8개월 전인
2007년 6월 정상문이 박연차에게서 100만 달러가 담긴 가방을
청와대 경내에서 전달받은 사실이 공개됐다. 노무현의 조카사위
(연철호)가 받았다는 500만 달러 혐의까지 더하면 수상한 돈의
규모가 600만 달러로 늘어났다. 이에 한나라당 홍준표 원내대
표는 "노 전 대통령은 옛날 미국 드라마 제목대로 '600만 불의
사나이'가 됐다"고 꼬집었다(4월 10일 최고위원 회의)

검찰 수사는 주말에도 숨 가쁘게 흘러갔다. 검찰은 4월 11일

권양숙을 부산지검으로 불러 비공개 조사를 했다. 참고인 신분의 권양숙은 박연차에게서 2006년 8월 3억 원, 2007년 6월 29일 100만 달러를 각각 받은 사실은 인정했지만 용처에 대해서는 함구했다.

검찰은 박연차가 노무현의 아들 노건호에게 건넨 투자금 500만 달러도 결국 노무현을 보고 준 것으로 의심했다. 이 때문에 미국에 있던 노건호도 이튿날 귀국해서 14시간 30분 동안 참고인 조사를 받아야 했다.

노무현 핵심 측근 염동연이 정상문에게 화를 낸 이유

일단 아내와 아들의 돈 수수가 논란이 되자 노무현이 이를 언제 알았는지가 쟁점으로 떠올랐다. 대통령이 재임 중 수상한 돈거래의 존재를 알았다면 뇌물죄가 적용될 수 있었다.

노무현은 '사람사는 세상' 홈페이지에 "부끄럽고 구차하지만 결국 사실대로 가기로 했다"며 아내 문제에 대해 해명했다(4월 12일 오후 4시 37분).

> '아내가 한 일이다. 나는 몰랐다.' 이렇게 말한다는 것이 참 부끄럽고 구차합니다. 그래서 이렇게 민망스러운 이야기 하지 말고 내가 그냥 지고 가자. 사람들과 의논도 해보았습니다. 결국 사실대로 가기로 했습니다. (중략) '몰랐다니 말이 돼?' 이런 의문을 가지는 것은 상식에 맞는 일입니다. 그러나 중요한 것은 증거입니다.

그러면서도 그는 "박연차 회장이 내 요구로 100만 달러를 건넸다는 보도는 사실이 아니다. 박연차 회장이 그렇게 진술했다면 사실과 다른 이야기를 하지 않을 수 없는 무슨 특별한 사정이 있을 것"이라며 진실을 다퉈볼 뜻을 내비쳤다.

미디어를 통해 표출된 여론은 싸늘했다. 노무현에 대한 검찰의 의심도 가시지 않았다. 홍만표 수사기획관은 브리핑에서 "권양숙 여사가 (100만 달러를) 사용했는데 (남편인) 노 전 대통령이 몰랐고, 아들이 (500만 달러를) 사용했는데 아버지가 몰랐겠냐"며 "이건 상식의 틀"이라는 반응을 보였다(4월 16일).

'박연차 자금 수수' 혐의로 체포됐던 정상문이 '다시' 체포됐다(4월 19일 0시 10분). 그는 법원의 구속영장 기각으로 풀려난 지 8일 만에 다시 검찰에 끌려갔다. 이번에는 대통령 특수활동비 12억 5,000만 원에 대한 횡령 혐의였지만, 노무현 수사를 설령 설렁하지 않겠다는 검찰 나름의 의지 표현이기도 했다.

정상문은 왜 대통령 특수활동비에 손을 댔을까?

2004~2008년 국회의원을 지낸 염동연은 2000년 10월 1일 안희정, 이광재 등과 여의도에 금강캠프를 차리고 노무현의 대선 캠페인을 승리로 이끈 인물이다. 나라종금으로부터 뇌물을 받은 혐의로 2003년 4월 검찰 수사를 받기 전까지 노무현이 국정의 대소사를 의논한 상대이기도 하다.

2006년 9~10월경 청와대 총무비서관이던 정상문이 "점심 식사 한번 모시겠다"며 그를 광화문 한정식집으로 불러냈다. 두 사람 사이에 이런 대화가 오갔다.

정상문: 대통령 퇴임 후를 생각해 보셨습니까?

염동연: 그게 무슨 말이오?

정상문: 대통령 퇴임 후 서울로 갈지 고향으로 갈지 설왕설래인데 솔직히 갈 곳이 없어요. 그럴듯한 연구소라도 하나 만들려면 돈이 있어야 합니다. 염 총장님과 강금원 사장, 박연차 사장, 저까지 넷이 모여서 뭔가 대책을 세워야 합니다.

염동연: 지금 얘기한 것에 대해 대통령 결재라도 받았소?

정상문: 그런 건 우리가 알아서 해야지, 대통령에게 물어보고 합니까?

이 순간 염동연은 폭발했다. 그는 2003년 나라종금 사건 때문에 100일 동안 구치소 신세를 진 적이 있었다. 돈 문제라면 이가 갈리는 그에게 정상문이 넌지시 노무현의 퇴임 후 활동 자금 얘기를 꺼낸 것이다.

염동연: 여보시오, 정신 차려요. 대통령에게 연금이 나오고 외부 강연도 할 수 있어요. 그분이 청계천에 천막을 치든 말든 그걸 왜 당신이 걱정해? 나는 대통령과 사선을 넘어본 사이야. 청와대 자리 하나 줬다고 그런 식으로 보은하지는 않아.

염동연의 회고다.

정상문이 그런 식으로 돈을 모아서 미국에 있는 노무현 자식들에게도 보낸 것 아니냐? 2009년 정이 구속됐을 때 '올 것이 왔구나' 하고 생각했다. (2022년 7월 21일 필자와의 인터뷰)

2008년 7월 22~25일 노무현은 퇴임 후 첫 휴가를 강원도 평창, 정선 일대에서 보냈다. 지역구 국회의원이었던 이광재가 노무현 일행을 수행했다.

이광재의 말이다.

그때 정상문이 나에게 '이명박 정부가 가만히 안 있으려는 것 같다, 뭔가 일을 만들려는 것 같다'고 말한 적이 있다. 정상문이 체포된 후에야 그의 사정을 알게 됐는데, 노 전 대통령은 전혀 몰랐던 것 같다. 알았다면 있는 대로 역정을 냈을 거다. (2022년 9월 8일 필자와의 인터뷰)

서갑원은 "대통령 퇴임 후를 대비해야 한다는 얘기는 강금원이 늘 하던 얘기다. 대통령에게 아쉬운 일 있으면 나랑 상의하라는 말을 자주 했으니 정상문이 강금원과 먼저 상의했다면 국정원 특활비를 모아놓는 일도 하지 않았을 것"이라고 말했다.

이명박에게 보내지 못한 '이인규 수사팀 교체' 청원서

다시 2009년 검찰 수사 얘기로 돌아가자. 검찰은 정상문과 권양숙의 진술이 어긋나는 부분도 문제 삼았다.

검찰은 박연차에게서 받은 3억 원을 정상문의 '개인 비리'로 판단했는데, 권양숙은 이 돈이 "자신이 채무 변제용으로 빌려 쓴 것"이라는 진술서를 제출했다. 홍만표는 "정상문의 혐의를 줄여 주기 위해 권양숙이 허위 진술한 것은 외국에서는 사법방해죄로 처벌된다"고 말했다(4월 19일).

보다 못한 노무현은 이명박에게 이인규 수사팀을 교체해 달라는 내용의 청원서를 썼다. "어려운 시기에 국정을 수행하시느라 얼마나 노고가 많으십니까?"로 시작하는 글은 "저와 제 주변의 불찰로 국민을 실망시켜 드린 점에 대하여는 더 이상 변명을 드릴 염치도 없습니다. 거듭 사죄드립니다. 한 사람의 보통 인간으로서 이 청원을 드립니다"는 말로 마무리됐다.

노무현은 청원서에서 "수사팀이 발표하거나 누설한 내용을 보면 미리 그림을 다 그려놓고 그에 맞게 사실과 증거를 짜 맞추어 가고 있다는 의혹을 지울 수 없습니다"며 검찰 수사가 정상이 아니라고 주장했다. 청원서에는 검찰이 한 번 찍으면 혐의가 나올 때까지 수사한다는, 이른바 '인디언 기우제'식 수사에 대한 문제의식을 담고 있다.

> 만일 검찰의 판단이 잘못된 것으로 결론이 나왔을 때, 그리고 검찰 수사 과정의 무리와 불법에 관한 문제가 제기되었을 때, 대한민국 검찰의 신뢰는 어떻게 되겠습니까? 상황이 이러하니 수사팀은 새로운 증거가 나올 때까지 증거를 짜내려고 할 것입니다.

이미 제 주변 사람들은 줄줄이 불려가고 있습니다.° 끝내 더 이
상의 증거가 나오지 않으면 다른 사건이라도 만들어 내려고 할
것입니다. 그러나 이렇게 하는 것은 검찰권의 행사가 아닙니다.
권력의 남용입니다.

노무현은 이명박에게 "통상적인 보고 라인이 아니라 대통령
께 사실과 법리를 정확하게 말씀드릴 수 있는 다른 전문가들에
게 분석과 판단을 받아 보실 것을 권고드린다"며 "수사팀 교체
는 오로지 대통령님만이 할 수 있는 것"이라고 말했다.

그러나 청원서는 문재인 등 참모들의 반대로 발송되지 않았
다가 그가 죽은 뒤에야 공개됐다.

노무현의 참모 김정호 의원(20·21대 국회의원, 더불어민주당)의 말
이다.

이명박 정권이 작정하고 노 전 대통령을 겨냥하고 있는데 검찰
수사팀을 교체해 달라는 청원을 받아들일 리 없었다. 아니, 오
히려 비아냥거릴 것이 뻔했다. 너무 굴욕적이고 대통령만 궁색
해질 것이 충분히 예상됐다. 참모로서 말리지 않을 수 없었다.[10]

○ 노무현은 오랜 후원자였던 강금원 창신섬유 회장이 구속된 일에 특히 마음 아파했다.
그는 4월 18일 홈페이지에 "털어도 먼지가 나지 않게 사업을 한다는 것이 말처럼 쉬운 일
은 아닌 모양이다. 어떻든 강 회장은 '모진 놈' 옆에 있다가 벼락을 맞은 것"이라고 한탄
했다.

검찰 수사는 거의 매일 오후 진행된 홍만표 수사기획관의 브리핑으로 힘을 얻었다. 브리핑 내용을 바로잡을 필요가 있으면 그때그때 기획관 명의의 메모가 기자실로 전달되기도 했다.

검찰 여론전에 동원된 '피의 사실 공표'의 뿌리

'피의 사실 공표'는 전두환 대통령 퇴임 후 검찰이 '5공 비리' 수사에 착수할 때부터 관행화됐다. 1997년 김영삼 대통령 아들 김현철, 2002년 김대중 대통령 아들 김홍업·김홍걸 사건처럼 '살아있는 권력'에 대한 수사에서 검찰이 여론을 등에 업는 방편이기도 했다.

통상 사건의 경우 검찰의 일방적인 '공격'을 받는 피의자는 재판의 유불리를 감안해 침묵을 지켰지만, 노 전 대통령의 경우 적극적인 방어권을 행사했다. 이는 대중의 관심을 더욱 불러일으키며 논란을 증폭시켰다. 이런 양상에 대해서는 노무현에 비판적인 한나라당에서도 목소리가 나왔다.

박희태 전 국회의장의 지적이다.

"검찰이 중간발표를 안 하고 매일매일 진행 상황을 브리핑하다시피 하고 있거든요. 그러면 노 전 대통령은 거기에 대해서 인터넷으로 답을 쭉 하고. 나는 이런 수사 방식은 처음 보았습니다. 검찰이 일정 기간 수사를 해서 중간발표, 최종 발표하고 정치권에서는 일체 관여를 안 하는 게 전통적인 수사 방법이었거든요. 그런데 요즘 보니까 매일 브리핑을 합니다. (중략) 매일매일 브리핑하지 말고 모아가지고 한꺼번에 해야지, 중간에 자꾸 이러니까 당사자의 진술이 왔다 갔다 함에 따라서 검찰의 발표도 자꾸 뒤집히는 경향이 있지 않습니까? 이래가지고는 검찰 수사의 신뢰성이 떨어집니다. 저나 김재원 사회자나 모두 검찰 출신이지만, 전에는 검찰이 이런 식으로 수사하고 발표하지 않았습니다. 이게 발전된 형식인지 모르겠지만 혼란스럽습니다."[11]

검찰은 3월 19일 '박연차 게이트'에 연루된 이정욱 전 한국해양수산개발원장이 구속될 때부터 평일 오후 3시 30분이 되면 홍만표를 기자실로 보내 수사 상황을 브리핑했다. 익명 발 오보를 지양하고 정확한 정보를 제공한다는 취지였지만, 이미 불붙기 시작한 언론들의 보도 경쟁을 막을 수는 없었다.

"검찰이 여론 몰이를 한다"는 비난에 부담을 느낀 나머지 홍만표가 4월 1일 브리핑을 돌연 중단하는 일도 있었다. '큰 장'이 선 것을 직감하고 한두 명씩 기자를 보강한 언론사들의 성화가 빗발쳤다. 브리핑 중단 하루 만에 기자실로 돌아온 홍만표는 멋쩍게 말했다.

"어이쿠, 안녕하세요. 오랜만입니다. (임채진) 검찰총장이 브리핑하라고 해서 왔는데, 하루 전화 안 받고 안 내려오니 정말 편하던데요. 수사팀은 지금 검찰이 의혹을 쏟아낸다는 질책을 정치권으로부터 왜 들어야 하는지, 상당히 불편하게 생각하고 있습니다. 어제 말씀드렸듯이 이제부터는 내가 했으면 내 이름을 쓰시고 외부 익명 제보자면 제보자라고 쓰든지 해주십시오. 항의 전화가 너무 많이 옵니다. 우리가 수사 외적으로 힘든 부분이 많은데, 좋은 관계가 되도록 노력합시다. 터무니없이 정치권으로부터 매도당하지 않게 해주시기 바랍니다."[12]

하지만 노무현의 불만은 '피의 사실 공표'만이 아니었다. 노무현은 4월 21일 "저의 집 안뜰을 돌려달라"고 '사람사는 세상' 홈페이지에 대언론 호소문을 냈다.

창문을 열어 놓을 수 있는 자유, 마당을 걸을 수 있는 자유, 이런 정도의 자유는 누리고 싶습니다. 그런데 저에게는 지금 이만한 자유가 보장되지 않습니다. 카메라가 집안을 들여다보고 있기 때문입니다.

며칠 전에는 집 뒤쪽 화단에 나갔다가 사진에 찍혔습니다. 잠시 나갔다가 찍힌 것입니다. 24시간 들여다보고 있는 모양입니다. 어제는 비가 오는데 아내가 우산을 쓰고 마당에 나갔다고 또 찍혔습니다. 비 오는 날도 지키고 있는 모양입니다. 방 안에 있는 모습이 나온 일도 있다고 합니다. 그래서 우리는 커튼을 내려놓고 살고 있습니다.

먼 산을 바라보고 싶을 때가 있습니다. 그런데 가끔 보고 싶은 사자바위 위에서 카메라가 지키고 있으니 그 산봉우리를 바라볼 수조차 없습니다. 이렇게 하는 것은 사람에게 너무 큰 고통을 주는 것입니다.

제가 방 안에서 비서들과 대화하는 모습, 안뜰에서 나무를 보고 있는 모습, 마당을 서성거리는 모습, 이 모든 것이 다 국민의 알 권리에 속하는 것일까요?

노건호가 귀국한 다음 날(4월 12일) 인터넷 카페('봉하 글마당')에 올린 비공개 글은 더욱 직설적이다.

> 당해본 사람은 안다. 공항을 나올 때 사진은 충분히 찍었을 것……
> (중략) 왜 저런 장면을 방송해야 할까? 이럴 때 카메라는 흉기가
> 된다.

언론사 카메라들이 노 전 대통령 사진 촬영에 열 올리게 된 것은 4월 7일 노무현이 부인의 잘못을 '시인'한 이후였다. 공교롭게도 김해시는 다음 날부터 '노무현 생가 복원 공사' 명목으로 사저 앞에 3~4m의 가림막을 둘러쳤다. 현장을 찾은 사진기자들도 허탕을 치지 않기 위해 포기하지 않고 사저 안을 촬영할 장소를 물색했다.

《경향신문》의 경우 4월 8일부터 "당장 짐을 챙겨 봉하마을로 내려가라"는 부장의 지시가 사진기자에게 떨어졌다.

4월 9일 오전 7시 30분《연합뉴스》카메라 기자가 사저 밖을 무표정하게 쳐다보는 노무현 부부의 모습을 촬영하는 데 성공했다. 흔치 않은 사진을 찍은 기자는 '특종'의 영예를 누렸지만 다른 기자들은 물을 먹었다.

4월 13일 사저에 있는 노 전 대통령의 실루엣 사진이 보도되자 다음 날 사저 창문에는 가림막이 쳐졌다. 그러나 기자들이라고 해서 피의자로 검찰 소환이 임박한 전직 대통령이라는 소재를 포기할 리가 없었다. 창문에 가림막이 설치된 날에는 노무현

이 뒷마당을 거니는 사진이 보도됐다. 사저를 드나드는 차량부터 마당을 청소하는 비서관까지 모든 것이 기삿거리가 됐다. 심지어 날씨가 흐린 날(4월 16일)에는 〈봉하마을에 먹구름이?〉라는 사진 기사가 나왔다.

"문재인, 사람 참 좋다" 사진기자들의 칭찬 릴레이

"안뜰을 돌려달라"는 노무현의 글은 이런 상황에서 나왔다.

한편 봉하마을에 상주하는 사진기자들의 '애환'을 짐작할 수 있는 기록도 있다. 4월 23일 《경향신문》 사진기자가 쓴 2주간의 취재기[13]는 다소 길지만 인용할 가치가 있다.

> 06:00 다시 봉화산. 300m 거리다. 볼수록 명당이다. 오늘도 지루한 숨바꼭질이 계속됐다.
>
> 09:00 '산불 조심' 완장 찬 산 관리인이 찾아왔다. 문재인 전 비서실장 차량이 문 앞에 섰다.
>
> 12:15 검은색 승용차가 사저를 빠져나갔다. 권 여사 아닐까. 추격전이 있었지만 소동으로 끝났다.
>
> 18:00 "노 전 대통령이다." 셔터 누르는 소리가 산자락을 울렸다. 3분 정도 산책하다 들어간 부부.
>
> 19:00 어둠이 내렸다. 경호상 이유인지 사저 주변은 불빛이 없다. 내일은 또 무슨 사진 전송하나.

(중략) 여러 날을 비탈에 쪼그려 앉아 어정쩡한 자세로 파인더를 들여다보고 있으려니 몸이 성할 리 없다. 기자들이 하나둘씩 허리 통증을 호소했다. 취재도 중요하지만 일단 나부터 살고 볼 일이다. 상의 끝에 낚시 의자를 공동 구매하기로 했다. 시중가보다 저렴한 가격인 6,000원에 구입했다. 의자 8개가 봉화산 중턱으로 배달됐다. 기다리는 일이 조금이나마 수월해졌다. 움직이지 않고 카메라만 들여다보는 데도 체력은 급격히 떨어지고 허기가 금세 찾아온다. 찍은 사진도 없는데 밥은 꼬박꼬박 찾아 먹으려니 민망하다. 그래도 남은 시간을 버티려면 든든히 먹어둬야 한다. 하지만 사진기자들이 동시에 자리를 비울 수는 없다. 밥을 먹으러 간 사이에 노 전 대통령이 사저 밖으로 나온다면 이만한 낭패가 아니다. 임시방편으로 '밥 풀(pool)'이 운영된다. 기자들끼리 '밥 조'와 '대기 조'로 팀을 나눠 교대로 밥을 먹는 것이다. 밥 조가 산을 내려갔을 때 대기 조가 노 전 대통령을 촬영한다면 이 사진은 공유하는 것이 현장의 룰이다.

(중략) 기자라는 직업은 이럴 때 고약하다. 문재인 전 실장은 노 전 대통령의 일로 근심이 많겠지만 기자들은 적막한 봉하마을에 찾아와 뉴스거리를 제공해 준 문 전 실장이 고맙기만 하다. "문 전 실장 사람 참 좋다", "기자들의 마음을 이해하는 사람이다" 등등 칭찬 릴레이가 이어진다. '오늘은 무슨 사진을 전송해야 하나' 전전긍긍하던 기자들의 초조함은 이렇게 해결됐다.

4월 22일 노무현은 '사람사는 세상' 홈페이지에 "홈페이지 문을 닫는 게 좋겠다"는 글을 올렸다. 그는 "이곳에서 이젠 피의자의 권리도 공감을 얻을 수가 없을 것"이라며 "무슨 말을 하더라도 많은 사람의 분노와 비웃음을 살 것"이라며 무력감을 드러냈다.

노무현의 마음이 무너지고 있었다. 그에게 지지를 보냈던 이들의 마음을 두고두고 후벼 파는 '독백'도 이 글에서 나왔다.

> 이상 더 노무현은 여러분이 추구하는 가치의 상징이 될 수가 없습니다. 저는 이미 민주주의, 진보, 정의, 이런 말을 할 자격을 잃어버렸습니다. 저는 이미 헤어날 수 없는 수렁에 빠져 있습니다. 여러분은 이 수렁에 함께 빠져서는 안 됩니다. 여러분은 저를 버리셔야 합니다.

이 글이 올라온 날 저녁 KBS 〈뉴스 9〉이 "박연차 회장이 2006년 9월 노 전 대통령의 회갑을 앞두고 개당 1억 원에 달하는 스위스제 명품 시계 2개를 대통령 부부에게 선물했다는 의혹을 검찰이 조사 중"이라고 보도했다. 김경수는 "그럴 리 없다"고 반박했고, 문재인도 "검찰이 노 전 대통령에게 망신을 줄 목적으로 이런 내용을 흘렸다면 나쁜 행위"라며 불쾌감을 표시했다.

'명품 시계' 확인해 준 검찰 브리핑

기세등등했던 검찰도 이 건에 대해서는 당혹스러움을 감추지 못했다. 4월 23일 홍만표의 말이다.

"노 전 대통령 측이 기분 나빴을 것은 충분히 이해된다. 해당 기자를 탓하고 싶지는 않다. (노 전 대통령에게) 직접 조사 전 서면 질의서를 보낸 상황이었고, 노 전 대통령이 홈페이지를 닫아야 한다고 한 형편에서 검찰이 만일 그런 내용을 흘렸다면 해당자는 진짜 인간적으로 형편 없는 빨대다. 검찰 내부의 '나쁜 빨대'를 반드시 색출하겠다."

그러면서도 그의 브리핑은 '명품 시계' 보도를 간접적으로 확인해 주는 결과를 낳았다. 다음 날 《조선일보》 5면에는 박연차가 노무현 부부에게 줬다는 '피아제 시계'가 왜 명품인지를 설명하는 분석 기사가 실렸다. 균형감을 살리려는 듯 이 신문은 기사 제목에 〈문재인 "망신 주자는 거냐"〉고 반론을 달았다.

'스위스제 명품 시계' 보도는 여론의 감정선을 건드렸다. 최진 대통령리더십연구소장 같은 이는 라디오에 출연해 "국민들은 이론적, 논리적 근거 때문이 아니라 감정 때문에 분노한다. 수천억의 어떤 비리보다도 작은 1억 원짜리 시계에 더 분노하는 게 바로 국민의 감정"이라고 짚었다.

노 전 대통령 예측대로 '무슨 말을 하더라도 사람들의 분노와 비웃음을 사는' 상황이 되어버린 것이다. 이런 분위기에서 노무현을 방어하려는 사람들은 하나같이 화살을 피하지 못했다. 노무현의 마지막 글이 올라온 다음 날 오전 라디오 인터뷰에 응한 조기숙 전 청와대 홍보수석(이화여대 국제대학원 교수)이 대표적인 사례다.

권양숙 여사도 100만 달러 받은 것을 시인했고, 조카사위한 테 500만 달러, 어떠한 명목이든 간 것도 있고 한데…… 이렇 게 일단 돈이 간 것에 대해서는 어떻게 보고 있나?

글쎄 이런 것을 갖고 역대 전두환·노태우 대통령하고 같은 선 상에서 놓고 언론에서 보도하고 있다. 나는 생계형 범죄에 연 루된 사람을 어떠한 조직적 범죄를 진두지휘한 사람과 같다고 말하는 것은 아주 상식에 어긋나는 일이라고 생각한다. 어쨌든 노무현 대통령 입장에서 볼 때는 너무 뼈아픈 일이고 이런 일 이 없었으면 좋았을 텐데 하는 아쉬움이 있다.[14]

조기숙의 탄식 "선진국이 정치 보복 자제하는 이유는……"

인터뷰 이후 조기숙은 "범죄에 조직범죄와 생계형이 따로 있냐" 는 비난을 한 몸에 받았다. 그러나 노무현 수사가 훗날 일으킨 파장을 생각하면, 그가 이날 한 발언 중에서 곱씹어야 할 부분은 따로 있었다.

"이렇게 국민을 모욕하면 원한이 쌓이고, 원한의 정치가 악순 환을 하지 않을까? 선진국이라고 털어서 먼지 안 나오는 지도자 가 있었을까? 선진국에서는 왜 정치 보복을 하지 않냐는 거다. 결국은 국민이 패를 나눠 싸우고 원한의 정치를 하게 될까 봐, 그 악순환을 만들지 않기 위해 자제하는 것이다. 그러니까 엄연 한 불법이 드러난, 이란-콘트라 게이트 사건 같은 데서도 레이건 대통령은 전혀 단죄를 받지 않았다. 그런데 이건 권력을 이용한 범죄도 아니고 조직적 범죄도 아닌데 마치 큰 범죄인 양 이렇게 검찰에서 이용하는 것은 거의 정치가 실종되고 검찰이 정치를 능멸하는 게 아니냐 하는 생각이 든다."[15]

노무현은 내부 인트라넷에 "나보다도 내 문제를 아파하는 그대 마음이 전해온다"는 위로 글을 남겼다.

그러나 한나라당(홍준표 원내대표)은 노무현의 처신이 전두환·노태우보다 더 나쁘다는 주장으로 맞섰다.

"과거에 전·노 전직 대통령이 돈을 받았을 때에는 통치 자금이라고 해서 정치하는 데에 많이 사용했다. 그러나 노 전 대통령이 받은 돈은 아들 집 사주고 아들 투자하고…… 개인적 사익이나 가족의 이익을 위해서 뇌물받은 거다. 어떻게 보면 전·노가 받은 돈의 성격보다 더 나쁘다."[16]

4월 30일 오전 8시 2분 노 전 대통령을 태운 40인승 버스가 봉하마을을 출발했다. 나흘 전 검찰은 그에게 이날 검찰청사에 나와달라고 요청했다. 버스가 점점 멀어져가자 권양숙은 참았던 눈물을 터뜨렸다.

버스에는 검찰 조사 중 그를 도와줄 사람들(문재인 전 비서실장과 주영훈 전 안전본부장, 전해철 전 민정수석, 김진국·김경수·문용욱 전 비서관)이 동석했다. 전직 대통령의 상경길을 취재하기 위해 언론사 차량 8대가 따라붙었지만, 누구도 코팅 처리된 버스 내부를 볼 수는 없었다.

노무현 일행은 약속한 시각 10분 전(오후 1시 30분)에 정확히 청사 앞에 도착했다. 이날 하루 동안만 검찰에 출입을 신청한 기자

수가 680여 명. 개청 이래 역대급 취재 열기를 뿜었다.

이인규 중수부장이 조사에 앞서서 미지근한 녹차를 한 잔 노전 대통령에게 대접했다. 면담에 동석했던 문재인은 훗날 "그는 대단히 건방졌다. 말투는 공손했지만 태도엔 오만함과 거만함이 가득 묻어 있었다"[17]고 회고했다.

우병우 중수1과장이 조사를 주로 맡았고, 홍만표가 하루 동안 5번이나 노무현의 수사 상황을 브리핑했다(20일 오후 3시, 6시, 10시, 11시 35분, 21일 오전 2시 30분).

검찰이 들고 있는 '회심의 카드'는 노 전 대통령과 박연차 회장의 대질신문이었다. 홍만표는 첫 브리핑("박연차가 청사에 들어와 있다")과 세 번째 브리핑("오후 11시께 대질이 시작될 것 같다")에서 연거푸 대질신문을 예고하기도 했다.

오후 6시 브리핑에서는 저녁 식사 메뉴(곰탕, 김치, 깍두기, 달걀부침 등)를 공개했다. 이는 직접 조사 과정에서 기자들에게 내놓을 만한 게 없다는 뜻으로 풀이됐다.

4월 30일 밤 11시 15분 조사가 끝날 무렵 중수부 검사 한 명이 "옆방에 박연차 회장이 10시간 동안 대기하고 있다. 오래 기다렸는데 박 회장이 어떤 입장인지 들어볼 필요가 있지 않냐"고 물었다. 이미 10시간 가까운 조사를 받은 노무현은 "전직 대통령에 대한 예우도 있고 시간도 늦었다"며 거절했다.

구속이냐, 불구속이냐

"그렇다면 인사만이라도 하시라"는 검사의 권유에 두 사람이 마주했다. 특별수사실에 들어선 박 회장은 푸른 수의 차림. 두 사람 사이에는 이런 대화가 오갔다.

> **노무현**: 고생이 많지요? 자유로워지면 만납시다. 대질은 내가 안 한다고 했어요. 내가 박 회장에게 이런 질문하기가 너무 고통스러워요, 거참……
>
> **박연차**: 대통령님, 저도 괴롭습니다. 건강 잘 챙기십시오.

노무현이 진술 조서를 확인한 뒤 검찰청사를 나선 시각은 다음 날(5월 1일) 오전 2시 10분. 문재인의 회고.

> 검찰이 아무 증거가 없다는 걸 거듭 확인할 수 있었다. 박연차 회장의 진술 말고는 증거가 없었다. 대통령과 박 회장 말이 서로 다른데, 박 회장 말이 진실이라고 뒷받침할 증거를 전혀 갖고 있지 않았다. 심지어 통화 기록조차 없었다. 통화 기록이 없다는 것은 통화한 사실이 없다는 것이었다.[18]

검찰 조사가 끝나자 봉하마을의 분위기는 오히려 밝아졌다. 장시간 신문 과정에서 검찰이 노 전 대통령을 기소할 만한 '스모킹 건'은 없다는 것을 변호인단이 직감했기 때문이다. 이제 공은 검찰로 넘어왔다. 그러나 그동안의 수사 강도를 놓고 보면, 검찰이 무혐의로 노무현을 놓아줄 가능성은 거의 없었다. 구속이냐, 불구속이냐의 선택지만 남았다.

홍만표는 마지막 브리핑에서 "수사팀이 증거 관계 등을 종합해 검찰총장에게 보고하면 다음 주중 내부 회의를 거쳐 신병 처리 방침이 결정될 것"이라고 말했다.

5월 내내 봉하마을은 '조용'했다. 노무현도 조사 다음 날 한명숙 전 총리와 오찬을 가진 것을 제외하고는 외부 손님을 맞지 않았다.

검찰 역시 '장고'에 들어갔다. 5월 4일 오후 4시 40분 임채진 검찰총장은 1시간 10분 동안 이인규 중수부장에게서 노 전 대통령 사건 관련 보고를 받았다. 박연차가 권양숙에게 준 돈을 노무현을 보고 준 것으로 판단하는 검찰이 '무혐의 처리'나 '공소기각'으로 물러날 기세는 아니었다. 거의 모든 언론이 검찰이 노무현을 포괄적 뇌물수수죄로 처벌할 것으로 전망했다.

남은 쟁점은 •구속이냐, 불구속이냐 •구속영장 청구 시점이 언제냐 정도였다. 모두가 임채진 검찰총장의 입을 지켜봤다. 그러나 그는 말이 없었다. 검찰에 많은 인력을 배치해 놓은 언론사들마다 속이 타들어 갔다.

5월 4일 KBS는 임채진이 3일 전 "구속영장을 청구하겠다"고 말했다고 보도했다. 다음 날《조선일보》에는 거꾸로 임채진이 일선 지검장들에게 불구속 기소 의사를 내비쳤다는 기사를 실었다.

양대 기성 언론이 검찰총장의 선택을 놓고 정반대의 보도를 한 셈이다. 조은석 검찰 대변인은 5월 5일 두 기사에 대해 "진행 상황을 잘 알지 못하면서 익명의 관계자를 인용하면서 처리 방향을 추측하고 있다"고 일축했다.

5월 5일 오후 봉하마을을 방문한 문재인 전 비서실장은 기자들에게 '권양숙 재소환' 문제를 검찰과 협의 중이라고 밝혔다. 지금까지 알려지지 않은 사실이지만, 검찰이 소환 조사에 응해 달라고 요구한 날짜가 노 전 대통령이 죽은 '5월 23일'이었다.

조기숙의 회고다.

> 참모들이 다들 침묵하길래 내가 내부 인트라넷에 '검찰이 부인을 다시 부르는 것은 부당하니 응하지 말아야 한다'고 대통령에게 조언했다. 노 전 대통령은 부인이 검찰에 다시 불려가기로 한 날 죽음을 택한 거다. 남편 입장에서 부인이 조사에 불응할 방법을 찾다가 그런 선택을 한 게 아닌가 하는 느낌이 들었다. 나도 잘못 판단한 게 있다. 부인을 다시 부른다는 것은 검찰이 기소할 거리가 불충분하다는 정황을 보여준 것인데 '당당하게 맞서라'는 얘기를 하지 못한 거다. 내 딴에는 노 전 대통령의 스트레스만 커진다는 생각에 당분간 조용히 있기로 한 것인데 그게 대통령과의 마지막 대화가 되어버렸다. (2022년 8월 5일 필자와의 인터뷰)

권양숙 "자식들에게 집이라도 마련해 주고 싶었다"

5월 7일 권양숙이 박연차에게서 받은 100만 달러의 사용처가 드러났다. 그날 저녁 노무현이 검찰에 보낸 추가 소명서 내용이 언론에 공개된 것이다.

권양숙은 소명서에서 38만 달러가 아들 노건호의 생활비와 딸 노정연 부부의 집 구입비로 쓰였다고 진술했다.°

권양숙은 "자식들을 미국에 보내놓고 어미 된 사람으로서 해 준 것이 없어 늘 마음에 빚이 있었고 집이라도 마련해 주고 싶었다", "남편에게 말하면 화낼 것이 뻔해서 말을 꺼내지 못했다"고 해명했다.

4월 30일 오전 8시 노무현이 검찰 조사를 받으러 봉하마을을 떠나기 직전 권양숙은 청와대 행정관 출신 백원우 의원에게 복잡한 심정을 토로했다.

"권 여사님이 울음을 참지 못하면서 20~30분 정도 하시는 말씀을 들었다. 노 대통령이 정치를 시작하면서 가족을 돌보지 못했고 그 이후로 지금까지 20여 년 동안 친인척을 비롯한 가족의 생계 문제는 권 여사가 챙길 수밖에 없었다. 이것이 오랫동안 이어져 내려왔었다. 노 대통령은 정치적으로 화려했던 시기보다 불운했던 시기가 더 많았다. 사업의 실패도 있었고 정치적으로

° 딸 노정연이 미국 뉴저지의 콘도를 구입했음을 증명하는 미국 재무부 금융범죄처벌 기구의 조회 결과가 중수부에 도착한 것은 노무현이 검찰에 소환된 4월 30일 오후였다. 수사팀으로서는 노무현을 압박할 카드가 하나 더 쥐어진 셈이었다.

너무 낙선 기간이 길었다. 그 와중에 많은 사람에게 신세를 졌을 것이고 친인척과 가족들에게 많은 어려움이 있었을 것이다. 그런 뉘앙스의 말씀이었다."[19]

5월 11일에는 노정연 부부가 참고인 조사를 받았다. 부부가 구입하려 했던 콘도는 160만 달러의 고급 콘도. 검찰은 계약금 45만 달러 중 40만 달러가 박연차에게 온 사실을 파악했다. 이날 조사는 자정까지 계속됐다.

> **검사**: 잔금 115만 달러는 어떻게 조달하려고 했습니까?
> **노정연**: 어머니가 주실 것으로 기대했어요.

노무현은 이 사실을 뒤늦게 인지하고 엄청난 충격을 받았다. 이 시기의 노무현을 문재인은 서거 후 인터뷰에서 이렇게 묘사했다.

> 아들 등으로 (수사가) 확대되는 것도 견디기 힘들었지만, 문제는 그것이 더더욱이나 집을 사기 위한 것이었다는 것을 알고 더욱 충격을 받았다. 참여정부의 도덕성이 무너지면서 개인적인 것에 그치지 않고 참여정부가 지향했던 가치까지 깡그리 부정당하는 상황이 되니 절망했던 것 같다. 그래서 정작 우리는 여사님이 자신이 모든 원인을 제공했다고 자책하지 않을까 걱정했다. 대책을 논의하는 자리에는 할 수 없이 자리를 함께했지만, 여사님은 대통령이 있는 자리에 같이 있으려고 하지 않

았다. 대통령이 들어오면 다른 자리로 가고는 했다.[20]

'논두렁 시계'의 진실

노무현의 검찰 소환 이후 잠시 잠잠했던 여론이 들끓기 시작
했다.

5월 13일 SBS 뉴스는 "박연차 회장이 회갑 선물로 준 1억 원
짜리 명품 시계 2개를 논두렁에 버렸다고 노 전 대통령이 검찰
에서 진술한 것으로 확인됐다"고 보도했다. 이 보도가 나오자
"봉하마을 논두렁에 명품 시계 주우러 가자"는 조소가 인터넷에
넘쳤다.

보도 다음 날 김경수는 "노 전 대통령이 검찰 조사에서 '없애
버렸다'고 진술한 것으로 안다. 논두렁 이야기는 한 적이 없고
지어낸 이야기"라고 해명했다. 지난달 명품 시계의 존재가 처음
보도됐을 때 "나쁜 빨대를 색출하겠다"고 벼르던 홍만표도 이번
에는 별다른 말을 하지 않았다.

이 보도는 노무현 사후 그를 괴롭힌 언론 플레이의 대표 사례
로 회자됐다. 심지어 노무현의 참모 중에도 "노건평이 권양숙에
게 시계를 전달하려 했지만 권이 '그런 것 받으면 안 된다'고 잘
랐다"는 말을 믿는 사람이 있었다.

훗날 '논두렁 시계'에 대한 유시민의 해명은 이렇다.

검찰 조사에서 논두렁 얘기는 없었다. 아주 없는 얘기는 아니

고, 시계는 있었다. 제가 직접 노무현 전 대통령 돌아가시기 얼마 전에 들었다. 4월 20일인가? 노 대통령이 재임 중 회갑을 맞았는데, 박연차가 노건평을 통해 시계를 선물했는데 대통령이 화를 낼까 봐 못 갖다주고 퇴임할 때까지 가지고 있었다. 노 대통령이 퇴임 후 봉하마을에 오니까 노건평 부인이 권 여사에게 줬다는 거다. 권 여사가 그걸 받고 그냥 감춰놨다. 그런데 검찰이 e지원 수사로 압수수색이 들어온다는 얘기가 있어서 노 대통령이 뭐가 있는지 목록 점검을 하고, 재산 목록을 만드는 과정에서 시계의 존재를 알게 됐다. 노 대통령이 '이 시계 뭐야'라고 여사에게 굉장히 화를 내고, 그 시계를 망치로 깨서 버렸다는 얘기다.[21]

그의 말대로라면 노무현이 시계를 논두렁에 버리지는 않았지만, 그런 시계를 가지고 있었다는 것은 팩트가 된다.

검사 시절 노무현에게 투표할 정도로 그를 좋아했지만, 그의 마지막 선택에는 비판적인 금태섭의 말이다.

민주당 의원들도 사석에서는 '논두렁 시계'가 팩트라는 얘기는 한다. 하지만 바깥에는 얘기하지 못한다. 그들은 '노무현 트라우마'에서 헤어나오지 못했고, 이 전 대통령을 잡아넣기 전에는 그게 치유가 안 되는 상황에 놓였다. 노 전 대통령이 생전에는 인기 있는 대통령이 아니었는데, 갑자기 돌아가시니 뒤늦게 '지못미' 정서가 생긴 것 아닌가? 더욱 안타까운 것은 그런 정서를 정치인들이 적극적으로 이용한다는 것이다. 문 전 대통령도 '노무현 트라우마'로부터 자유롭지 못했다고 볼 수 있다. (2022년 8월 18일 필자와의 인터뷰)

2018년 6월 25일 이인규가 검찰이 아니라 국정원이 정보를 흘렸다는 취지의 입장문을 냈지만, '노무현을 죽게 만든' 검사의 얘기를 진지하게 듣는 사람은 많지 않았다.

어쨌든 검찰은 '논두렁 시계' 보도 후 열흘 동안 좀처럼 결정을 내리지 못했다.

5월 14일 '세종증권 비리'에 연루된 노건평에게 징역 4년 추징금 5억 7,440만 원의 중형이 선고됐다.

5월 19일 오전 노무현은 윤태영 등 비서진과 회고록 집필 관련 회의를 하다가 돌연 집필팀 해체를 선언했다. "이제는 그만 좀 손을 놓아야겠다"는 노무현의 말은 이후 벌어진 사건으로 인해 중의적으로 해석됐다.

노무현의 갑작스러운 질문

당시 비서관이었던 김경수는 이 무렵 노무현의 모습을 이렇게 기억했다.

"서거 며칠 전 회의를 마치고 저와 문용욱에게 '자네들은 비서관 그만두면 어떡하나'라고 갑자기 물어보시더라. 둘 다 '걱정 없습니다'라고 대답했는데, 지금 와서 생각해 보면 대통령이 저희들에 대한 진짜 걱정을 드러낸 게 아닌가? 그때 그냥 '그만두면 대책이 없다. 끝까지 모실 수 있게 해달라'고 매달려 볼 걸 하는 생각도 든다."[22]

5월 22일 '불금' 저녁 홍만표가 기자실을 방문해 남아있던 기자들에게 "소주나 한잔하자"고 제안했다. 인근 맥줏집에서 이뤄진 '번개 술자리'에서 그는 "수사는 6월 초에 지방자치단체장 한 명을 소환한 다음 그 주말쯤 그동안 조사한 정치인들에 대한 사법 처리 결과를 발표하는 수순으로 갈 예정"이라고 말했다.

한 기자가 "내일은 주말인데 뭐 하세요?"라고 묻자 홍만표는 "뭘 하겠어? 주말이니까 사우나에 가서 좀 쉴 생각이야"라고 답했다. 그러나 모두가 잊지 못할 토요일이 다가오고 있었다.

3　　　　　　　　　　　　　노무현은 왜?

70대 이상의 미국인들에게 1960년대 미국을 이끈 지도자들(존 F. 케네디 대통령, 로버트 케네디 전 법무부 장관, 마틴 루터 킹 목사)의 잇따른 죽음은 큰 상처로 남아있다.

특히 1963년 11월 22일 오후 1시 48분(워싱턴 시각) CBS 뉴스의 앵커 월터 크롱카이트가 케네디 대통령의 사망을 속보로 전한 이후 미국인들은 '케네디가 죽은 날'을 마치 영화의 한 장면처럼 떠올리게 됐다.

많은 한국인에게 2009년 5월 23일의 기억도 그러했다.

그날 오전 5시 45분 노무현 전 대통령은 "나로 말미암아 여러 사람의 고통이 너무 크다"는 요지의 유서를 남기고 봉하마을 자택을 나섰다. 그로부터 한 시간이 안 돼 그는 봉화산 부엉이바위에서 몸을 던졌다. 경호실이 문용욱 비서관에게 먼저 이 같은 사실을 알렸고, 문용욱은 다시 김경수에게 연락했다.

김인종 청와대 경호처장이 관저에 있던 이명박 대통령에게 노 전 대통령의 추락 사고를 보고한 것은 오전 7시 20분.

인공호흡기를 달고 양산 부산대병원으로 이송된 노무현이 "건강 이상으로 병원에 입원했다"는 뉴스는 오전 9시부터《연합뉴스》등 통신사와 방송사 뉴스 자막을 통해 급속히 퍼지고 있었다.

오전 9시 30분 부산대병원 의료진은 노무현에 대한 심폐소생술 시도를 중단했다. 9시 37분《연합뉴스》가 "노 전 대통령이 비서관(실제로는 경호원) 1명과 등산 중 산 아래로 떨어져 병원 이송됐으나 숨을 거둔 것으로 알려졌다"고 속보를 날렸다.°

전직 대통령이 스스로 목숨을 끊다니

그의 죽음은 그를 지지했건 반대했건 '정치인 노무현'을 기억하는 사람들 모두에게 초현실적인 뉴스였다.

오전 11시 문재인 전 비서실장이 부산대병원 앞에서 노무현의 서거를 공식 발표했다. 대한민국 16대 대통령은 이제 역사 속의 인물이 되어버렸다.

오후 1시 김경한 법무부 장관이 "노 전 대통령의 갑작스러운 서거에 충격과 비탄을 금할 수 없다"며 "현재 진행 중인 노 전 대통령에 관한 수사는 종료될 것으로 안다"는 애도 성명을 발표

° 그 시각 바츨라프 클라우스 체코 대통령과 정상회담을 하던 이명박은 '노무현 서거'를 메모로 전달받았다. 그는 놀란 표정을 감추지 못했다고 한다.

했다. 현직 대통령 이하 권력 핵심부는 전직 대통령의 수사를 결심했지만, 그가 사망에 이른 상황에서 그 후폭풍을 감당할 생각은 없었다.°

오후 2시경 부산대병원을 찾은 안희정 민주당 최고위원이 참았던 분노를 터뜨렸다. 이때 그가 한 말이 노무현과의 갑작스러운 이별을 맞이하는 사람들의 심정을 대변했다. 아주 오랫동안.

"이명박 대통령과 검찰, 조중동…… 당신들이 원한 결과가 이겁니까? 대통령을 지켜드리지 못해서 죄송합니다."

오후 4시 배우 문성근이 봉하 마을회관 스피커를 통해 노무현의 유서를 낭독했다.

> 나로 말미암아 여러 사람이 받은 고통이 너무 크다.
> 여생도 남에게 짐이 될 일밖에 없다.
> 너무 슬퍼하지 마라.
> 삶과 죽음이 모두 자연의 한 조각 아니겠는가?
> 미안해하지 마라.
> 누구도 원망하지 마라.
> 운명이다.

° 김경한 장관이 퇴임한 2012년 2월 검찰이 노 전 대통령 가족에 대한 수사를 재개하려는 움직임을 보이자 김경한은 최재경 당시 중수부장에게 잘못된 사실관계를 바로잡겠다며 "내 성명서에는 가족이라는 일체의 언급이 없었다"고 말했다. 그러면서도 그는 '가족까지 포함해서 한 얘기는 아니라는 말이 가족은 수사할 수 있다는 것으로 해석될 여지가 있지 않나'는 《연합뉴스》의 확인 질문에는 "전혀 그런 뜻이 아니었다"고 물러섰다.

그날 오전 사저에서 박은하 비서관이 찾아낸 유서였다.

김경수의 말이다.

"(옷을) 얼른 챙겨 입고 밖으로 나가서 병원으로 가다가 중간에 퍼뜩 드는 생각이 뛰어내리셨으면 뭔가를 분명히 남기셨을 것 같다는 생각이 들었다. 그래서 문용욱에게 병원이 아니라 사저로 가서 대통령님께서 혹시 글을 남기시거나 한 것이 있는지 찾아보고 가겠다고 했다. 마침 박은하가 그 시간에 사저에 나와 있었다. 그래서 박은하에게 혹시 그런 게 있는지 먼저 찾아보라고 연락하고 사저에 갔더니 마침 컴퓨터에 저장되어 있던 대통령님 유서를 찾아 놓았다. 그래서 그걸 출력해서 병원으로……"[23]

그날 오후 4시 30분 서울광장 건너편 덕수궁 대한문 앞으로 이심전심 모여든 시민들이 경찰의 봉쇄를 뚫고 '시민분향소'를 설치했다. '집회·시위 무풍지대'였던 서울 강남역 외환은행 앞에도 이례적으로 분향소가 설치됐다.°

오후 6시 28분 노 전 대통령의 시신을 실은 운구차가 봉하마을에 도착하자 지지자들의 울분이 폭발했다. 그 시각 마을회관 광장에 임시로 차려진 기자단 천막에 들이닥친 명계남이 절규했다.

"너희들의 기자 정신이 노무현 대통령을 죽음으로 내몰았다."

° 강남역 분향소에는 영결식(5월 29일) 날 새벽까지 1만여 명의 조문객이 다녀간 것으로 집계됐다.

장례 기간 내내 봉하마을에 있던 언론사 기자들은 분노에 찬 조문객들에게 쫓기듯 취재해야 했다. 일부 기자들은 취재용 노트북 컴퓨터 앞면에 있는 자사 로고 스티커를 떼버린 채 기사를 써야 했고, 또 다른 일부는 마을 밖으로 쫓겨나 기사를 송고하는, 웃지 못할 일이 벌어졌다.

《뉴스타파》 김경래 기자(당시 KBS 경제팀 기자)는 6월 5일 자 KBS 기자협회보에 다음과 같은 일화를 소개했다.

> 봉하마을에서 가장 먼저 와서 가장 좋은 중계 포인트를 확보했던 KBS 중계차는 결국 철수를 결정했다. 설상가상으로 함께 철수하던 CP차는 봉하마을 진입로에서 고장이 나 오도 가도 못하는 상황이 됐다. 흥분한 시민 몇몇이 CP차로 들어가 운전자를 끌어내 폭행했다. 결국 견인차를 불러 CP차를 견인했다. 조문객들은 '봉하마을에서 끌려 나가는 KBS'라고 조롱했다. 문제는 다음 날 방송이었다. 빈소에 중계차가 접근이 불가능해서 빈소에서 1km 떨어진 근방의 벌판에 중계차를 설치하고 방송했다. 마이크를 잡은 기자 뒤에는 황소 한 마리가 버티고 있었다. 이 장면을 찍은 사진이 인터넷에 올라갔고 '빈소'가 아닌 '황소' 앞에서 방송하는 KBS라는 조소를 들어야 했다. 이후 25일 중계차가 다시 빈소 앞으로 들어올 때까지 타사가 방송할 때 꺼서 몰래 방송하는 굴욕을 겪어야 했다.

인구 120여 명에 불과한 봉하마을은 국민장 7일 동안 110만 명의 조문객이 다녀가는 등 말 그대로 인산인해를 이뤘다. 그러나 일부 조문객들의 항의로 인해 노무현과 악연이 있었던 정객들은 아예 조문하지 못했다.

2002년 16대 대선의 맞수였고 2003~2004년 대선 자금 수사 정국에서 신경전을 벌였던 이회창 자유선진당 총재, 이명박이 임명한 한승수 국무총리 그리고 2007년 17대 대선에서 노무현과의 차별화를 시도했던 정동영 전 대통령 후보는 23일 밤 봉하마을 입구에서 분노한 군중들에 의해 발길을 돌려야 했다. 부산을 거쳐 봉하마을에 온 박근혜 전 한나라당 대표도 조문에 실패했고, 이튿날 새벽에 빈소를 찾은 김형오 국회의장은 조문객의 물세례를 받아야 했다.

국정원장 "노무현 서거 책임, 좌파에 있다는 점 명확히 해야"

한나라당 안상수 원내대표는 5월 27일 국무총리 공관에서 열린 고위당정협의회에서 "노무현 국민장을 정치적으로 이용하려는 세력이 있어 소요 사태가 일어날까 걱정"이라는 말을 해 안 그래도 흉흉한 민심에 불을 질렀다.

이명박 정부는 노무현 서거의 파문을 어떻게든 가라앉히려고 부심했다. 원세훈 국정원장이 영결식 날 "노무현 서거의 책임이 좌파에 있다는 점을 명확히 알릴 수 있는 논리를 개발·활용하라"며 심리전단에 내린 지시는 정권이 두 번 바뀐 뒤에야 드러난 사실이다.

문재인이 요청했던 김대중 전 대통령의 영결식 추도사 낭독을 불발시킨 것도 이명박 정부였다. 문재인은 "(정부가) '전례가 없다. 다른 국가 원수도 참여하는데 형평에 맞지 않는다'는 얘기를 했는데 참으로 궁색한 이야기였다. 미국을 보더라도 전직 대통령이 장례에 참석해서 직접 조사나 추도사를 하는데 왜 그렇게 못하는지 모르겠다"고 말했다.°

5월 29일 7시 40분 문재인 전 비서실장(운영위원장)과 한명숙 전 국무총리(공동장의위원장)가 참석한 가운데 봉하마을에서 노 전 대통령의 운구 차량이 출발했다. 오전 11시에는 경복궁 앞뜰에서 노 전 대통령 국민장 영결식이 열렸다. 이명박 부부가 영결식장에 나타나자 잠시 술렁거림이 있었다. 이명박의 참석은 장의위원회 소수만 알고 있었다.

11시 50분 이명박 부부의 헌화 순서에 앞 열 상주석에 있던 민주당 백원우 의원이 "노무현 대통령에게 사죄하십시오"라고 외치며 앞으로 뛰어나오는 일이 생겼다. 청와대 경호원들이 백원우의 입을 틀어막고 그를 식장 밖으로 끌어냈다.

급기야 일부 참석자들이 격앙된 마음에 "이명박은 사죄하라", "이명박은 물러가라"를 외쳤다. 사회를 맡은 송지헌 아나운서가 분위기를 진정시키기 위해 "고인을 마지막으로 보내는 자리이니 자중해 달라"고 호소했지만 어색해진 분위기를 되돌리기에

° 김대중은 영결식장에서 하지 못한 추도사를 《오마이뉴스》 오연호 대표가 쓴 〈노무현, 마지막 인터뷰〉의 추천사 형식으로 공개했다.

는 역부족이었다.°

이후 운구 차량은 광화문 세종문화회관을 거쳐 노제가 열리는 시청 앞 서울광장으로 이동했다. 오후 6시 5분 노 전 대통령의 시신을 실은 운구차가 수원 연화장에 도착했다. 그날 오후 노제를 치른 서울광장에서 서울역 앞까지 운구차가 이동하는 데만 1시간 이상이 걸렸다. 시민 수만 명이 그를 떠나보낼 수 없다며 운구차 주변으로 몰려드는 바람에 생긴 해프닝이었다.

혼돈과 회한의 하루를 지낸 후 노무현의 유골은 이튿날 새벽 1시 30분 봉하마을에 안장됐다.

노무현 국민장 장의위원회는 장례 기간 전국 332개 분향소에 432만 명이 넘는 조문객이 분향한 것으로 공식 집계했다. 영결식이 있었던 29일 새벽까지 밀려든 인파까지 합하면 조문객 수는 500만 명이 넘을 것으로 추산된다.

노무현은 왜 죽음을 택했을까?

그는 다소 덤덤한 톤의 유서를 남겼지만 유언은 실현되지 못했다.

"집 가까운 곳에 아주 작은 비석 하나만 남기라"고 했지만, 1년 만에 웅장한 묘역이 봉하마을에 조성됐다. 죽은 지 10년이 훌쩍 지났지만 여전히 한해 60~70만 명의 방문객이 이곳을 찾는다.

° 이명박 대통령은 그날 저녁 김백준 총무비서관 등 참모 대여섯 명을 관저로 불러 1시간 동안 술자리를 가졌다. 대화 내용은 알려지지 않았다.

노무현을 궁지로 몬 변곡점

"너무 슬퍼하지 마라"는 말은 힘든 순간에 그를 지켜주지 못했다는 지지자들의 죄책감을 더욱 자극했다.

그는 "누구도 원망하지 마라"고 했지만, 대중들은 조금이라도 죄책감을 덜기 위해 자신들을 오판으로 이끈 '악당들'을 찾아야 했다.

노 전 대통령이 궁지에 몰린 데는 몇 번의 변곡점이 있었다.

거의 매일 수백 명의 방문객이 퇴임한 대통령을 보기 위해 봉하마을을 찾을 정도로 그는 인기가 있었다. 그러나 방문객 맞이는 2008년 12월 4일 형 노건평이 세종증권 매각 비리로 구속되면서 막을 내린다.

세종증권 사건이 박연차 리스트 수사로 옮겨붙은 후에도 노무현은 당당했다. 2008년 말 노무현이 박연차에게서 15억 원을 받은 사실이 드러난 후에도 그는 차용증을 내밀며 "문제없는 거래"라고 맞섰다.

그러나 2009년 4월 7일 정상문 총무비서관이 긴급체포되자 모든 것이 달라졌다. 이틀 뒤 영장실질심사를 통해 정상문이 박연차에게서 2007년 6월경 미화 100만 달러가 담긴 가방을 청와대 경내에서 전달받은 사실이 드러났다.

정상문이 체포된 날 오후 노무현은 "그 혐의는 정상문의 것이 아니고 저희들의 것이다. '저의 집'(아내)에서 부탁하고 그 돈을 받아서 사용한 것이다. 미처 갚지 못한 빚이 남아있었기 때문"

이라고 고백했다.

그의 고백을 기점으로 여론의 추는 급격히 기울었다.

그는 대선에서 "감옥 안 가는 대통령, 아들을 감옥에 안 보내는 대통령, 떳떳하고 자랑스러운 대통령이 돼서 고향에 돌아가겠다"고 약속한 대통령이었다. "도덕적 신뢰 하나만이 국정을 이끌어갈 수 있는 밑천"이라고 강조했던 그였다.

4월 7일 이후 그 신뢰가 무너지고 있었다. 그에 대한 실망감은 범진보 진영으로 퍼져나갔다. 몇 가지 반응을 소개하면 이렇다.

> 대통령의 부인이 재임 기간 중 기업인에게서 총무비서관을 통해 수억 원을 받아 몰래 사용한 것은 노무현의 책임이고 사실상 뇌물에 해당한다. 검찰은 노무현 부부를 직접 조사해 뇌물죄 등 금품수수에 대한 법적인 책임을 물어야 할 것이다. (중략) 노무현은 조카사위 연철호가 박연차에게서 돈을 받은 것에 대해서는 자신과는 관계없는 돈이라고 해명했다. 하지만 이제 노무현 측의 어떠한 해명도 신뢰받기 힘든 상황이다. (참여연대)[24]

> 참 구차하다는 생각이 들었다. 일이 이렇게까지 됐으면 그런 면피용, 면죄용 발언은 아예 안 하는 것이 더 낫다. 대통령이면 신용도가 높을 텐데 은행에서 돈을 당당하게 빌리고 이자까지 냈어야 하는 게 아닌가? 참 납득하기 어렵다. 일반적으로 보면 부인이 남편과 관계있는 사업가 혹은 시아주버님과 친한 사업가한

테 남편 모르게 돈을 빌린다는 게 일반 가정에서는 있을 수 없는 일이다. 그런데 일거수일투족이 다 드러나게 되어 있는 청와대에서 영부인이 그런 방식으로 돈을 빌렸다는 것은 일반 국민 입장에서는 도저히 납득할 수 없는 일이다. (노회찬)[25]

참여정부의 실세들이 여기저기서 검은돈을 받아왔다는 것은 이미 드러난 사실로, 거기에 형 노건평에 이어, 부인 권양숙(어쩌면 전 대통령 본인)까지 부적절한 돈거래를 했음이 드러났다. 이 정도면 총체적 파국이라고 할 수 있다.

노무현은 많은 이들에게 희망이었고 거의 종교적 열정에 가까울 정도로 그를 신봉하는 사람들도 있었다. 어리석을 정도로 무구했던 그 순수한 신뢰를 이렇게 어처구니없이 배신해도 되는 것인지 안타깝다. 비록 노무현 정권의 지지자는 아니지만, 솔직히 큰 충격을 받았다. 참여정부가 아무리 문제가 있어도 이 정도로 한심한 수준일 거라고는 생각하지 못했기 때문이다.

사실 깨끗하다는 것은 미디어로 만들어 낸 이미지일 뿐 노무현은 당시 대선 과정에서도 선거 자금으로 검은돈을 받았다. 그때 '이회창이 받은 돈의 10분의 1'이라는 논리로 대충 비난의 화살을 피할 수 있었다. (진중권)[26]

전직 대통령의 망신은 국가의 수치다. 전직 대통령의 끊이지 않는 비리 행각은 대한민국 국민의 자긍심과 자존심을 짓밟는 폭거다. 이들에 대한 처벌은 '패가망신' 수준에 그쳐서 안 된다. 대통령의 사면 대상이 돼서도 안 되고 전두환처럼 수천억 원의 추징금을 안 내도 자유의 몸으로 풀어주는 것을 더 이상 용납해서는 안 된다. (김창룡)[27]

'노무현 사과'에도 싸늘해진 여론

노무현에 대한 불신은 그 무렵 여론조사에서도 드러났다. 그의 사과로부터 6일 뒤 실시한 한국사회여론연구소(KSOI) 여론조사 (4월 13일)에서 응답자의 66.1%는 노무현의 사과문이 '신뢰가 가지 않는다'고 응답했다('신뢰가 간다' 22.7%, '잘 모르겠다' 11.2%).

노무현을 겨냥한 비난은 소환 조사(4월 30일) 전후로 더욱 강해졌다. 진보 언론에 게재된 일부 글들은 "고인이 목숨을 끊게 만들 정도로 마음을 힘들게 했다"는 논란에 휘말렸다.

노무현 님, 국민 앞에 석고대죄하십시오. 다 까발리고, 다 털어 놓으시고, 용서를 구하십시오. 죽을 때 죽더라도 하찮은 하이에 나 떼에 물려 죽지 마시고, 지도자답게 산화하십시오. 당신이 죽어야 이 땅의 민주주의와 사회정의가 부활합니다. (박상주)[28]

노무현이 다 태워버린 재 속에는 불씨조차 남은 게 없다. 노무현 정권의 재앙은 5년의 실패를 넘는다. 다음 5년은 물론, 또 다음 5년에도 영향을 미칠 것이다. 그렇다면, 노무현 당선은 재앙의 시작이었다고 해야 옳다. 이제 그가 역사에 기여할 수

있는 일이란 자신이 뿌린 환멸의 씨앗을 모두 거두어 장엄한 낙조 속으로 사라지는 것이다. (이대근)[29]

지금이야말로 그의 예전 장기였던 '사즉생 생즉사'의 자세가 필요한 때다. '나를 더 이상 욕되게 하지 말고 깨끗이 목을 베라'고 일갈했던 옛 장수들의 기개를 한번 발휘해 볼 일이다. 그가 한때 탐독했던 책이 마침 《칼의 노래》가 아니던가. '사즉생'을 말하는 것은 노 전 대통령 개인의 부활을 뜻하는 게 아니다. 노 전 대통령이 선언한 대로 그의 정치생명은 이미 돌아올 수 없는 강을 건넜다. 하지만 그는 죽더라도 그의 시대가 추구했던 가치와 정책, 우리 사회에 던져진 의미 있는 의제들마저 '600만 달러'의 흙탕물에 휩쓸려 '동반 사망'하는 비극은 막아야 한다. 그의 '마지막 승부수'는 아직도 남아있다. (김종구)[30]

노무현 정부는 역대 가장 덜 썩은 정부로 볼 수 있다. 그렇다고 모든 게 용서되는 것이 아니다. 이런 문제가 발생하지 않을 것이라고 믿었던 데서 실망감이 더 컸다. 이는 오만과 독선 때문이다. 자신들이 깨끗하다는 것이 일을 이렇게 만들었다. 청와대 자정 시스템이 안 된 것은 이의 방증이다. 노무현 정부의 도덕성 추락은 진보 진영에게도 악영향을 미친다. 타산지석을 삼아야 한다. (노회찬)[31]

노무현은 이 같은 외부의 비판에 무너진 것일까?

검찰이 박연차 수사 과정에서 노무현 가족에게 문제 삼은 것은 크게 두 가지였다.

하나는 박연차가 2008년 2월 22일 노건호와 조카사위 연철호에게 보낸 500만 달러였다. 돈의 송금은 대통령 퇴임 3일 전에 이뤄졌고, 노 대통령은 그 대가로 박연차에게 베푼 이권이 없다는 입장이었다. 심지어 노무현은 그 사실을 퇴임 후에 알았기 때문에 재판으로 가도 충분히 방어할 수 있다고 판단했다. 500만 달러는 적지 않은 금액이지만 자신과 무관한 투자금이라는 게 노무현의 일관된 입장이었다.

부메랑으로 돌아온 '패가망신' 발언

노무현의 대통령 임기 중 부인 권양숙이 정상문을 통해 박연차에게서 건네받은 100만 달러와 정상문이 챙긴 특수활동비 3억 원은 성격이 달랐다. 권양숙은 4월 11일 비공개 조사에서 "100만 달러와 3억 원 모두 빚 갚는 데 썼다"고 인정했다. 생전의 노무현은 검찰 수사가 진행된 후에야 이를 인지했다고 참모들에게 토로했다.

문재인 전 비서실장의 말이다.

"당시만 해도 노 전 대통령은 정상문이 받았다는 3억 원과 100만 달러의 성격을 제대로 몰랐다. 하지만 이후에 돈의 성격이라든지 점점 사실관계를 아시게 되었고, 그때부터는 법적 책임과 별개로 도덕적인 책임을 통절하게 느끼게 됐다. 그 돈이 그냥 빚 갚는 데 쓰인 게 아니고 아이들을 위해 미국에 집 사는 데 쓰인 것을 알고 충격이 굉장히 컸다."[32]

대통령이 취임하기 전 2002년 12월 25일 노무현 당선인은 명륜동 집으로 자신의 참모들을 부부 동반으로 불러 만찬을 대접했다. 그날 노무현은 참석자들이 잊지 못할 말을 했다.

"만약 인사가 됐든, 사업이 됐든, 이권에 개입하다가 발각되면 아무리 최측근이라도 패가망신을 각오하십시오. 사실 이 말을 전하려고 부부를 모셨습니다. 바깥양반만 조심한다고 되는 일이 아닙니다. 이제부터 여러분은 사람 만나는 것도 자제해 주세요. 만나는 사람도 가려서 만나야 합니다."

검찰 수사로 '정상문-권양숙 커넥션'의 윤곽이 드러나자 그때의 패가망신 발언이 노무현을 향해 부메랑으로 날아왔다. 명륜동 만찬에 있었던 염동연은 "노무현이 봉하마을에서 두문불출하는 동안 2002년 12월의 '패가망신' 발언이 머릿속을 떠나지 않았을 것"이라고 회고했다.

어쨌든 검찰은 "관저에서 돈을 주고받았다면 노 전 대통령도 알았을 것이라는 게 상식"(홍만표, 4월 16일 브리핑)이라고 의심을 풀지 않았다.

노무현이 아내에게 책임을 뒤집어씌운다는 비판은 그의 고백 직후부터 나왔다.

한나라당 박순자 최고위원은 "자신이 아닌 아내가 받았다고 한 것은 법적 처벌을 피하려는 옹졸한 처사이며 그렇게도 사랑한다던 아내에게 뒤집어씌우는 비겁한 짓"이라고 공격했다(4월

10일). 2002년 대통령 후보 경선 당시 장인의 부역 전력으로 공격받았을 때 그가 "이런 아내를 사랑하면 대통령 자격이 없다는 거냐?"고 맞받아친 것을 돌려준 셈이다.

《경향신문》 유인화 문화부장의 칼럼 〈아내 핑계 대는 남편들〉(2009년 5월 4일)은 가상의 연극 대화로 노무현 부부가 처한 상황을 다음과 같이 꼬집었다.

> **여자**: 당신, 구속 안 되겠지? 다른 대통령들은 2,000억 원 넘게 챙기던데. 우린 80억 원도 안 되잖아요. 고생하는 아들에게 엄마가 돈 좀 보낸 건데. 지들은 자식 없나. 지들은 돈 안 받았어!
>
> **남자**: 내가 판사 출신 대통령이야! 고시 보느라 당신에게 가족 생계 떠맡긴 죄밖에 없다고. 15년 전 내가 쓴 책《여보, 나 좀 도와줘》에 고생담이 나오잖소.
>
> **여자**: 그래요. 당신 대통령될 때 '사랑하는 아내를 버리란 말입니까'로 동정표 좀 얻었잖아. 이번에도 내가 총대 멜게요. 우리 그 돈 어디다 썼는지 끝까지 말하지 맙시다. 우리가 말 안 해도 국민이 다 알 텐데 뭘…….
>
> **남자**: 걱정하지 마. 내가 막무가내로 떼쓰는 초딩 화법의 달인이잖아. 초지일관 당신이 돈 받아서 쓴 걸 몰랐다고 할 테니까. 소나기만 피하자고. 국민들, 금방 잊어버려.

검찰은 노 전 대통령에 대한 신병 처리를 미루면서도 "누정연 부부가 (권양숙을 통해) 박연차에게서 받은 40만 달러로 뉴욕의

아파트를 계약했다"(홍만표, 5월 13일)고 발표하는 등 여론 몰이의 고삐를 늦추지 않았다.°

당시 검찰은 노무현의 신병 처리를 놓고 '불구속 기소'에 무게를 둔 수뇌부와 '구속 불가피'를 설파하는 수사팀의 이견이 좀처럼 좁혀지지 않았다. 그러나 어느 방향으로 결론이 나든 노무현 일가가 법정에서 박연차에게서 받은 자금의 성격을 놓고 책임 공방을 벌여야 하는 상황도 배제할 수 없었다. 노무현이 무죄를 얻어낸다고 해서 모든 책임에서 벗어날 수 있는 것은 아니었다. 그가 무죄를 얻는 대신 부인이나 딸이 책임을 질 수도 있는 상황에 몰릴 수 있었기 때문이다.

노무현은 여의도에 국회의원으로 입성하기 전까지 부산·경남 지역에서 터 잡고 활동했던 '경상도 사나이'의 전형이었다. 집안 대소사에 관한 한 잘잘못을 따지지 않고 모든 것을 안고 가는 것이 이 지역 사람들의 미덕이었다.

노무현 "아내는 오랫동안 경제생활에 불안을 가지고 있었다"

그런 상황에서 그는 "아내가 했다"는 사실을 밝히고도 진심을

° 검찰은 노 전 대통령 사후에도 딸 노정연에 대한 수사를 계속 진행해 노정연이 뉴욕 아파트 중도금 명목으로 13억 원(100만 달러)을 '환치기' 수법으로 불법 송금했다고 결론 내렸다. 2012년 8월 29일 노정연을 외국환거래법 위반 혐의로 불구속 기소한 주체는 검찰 중앙수사부(검사장 최재경 부장검사)였지만, 수사를 진행한 사람은 당시 중수1과장이었던 윤석열이었다. 2011년 9월부터 2012년 6월까지 중수부에 있었던 윤석열은 기소가 임박할 무렵 서울지검 특수1부로 자리를 옮겼다.

믿어주지 않는 민심에 당혹스러워하는 심경을 밝히는 글을
썼다.

> 참 구차하고 민망스러운 일이지만, 몰랐던 일은 몰랐다고 말하
> 기로 했습니다. '몰랐다니 말이 돼?' 이런 의문을 가지는 것은
> 상식에 맞는 일입니다. 그러나 중요한 것은 증거입니다. (중략)
> 그동안 계속 부끄럽고 민망스럽고 구차스러울 것입니다. 그래
> 도 저는 성실히 방어하고 해명을 할 것입니다. 어떤 노력을 하
> 더라도 제가 당당해질 수는 없을 것이지만, 일단 사실이라도
> 지키기 위하여 최선을 다하겠습니다.[33]

검찰 조사 이후에도 노무현은 생계 문제를 제대로 다스리지
못한 자신을 원망했다. 노무현의 당시 심경은 검찰 추가 진술을
준비하기 위해 쓴 메모에 고스란히 담겨있다. 메모는 사후에 공
개됐다.

> 형님까지는 단속이 쉽지 않았다고 변명이라도 할 수 있겠습니다
> 만, 아내와 총무비서관의 일에 이르러서는 달리 변명할 말이 없
> 습니다.
> (중략) 제가 그들에게 경제생활에 대하여 신뢰를 주지 못한
> 결과일 것입니다. 아내는 오랫동안 이 문제에 관하여 불신과
> 불안을 가지고 있었습니다.
> (중략) 총무비서관은 퇴임 후에도 이른바 집사의 역할을 할

사람이 자기밖에 없다는 생각을 가지고 있었습니다. 그런데 총무비서관은 퇴임 후 대통령의 사적인 경제생활의 규모에 관하여 저와는 다른 생각을 가지고 있었던 것 같습니다.

저는 당연히 연금의 범위 안에서 생활을 꾸려야 한다고 생각하고 또 그것이 가능하다는 생각을 가지고 있었습니다. 그러나 총무비서관은 그것이 불가능한 일이라는 생각을 가지고 있었던 것 같습니다.

모든 것이 분수를 넘은 저의 욕심 때문에 생긴 일입니다. 저는 이제 남은 인생에서 해보고 싶었던 모든 꿈을 접습니다. 죽을 때까지 고개 숙이고 사는 것을 저의 운명으로 받아들일 준비를 하고 있습니다.

노무현은 유서를 통해 "누구도 원망하지 말라"고 했다. 문재인도 서거 직후 인터뷰에서는 "대통령 말씀대로 누군가를 원망한다거나 미워한다거나 그에 대해서 책임을 추궁한다거나 그럴 일은 아니다"라고 말했다. 그러나 이런 분위기는 오래가지 않았다.

"누가 노무현을 죽였을까요? 저예요, 우리입니다"

노 전 대통령의 죽음은 그에게 애정을 가지면서도 어느 정도 거리를 뒀던 지지층의 마음을 흔들어놓았다.

2002년 4월 27일은 노무현이 민주당 대선 후보로 선출된 날이었다. 노사모는 그날 경기도 이천 덕평수련원을 빌려 축하 모임을 했다. 밤 11시 노무현이 무대에 올랐다. 노 전 대통령이 죽은 뒤 많은 노사모 회원이 그날의 대화를 반추했다.

노무현이 "저는 (대통령 되면) 할 일이 많은데 대통령이 되고 나면 여러분은 뭐하죠?"라고 묻자 청중들은 "감시", "감시"를 연호했다.

노무현은 잠시 머뭇거린 뒤 "여러분 말고도 흔들 사람, 뒤통수칠 사람, 앞길 막을 사람들 꽉 있습니다. (저를) 감시하고, 흔들고 뒤통수치는 사람들도 감시 좀 해주세요"라고 대화를 마무리했다.

노무현의 정치 인생을 함께한 핵심 참모 이광재의 말이다.

> 나도 그때는 깜짝 놀랐다. 대선 때 밀어주고 대통령 되면 감시, 견제한다는 기제가 집권 기간 내내 작동했다. 이라크 파병, 한미 FTA, 노조 파업 등등에서 지지자들과 충돌이 있었다. 저쪽은 우리를 이렇게 죽이려고 하는데 우리는 옳고 그름의 문제에 집착해서 노 전 대통령을 죽게 했다는 생각, 심리적 부담을 만들어 버린 것이다. (2022년 9월 8일 필자와의 인터뷰)

2009년 6월 21일 오후 7시 30분 성공회대 대운동장에서 '노무현 추모 콘서트, 다시 바람이 분다'가 열렸다. 후보 시절의 노무현을 지지했던 가수 신해철우 그날 삭발 머리로 나타나 2만여 명의 청중들을 놀라게 했다. 마이크를 잡은 그가 말문을 열었다.

"누가 노무현을 죽였을까요? 이명박이요? 《조선일보》요? 한나라당이요?"

청중들의 답변은 가지각색으로 흘러나왔지만 그의 답변은 이렇게 이어졌다.

"저예요. 우리입니다. 그래서 저는 가해자이기 때문에 문상도 못 갔고 조문도 못 했고 담배 한 개비 올리지 못했고 쥐구멍에 숨고 싶은 생각밖에 없는데 할 수 있는 거 노래밖에 할 게 없어서 나왔어요. 우리의 적들을 탓하기 전에 물에 빠져 죽은 사람을 우리가 건지지 않았다는 죄의식을 버려서는 안 된다고 생각해요. 더군다나 물에 빠진 사람을 구하러 뛰어들었다가 죽은 사람을 우리가 건지지 못했다는 생각이 죽을 때까지 쇠사슬로 발목에 감겨있을 거예요. 저 X새끼들 욕을 해도 그다음에 해야 한다고 봐요." (청중 박수)

물에 빠진 사람을 건지지 않았다는 죄의식, 그런 생각이 죽을 때까지 쇠사슬로 발목에 감겨있을 거라는 독백은 청중의 마음을 휘감았다.

누군가는 한바탕 떠들썩한 장례식이 끝나면 모든 것이 제자리로 돌아가길 바랐겠지만, '노무현 트라우마'는 깊어지고 있었다.

4   바뀌는 여론

노무현의 서거는 많은 사람을 당황하게 했다. 특히 그에 대해 가시 돋친 비평을 쏟아냈던 사람들이 가장 당황했다.

> 오늘 이 사태는 전직 대통령 한 사람의 죽음이 아니라, 우리 모두의 비극이자, 온 국민의 슬픔이다. 오늘의 비극으로부터 누구도 자유롭지 못하다. 정치권과 검찰, 그리고 언론 모두 스스로 되돌아봐야 할 것이다. (노회찬)[34]

> 그가 도덕적으로 흠집을 남긴 것은 유감스러운 사실이지만, 전과 14범도 멀쩡히 대통령하고, 쿠데타로 헌정 파괴하고 수천억 검은돈 챙긴 이들을, 기념 공원까지 세워주며 기려주는 이 뻔뻔한 나라에서, 목숨을 버리는 이들은 낯이 덜 두꺼운 사람들인 것 같습니다. 가신 분이 명복을 빕니다. 다른 건 몰라도, 당신은 내가 만나본 정치인 중에서 개인적으로 가장 매력적인 분

이었습니다. 참으려고 하는데 눈물이 흐르네요. (진중권)[35]

그의 죽음은 끝내 말로 납득되지 않는 현실의 벽을 확인시켜준 서글픈 결말이었다. 하지만 그것은 단순한 패배만은 아니었다. 그의 죽음은 동시에 언어의 힘을 부활시켰다. 정처를 잃고 떠돌던 말은 다시 소통의 단비를 맞으며 싹이 돋아나기 시작했다. 그의 죽음은 이 척박한 토양에 '말과 희망'이라는 새로운 씨앗을 뿌렸다. (김종구)[36]

죽음으로써 그는 서민의 벗으로 돌아왔고, 500만 명의 노무현으로 부활했다. 그리고 전차에 치인 듯 비틀거리던 야당을 일으켜 세우고, 시민들을 각성시키고, 정치적으로 무장하게 했다. 위대한 노무현 정신의 재현이다. (이대근)[37]

노무현은 말이 아닌 몸으로 부엉이바위에 자신을 던짐으로써 민주주의 제단에 자신의 붉은 피를 뿌렸다. 인권의 가치와 민주주의 절차의 중요성, 부당한 권력의 압제에 이 이상 강렬하게 웅변할 수는 없다. (김창룡)[38]

"노무현 서거의 공범은 검찰과 언론이래"

언론계도 한바탕 호들갑을 떨었다.

《세계일보》법조팀 기자는 노무현 사망 다음 날 검찰 기자실

풍경을 이렇게 전했다.

평소 기자실에는 역동성과 부산함이 가득하다. 이날 아침은 달
라도 너무 달랐다. 아침 보고를 한 뒤 인터넷으로 어제 상황을
확인하고 네티즌 여론을 살펴보고 있자니 이상한 정적에 어느새
동화됐다. 얼마나 지났을까. 기자실 한구석에서 낯익은 기자들
의 목소리가 들려왔다.

"우리도 문제야. 벌써 인터넷에선 난리야. 우리한테도 돌팔매
질이야."

"우리가 왜? 뭘 잘못했다고?"

"그걸 몰라? 거의 다 우리 탓으로 보고 있단 말이야. 그동안
검찰 수사에서 이것저것 나오니까 아무 말 못 하던 여론이 이제
는 언론에 호의적이질 않아."

"그래. 포털사이트 보니까 댓글이 난리더라."

한참 듣고만 있던 다른 기자가 끼어들었다.

"노 전 대통령 서거에 검찰과 언론이 공범이래."

'아! 그렇구나, 이것이었구나, 이것이었어.'

아침부터 묵직하게 가슴을 내리누르는 무엇의 정체였다.[39]

노무현의 검찰 소환 당시 〈굿바이 노무현〉이라는 제목과 함
께 퇴장하는 노 대통령의 모습을 표지 사진으로 다뤘던 《한겨레
21》은 서거 특별호에는 노무현이 손을 흔드는 사진을 큼지막하
게 실었다. 당시 대학 강의 때문에 7일장 기간 동안 서울과 봉하

마을을 오갔던 조기숙은 봉하마을 입구에 수북이 쌓인 《한겨레
21》을 봤다. 화가 난 그는 "이거 가져온 사람 누구냐? 당장 걷어
가라"고 소리를 질렀다.

6월 30일 《한겨레21》 독자편집위원회에서도 이 문제는 뜨거
운 쟁점이었다. "'굿바이'에서 '가지 말라'로 논조가 바뀐 것에
대해 설명조차 없었다", "노무현의 뒷모습을 보인 756호 표지와
앞모습을 보인 763호 표지 사이에 변화가 너무 크다"는 비판과
"액수는 상대적으로 적었지만 비리 의혹은 사실이었고, 《한겨
레21》이 제대로 다룬 것은 잘했다", "당시에는 그런 문제 제기
를 할 수 있었고, 진보 매체에서 먼저 그런 논의할 지점을 찾아
주는 게 낫지 않나"라는 옹호론이 맞섰다.

"노무현 없어지라던 칼럼니스트가 그가 죽으니 부활하라고……"

훗날 노무현재단 이사장이 된 유시민은 서울역 분향소에서 당
시 상황을 이렇게 회고했다.

"지난 두 달 동안 두 신문(《한겨레》와 《경향신문》)의 보도, 그건
죄악입니다. 죄악. 조중동과 똑같이 '받아쓰기'했을 뿐 아니
라…… (중략) 대통령 돌아가시고 나서 여러 신문을 보며 다시 한
번 끔찍했어요. 불과 1, 2주 전에 노무현이 없어져야 진보의 새
로운 길이 열린다고 썼던 칼럼니스트가 그 손으로 수백만의 노
무현으로 부활하라는 칼럼을 쓰고 있어요. 제가 이럴진대 당사
자는 어떤 기분이었을까요. 노무현 자체가 재앙이고 노무현이

있는 한 진보가 재기할 수 없다는 글을 읽으며 무슨 생각을 했을까요?"[40]

문재인도 언론에 섭섭한 게 많았다. 2010년 5월 11일《경향신문》이종탁 기자와의 인터뷰 도중에는 작심한 듯 한마디 했다.

"앞에 계시는데 이런 말 해서 미안한데요,《경향신문》도 우리를 참 아프게 했습니다. 검찰 수사 때 보도는 정말 심했고요, 재임 중에도 사이비 진보라는 프레임으로 계속 비판했습니다. 저쪽은 단결돼 있는데 힘을 모아주지 않았습니다."

두 신문뿐만 아니라 거의 모든 진보 언론이 노무현 서거 책임론에 시달렸다. 개혁의 동지인 줄 알았는데 어려운 시기가 되니 더 얄밉게 행동하는 진보 언론에 대한 질타였다.

그러나 대부분의 언론사는 노무현과 그 일가의 흠결을 따지기보다는 그냥 넘어가는 길을 택했다. 무엇보다 진보 성향의 독자들이 그런 뉴스를 원하지 않았다. 최병천 한국사회여론연구소(KSOI) 부소장의 말이다.

사람의 판단에는 감정과 논리가 함께 작동하는데, 이러저러한 이유로 좋아하는 사람이 생기면 그에게 불리한 정보는 듣고 싶어하지 않는다. 그런 사례는 부지기수다. 예를 들어 소득주도성장과 최저임금 이슈를 잘 알고 문재인을 지지하는 사람들이 있지만, 거꾸로 문을 지지하니 그의 정책도 지지하는 사람들이 대다수다. 또 하나, 당신 가족의 흠결이 드러나서 누군가 그 사실을 비판한다고 치자. 평소 비판적 사고를 훈련받은 사람도 그런 얘기 자꾸 듣다 보면 '알았으니 그만 좀 해'라는 반발심이 작동하게 된다. 이미 드러난 팩트를 부정하는 게 아니라 듣기 싫은 이야기를 거부하는 심리의 발현이다. (2022년 7월 20일 필자와의 인터뷰)

5   민주당의 노선 전환

노 전 대통령의 죽음은 민주당의 진로에도 지대한 영향을 미쳤다.

2007년 17대 대선 패배 후 안희정은 민주당의 처지를 '폐족'에 비유하는 글을 썼다. 그러나 "조상이 큰 죄를 지어 자손이 벼슬을 할 수 없는 집안"이라는 원뜻과는 달리 "국민 다수의 지지를 얻는 데는 실패했지만 반성하고 새로운 대안을 찾기 위해 노력하겠다"고 글을 마무리했다.

대선에 패배한 대통합민주신당의 새로운 리더십을 세우는 과정도 어수선했다. 우상호 등 수도권 86그룹이 손학규를 대표로 추대하자 친노 그룹이 반발했다.

2007년 한나라당을 탈당해 민주당 대선 후보 경선에 참여하려던 손학규를 노무현이 "보따리장수 같이 정치를 해서야 나라가 제대로 되겠냐"(같은 해 3월 20일 국무회의)고 비난할 때부터 양측의 갈등은 쌓여있었다.

2008년 1월 10일 오후 민주당 중앙위원회는 재적 516명 중 306명이 참석한 가운데 164명의 지지를 얻은 손학규에게 당권을 부여했다. 중앙위가 끝날 무렵인 오후 5시 즈음 친노 세력의 대표로 대선 후보 경선에 출마했던 이해찬이 탈당계를 제출했다.

그는 별도의 성명서에서 "손학규가 오랫동안 정당 생활을 했던 신한국당과 한나라당의 정치적 지향이 결코 제가 추구할 수 있는 가치가 아니기 때문"이라며 "여야 주요 정당 대표를 모두 한나라당 출신이 맡게 된 정치 현실이 너무 안타깝고, 저희를 일관되게 지지해 주셨던 분들이 느낄 혼란과 허탈감에 고개를 들 수 없다"고 토로했다.

'노무현 정부 성찰' 기류 강해진 민주당

친노 성향의 유시민도 6일 뒤 신당을 떠났다. 그해 4월 18대 총선에서 그는 대구 수성을에 무소속으로 출마했지만 한나라당 주호영 의원에게 더블 스코어로 참패했다(주호영 65.3%, 유시민 32.6%).

열린우리당 후신 대통합민주신당도 299석 중 81석이라는 초라한 성적표를 받았다. 쌍두마차였던 손학규와 정동영이 서울에서 낙선했고, 이인영·우상호·윤호중·임종석·정청래·김태년 등 86 소장파들이 줄줄이 고배를 마셨다. 86그룹의 명맥을 이을 국회의원은 송영길, 백원우, 이광재, 최재성 정도였다.

　수도권에서 86 소장파들이 전멸한 반면, 호남에서는 박상천·박주선·김영진·김효석·최인기 등 구민주계의 지분이 확인됐다. 서울에서 살아남은 민주당 의원 7명 중 3명(추미애, 김희철, 김성순)이 구(舊)민주당 출신이었다. 총선 후 민주당에서는 노무현 정부의 실패를 성찰해야 한다는 기류가 그만큼 강해졌다.

　2008년 7월 6일 전당대회에서 꾸려진 민주당 지도부는 정세균 대표를 위시해 친노 성향의 안희정·김진표, 386을 대표하는 송영길, 구민주당을 대표하는 김민석, 호남 기반의 박주선 등 친노와 비노가 묘하게 공존하는 모양새로 꾸려졌다. 김대중과 노무현은 공교롭게도 전당대회에 초대받지 못했는데, 노무현은 이에 대해 서운함을 표출하기도 했다. 훗날 노무현을 만난 원혜영 원내대표는 "당 대회에 초청 못 한 것은 불찰"이라고 인정했다.

　그해 7월 11일 오전 정세균 지도부가 봉하마을의 노무현을 인사차 방문했다. 박주선·송영길·안희정·김진표 최고위원, 이미경 사무총장, 최재성 대변인 등 20여 명이 동석했다.

　노무현과 '악연'이 있던 김민석, 박주선 최고위원과는 화해의 물꼬가 트이는 듯했다. 2002년 대선 때 정몽준 후보를 지원한 김민석이 "제 입장에서는 죄송한 역사가 있다"고 말하자 노무현은 "이렇게 오늘 한 테이블에 앉은 것은 대의원들의 명령으로 받아들여야 한다. 그래서 이것은 역사적으로 공식 화해가 된 것"이라고 답했다. 참여정부 시절 구속됐다가 무죄판결을 받았던 박주선이 "검찰 독립을 얘기하면서 마치 방종하게 놓아두신 것 같다. 수사당국에 대한 책임성을 묻지 않는 것은 문제"라고 하자 노무현은 "그런 점이 있는 것 같다. 미안하다"고 말하기도 했다.

그러나 여기까지였다. 당시 대통령 기록물 유출 논란에 휘말린 청와대 참모들이 국가기록원으로부터 무더기 고발당할 위기에 처했었다. 노무현은 "정부는 대통령기록관이 있는 성남에 와서 열람하라고 한다"며 "(이명박 청와대의 공격이) 사실과 너무 다르고 너무 야비하다"고 말했다. 그러나 민주당은 전직 대통령의 어려움에까지 손 쓸 여유가 없었다.

노무현은 "(민주당 지도부가) 오늘 이렇게 방문해 주신 것은 김대중과 노무현이 정치적 '복권'의 첫 절차를 밟고 있는 것 같다", "봉하마을에서 진보의 씨앗을 조금씩 뿌리고 싶다"는 말도 했다.

그러나 민주당 지도부는 여기에 화답하지 않았다. 노무현과 민주당의 '동행'은 피차 도움 될 게 없어 보였다.

노무현이 '아내의 잘못'을 사과한 뒤부터 민주당에서는 노무현과의 관계를 정리하려는 목소리들이 터져나왔다.

2009년 4월 8일 송영길 최고위원은 "채권·채무 관계인지 대가성, 직무성이 있는지 명확히 밝혀져야 한다"고 날을 세웠고, 3선의 이종걸 의원도 노무현에 대한 실망감을 표출했다.

이종걸은 5월 7일 저녁 일부 기자들을 만난 자리에서 박정규 전 민정수석이 박연차에게 상품권을 받은 혐의로 구속된 것을 거론하며 "민정수석도 포괄적 뇌물죄로 구속됐다. 대통령이라고 해서 구속하지 말아야 한다는 것은 말이 안 된다"며 "법률가

적 입장에서 본다면, 노 전 대통령은 구속돼야 한다"고 말했다. 그는 "'청년 노무현'은 남에게 빚을 졌다고 하면, 갚지 않아도 될 빚까지 갚는 그런 사람이었다"며 "권력의 맛을 본 대통령 이후 의 노무현은 더 이상 '청년 노무현'이 아니다. 많이 변했다"고 잘라 말했다.

"민주당도 성장과 번영에 관심 있다는 점 드러내야"

노 전 대통령의 죽음은 잇따른 선거 패배 이후 노선 전환을 모색 했던 민주당의 행로에도 지대한 영향을 미쳤다.

당으로서는 "중산층 이미지는 한나라당이 선점하고, 서민층 은 진보 정당이 잠식해서 샌드위치가 된 상황"(이강래 원내대표)에 서 활로가 필요했다. 양대 선거 이후 민주당에서 "이념적 대립보 다는 먹고사는 문제에 집중하는 정당의 모습을 보여줘야 한다" 는 목소리가 부상한 이유다. 비노 성향의 김효석 민주정책연구 원장이 총대를 멨다.

"지금 민주당은 따뜻하지만 경제에 무능한 민주화 세력, 한나 라당은 냉혹하지만 경제에 유능한 세력이라는 구도가 정해져 있 다. 이렇게 가면 우리는 필패다. 영원히 정권을 못 잡는다. 그래 서 우리도 성장과 번영에 관심이 있다는 점을 드러내야 한다는 거다. (중략) 중산층과 서민을 위한 정체성을 갖고도 부자를 적대 시하지 않고, 강남과 대기업을 포용하는 전략으로 가는 거다."[41]

두 달 뒤 그는 '포용적 성장'과 '기회의 복지'라는 2대 발전 전

략을 담아 당을 현대화한다는 뉴민주당 플랜 초안을 발표했다. 발표문에 '새로운 진보'라는 문구를 넣는 것을 놓고도 진통을 겪었다. 보수와 진보를 넘어서는 '제3의 길'을 모색하는 판에 굳이 진보를 언급할 필요가 있냐는 판단이었는데 "현대화가 집권 여당의 선진화와 뭐가 다르냐?"(천정배), "한나라당 2중대인지 착각할 정도"(추미애)라는 비판이 쏟아졌다.

그러나 김효석도 뜻을 굽히지 않았다. "한나라당이 포용적 성장, 기회의 복지를 만들어가는 방향으로 국정 운영을 한다면 우리는 한나라당의 2중대, 3중대라고 해도 괜찮다"는 말도 했다.

뉴민주당 플랜으로 열린우리당 시절의 '난닝구(실용) vs 빽바지(개혁)'의 논전이 재연되고 '전국정당론'과 '호남기반강화론'이 충돌하면서 당내 세력이 5개 파벌로 재편되고 있다는 신문 기사도 나왔다.

노무현 서거 직전의 민주당은 나침반 없이 항해에 나선 조각배였다.

그러나 노무현의 죽음과 함께 모든 것이 바뀌었다. 노무현 서거 이후 리서치플러스의 정당 지지율 조사(5월 30일)에서 민주당(27.1%)이 한나라당(18.7%)을 앞질렀다. 양당의 지지율 역전은 2004년 3월 노무현 탄핵 정국 이후 5년 만의 일이었다.

정세균 대표는 5월 31일 오전 특별 기자회견을 열어 "노무현은 이미 국민의 가슴에 횃불이 되고 푯대가 됐으며 대한민국에 민주주의로 부활하고 있다"며 "민주당은 '노무현 정신'을 이어가겠다"고 선언했다. 이강래 원내대표와 박병석 정책위의장, 김민석·김진표·송영길 최고위원, 이미경 사무총장 등 노무현과 애증의 정치 역정을 함께 했던 정치인들이 그 자리에 함께했다.

"노 전 대통령의 서거는 직접적으로는 한나라당의 정치 보복 수사로 이뤄졌다. 이를 우리가 지켜내지 못한 것에 대한 우리의 반성이 있다. (중략) 우리는 지금까지 당 지도부 회의 등을 통해 편파 수사, 기획 사정, 정치 보복 중단을 계속 요구했다. 특히 중계방송 수사하지 말라고 수십 차례 강조했다. 이를 막지 못한 점에 대해 대단히 안타깝게 생각하고 그 부분에서 반성과 책임을 느끼고 있다. 더 나아가면 대통령 선거 패배나 총선 다수 의석 지키지 못한 점에 대한 반성도 포함된다. 실제 힘에, 의석에 밀려 노 전 대통령 지키지 못한 자책을 말씀드린 것이다."

6월 4일 서울교육문화회관에서 열린 당 워크숍에서는 노무현 추모 영상이 상영됐고, 소속 의원들은 '노 대통령 서거의 의미와 민주당의 과제'라는 제목의 강의를 들었다.

김대중의 한탄 "50만 명만 소리 냈더라면……"

성공회대 한홍구 교수는 이 자리에서 "민주당의 지지율 상승은 위기이자 기회로, 현재 '뉴민주당 플랜'으로는 국민의 뜻을 담을 수 없다"며 "한나라당 2중대로 방향을 택하면 민주당에 표를 주겠냐"고 물었다.

6월 11일에는 김대중 전 대통령이 남북정상회담 9주년 기념 강연에서 "모두가 행동하는 양심으로 들고 일어나야 한다"고 일

갈했다. 노무현과의 인연으로 말문을 연 김대중은 그를 지켜주지 못한 것에 대한 아쉬움을 강하게 드러냈다.

"노무현 전 대통령이 그렇게 고초를 겪을 때 500만 문상객의 10분의 1이라도 '그럴 수 없다', '전직 대통령에 대해 이런 예우할 수 없다', '증거도 없이 매일 신문에 발표해서 정신적 타격 주고 수치 주고 이렇게 할 순 없다'…… 50만 명만 그렇게 소리를 냈다면 노 전 대통령은 죽지 않았을 것이다. 얼마나 부끄럽고, 얼마나 억울하고, 얼마나 이웃 사람들이 희생된 데 대해 가슴 아파하고…… 나는 여러분께 말씀드린다. 자유로운 나라가 되고 싶으면 양심을 지키라. 우리가 균등하게 평화롭게 정의롭게 사는 나라를 만들려면 행동하는 양심이 돼야 한다. 안 하고 방관하는 것도 악의 편이다."

민주당이 배출한 두 대통령이었지만, 노무현 집권기 내내 둘은 미묘한 긴장 관계에 놓여있었다. 초기에는 노무현 대통령이 받아들인 대북 송금 특검 수사로 박지원 전 비서실장이 구속된 것이, 중반에는 국정원의 불법 도청 관여 혐의로 김대중 정부의 두 국정원장 임동원과 신건을 구속한 것이 김대중의 심기를 불편하게 했다. 그러나 노무현의 갑작스러운 죽음으로 인해 김대중의 구원(舊怨)이 눈 녹듯 날아가 버렸다.

6월 16일 김대중은 민주당 지도부와 노무현 측 인사들이 함께 마련한 오찬에 참석했다. 노무현 측에서는 이해찬·한명숙 전 총리, 문재인, 문성근이 왔고, 민주당 지도부에서는 정세균 대표와 박지원 정책위의장, 안희정 최고위원이 함께했다. 그는 이 자리에서도 야권의 대통합을 주문했다.

8월 18일 민주당의 정신적 지주였던 김대중 전 대통령이 별세하자 그가 남긴 말들이 그대로 유지가 됐다. 김대중과 노무현 두 사람은 이제 정치적 운명 공동체가 됐다.

8월 24일 안희정 최고위원이 "두 분의 대통령이 우리의 정통성이다. 당의 정통성은 이 두 분의 대통령을 잘 모시는 것에서부터 출발해야 한다"며 "내일부터라도 전국 시도당, 중앙당, 지역 사무실 할 것 없이 두 분의 사진을 모시고 우리 당의 정통성을 함께 하자"고 제안했다. 나흘 뒤 두 사람의 사진이 당사 회의실 벽에 걸렸다.

9월 23일에는 노무현재단 발기인 대회가 열렸다.

초대 이사장은 한명숙이 맡았고, 이사진은 문재인(운영위원장), 강금원 창신섬유 회장, 도종환 시인, 이재정 전 성공회대 총장, 이학영 YMCA전국연맹 사무총장, 이해찬, 정연주 전 KBS 사장, 정현백 성균관대 교수 등 9명으로 구성됐다.

40여 명에 이르는 고문단에도 노무현 정부의 청와대 참모와 각료들을 비롯해 재야의 원로들이 대거 이름을 올렸다. 말 그대로 범진보 진영이 노무현의 이름 앞에 다시 뭉쳤다.[42]

재단은 출범 선언문에서 "지금 이 땅에서 벌어지는 위기와 퇴행이 우리의 문제였음을 고백한다"고 반성한 뒤 "그래서 우리는 아무것도 가지지 못했던 처음으로 다시 돌아간다. 슬픔의 연대를 희망의 연대로 바꾸겠다"고 밝혔다

훗날 노무현재단은 친노무현 세력의 산실로 부상한다. 필자

는 2012년 4월 총선 직전 노무현재단 임원 명단을 입수했다. 노무현재단에서 이사장이나 이사, 운영위원, 기획위원 등의 직함으로 재단과 함께 한 사람들이다. 4월 총선 직후 민주당 국회의원 당선자 127명 중 노무현재단 임원 출신이 절반을 웃도는 66명에 이르렀다.[43] 2010년과 2014년 지방선거 기초단체장, 2016년 국회의원 당선으로 정치권에 유입된 사람들까지 망라하면 20명이 더 늘었다.[44]

물론, 이 명단을 정밀하게 훑어보면 '친노'라고 불릴 수 없는 사람들도 많이 포함되어 있다. 그러나 노무현과 거리를 뒀거나 집권 시절 행적을 비판하는 세력의 입지가 서거 이후 확연히 줄어들었다는 것은 부정할 수 없다.

6 　　　　　　　　　　　　　　'친노'의 부활

노무현 전 대통령의 죽음 이후에도 정국은 숨 가쁘게 흘러갔다. 2008년 광우병 정국에서 범진보층의 '궐기'를 이미 경험한 이명박 정부는 정국의 주도권을 놓을 의사가 없었다.

노무현이 서거한 직후부터 2010년 6월 지방선거까지 있었던 굵직한 사건을 정리하면 이렇다.

2009년

6월 8일: 국토교통부가 마스터플랜을 내놓은 후 '4대강 정비' 사업 예산은 일사천리로 국회를 통과했다. 그해 말 4대강 예산은 국회를 통과했다.

6월 18일: 검찰이 '긴급 취재 미국산 쇠고기, 과연 광우병에서 안전한가'를 만든 MBC 〈PD수첩〉 제작진 5명을 불구속 기소했다. 이들은 이듬해 전원 무죄판결을 받았다.

7월 22일: 《조선일보》와 《중앙일보》, 《동아일보》 등 '돈 많은 신문사들'의 종합편성채널 사업 진출을 용이하게 하는 미디어법이 한나라당 소속 이윤성 국회부의장의 직권상정을 거쳐 국회를 통과했다.

8월 4일: 구조 조정을 놓고 진통을 겪고 있던 쌍용자동차 공장에 경찰이 진입했다.

9월 3일: 한승수 후임으로 내정된 정운찬 국무총리는 세종시의 행정 중심 기능을 백지화하는 수정론을 점화했다.

10월 9일: 노 전 대통령 노제 사회를 본 방송인 김제동이 KBS 〈도전 골든벨〉 진행자에서 하차를 통보받았다.

11월 9일: 비판적 언론인 손석희가 MBC 〈100분 토론〉 진행에서 하차했다.

2010년

2월 26일: 방송문화진흥회(방문진)가 엄기영 MBC 사장 후임에 김재철을 임명했다. MBC 노조는 엄기영의 퇴진을 권력의 방송 장악이 더 강화되는 전조로 받아들였다. 김재철을 임명한 김우룡 방문진 이사장은 "김재철이 처음에 좌파들한테 휘둘려서 큰집(청와대)도 (김재철을) 불러다가 '조인트' 까고 매도 맞고 해서 (인사를 만들었다)"고 실토해 파문을 일으켰다.

5월 18일: 5·18 30주년 기념식장에서 처음으로 '임을 위한 행진곡' 제창이 무산됐다. 그 시각 이명박은 방글라데시 총리 접견을 핑계 삼아 광주에 내려가지 않았다.

무상급식과 천안함 이슈로 맞붙은 2010년 지방선거

2010년 6월 2일은 이명박 정부의 중간 평가라고 할 수 있는 지방선거 날이었다.

언론사들의 신년 여론조사에서 '잘한다' 평가가 50%에 육박할 정도로 이명박 대통령의 인기는 그다지 나쁘지 않았다(KBS 50.6%, SBS 49.8%, 한국일보 49.8%, 서울신문 49.6%). 그러나 '못한다'는 평가도 40.5~44.6% 구간을 차지했다.

지방선거의 양대 이슈는 무상급식과 천안함이었다.

진보 성향의 김상곤 경기교육감이 추진한 '초중고 무상급식'은 민주당이 공약으로 받아안으며 전국적인 이슈가 됐다.

《조선일보》가 무상급식 공약을 '독버섯'에 비유하며 반대 사설(2월 4일)을 썼고, 이명박도 여당 지도부와 오찬(2월 12일)에서 "복지 예산을 늘리고 싶어도 북유럽 나라처럼 안 된다"며 반대 의사를 분명히 했다. 무상급식이 일단 관철되고 나면 다음은 무상교통비, 무상학비 같은 식으로 포퓰리즘이 기승을 부릴 것이라는 게 보수 진영의 시각이었다.

특히 한나라당 소속 오세훈 서울시장과 안상수 인천시장, 김진선 강원지사는 2009년 한 해 동안 무상급식에 예산을 한 푼도 쓰지 않았다. 2010년 지방선거에 도전한 오세훈과 안상수는 이 일로 인해 선거에서 크게 곤욕을 치렀다.

2010년 3월 26일 백령도 인근 해역에서 침몰해 46명의 생명을 앗아간 천안함 사건은 선거 막판까지 정국을 뒤흔들었다.

사고 나흘 뒤 현장을 방문한 이명박 대통령에게 김성찬 해군 참모총장은 "어뢰 피격 가능성이 크다"고 보고했지만, 이명박의 생각은 달랐다. 4월 1일 그는 여당 의원들과의 오찬에서 "내가 배를 만들어 봐서 안다"며 "높은 파도에 배가 올라갔다가 떨어지는 과정에서도 생각보다 쉽게 부러질 수 있다. 사고 가능성도 있다"고 말했다.

한 달이 지난 뒤 이명박의 말은 다시 달라졌다. 그는 전군 주요 지휘관 회의에서 "천안함은 단순한 사고로 침몰하지 않았다는 것"이라며 북한 공격 가능성을 암시했다. 5월 15일 사고 해역에서 천안함을 공격한 것으로 추정되는 어뢰의 잔해가 발견됐다. '1번 어뢰'의 등장이었다.

국방부 합동조사단이 5일 만에 부랴부랴 어뢰를 물증으로 제시하며 북한 공격설을 확정 지으려고 하자 선거 쟁점이 되어버렸다.°

이명박 정부 역시 물러설 생각이 없었다. 임박한 지방선거에서 안보 이슈를 부각하려는 이명박의 의중은 전쟁기념관에서 북한의 무력 도발에 제재로 답하겠다는 담화(5월 24일)로 드러났다.

그러나 '과유불급'이라고 했다. 청와대는 국방부 조사 결과 발표 다음 날(5월 21일) 북한에 단호한 대응 태세를 보여주겠다며 3시간에 걸쳐 국가안전보장회의(NSC)를 열었다.

° 서울대 통일평화연구소가 그해 7월 갤럽에 의뢰해 실시해 면접 조사에서는 천안함 사건의 정부 발표에 대해 '신뢰한다' 32.5%, '신뢰하지 않는다' 35.7%, '반신반의(半信半疑)한다' 31.7%로 나타났다.

그런데 참석자 9명 중 5명이 병역 미필자라는 것이 여론의 빈축을 샀다. 이명박 대통령(기관지확장증)과 정운찬 국무총리(고령), 원세훈 국정원장(하악관절염), 정정길 비서실장(근시고도양안), 윤증현 기획재정부 장관(진구성 탈구 및 좌슬관절 운동제한고도)이 갖가지 사유로 병역을 면제받았다.

겉으로 드러나지 않은 쟁점이 하나 더 있었다. 바로 '노풍'이었다.

한명숙(서울시장)과 유시민(경기지사), 안희정(충남지사), 이광재(강원지사), 김정길(부산시장), 김원웅(대전시장) 등 야권 후보로 나온 친노 후보들의 광역단체장 출마를 어떻게 볼 것인가가 문제였다.° 유시민은 노무현 1주기를 앞두고 펴낸 노무현 자서전 《운명이다》의 대표 필진을 맡기도 했다.

한나라당은 "6년 전 부패하고 무능해서 나라 살림을 거덜 낸 노무현 정권 사람들이 옷을 갈아입고 나온 만큼 이를 심판해야 한다"(5월 20일 오세훈 유세), "정계 은퇴 약속까지 뒤집고 다시 나타난 이들의 집단 출마는 참여정부 잔재에 대해 다시 심판하지 않을 수 없게 만든다"(5월 23일 조해진 대변인 논평), "퇴출된 친노 부패 무능 인사들이 표를 달라는 선동을 하고 있다"(5월 31일 정병국 사무총장 기자회견)고 목소리를 높였다.

○ 김두관 경남지사 후보는 무소속으로 출마했지만, 야당 출마자가 없는 상황에서 '야권 단일 후보'로 인식됐다.

김제동, 노무현 추모제에서 "투표로 말해야"

5월 23일 오후 2시 봉하마을에서 노무현 1주기 추도식이 열렸다.

지방선거가 임박한 시점에서 정치적 발언은 없었지만, 그 행사가 주는 메시지는 분명했다. 야당의 광역단체장 후보들이 하나같이 유세를 접고 봉하마을로 달려왔다. 그날 저녁에는 서거 당시 집회가 불허됐던 서울광장에서 콘서트 형식의 추모 집회가 열렸다. 22일부터 차려진 덕수궁 대한문 앞 분향소에는 이틀간 2만 2,000여 명의 시민이 다녀갔다.

서울광장과 같은 시각 부산대에서 열린 추모 문화제 사회자 김제동은 연단 위에서 딱 한마디 말을 남겼다.

"누구를 찍으셔도 관계없습니다. 그러나 여러분들은 투표로 말하십시오."

그동안 노무현 추모 행사를 도맡아 기획했던 탁현민은 5월 31일 트위터를 통해 "김제동이 (노무현의) 추도식 사회를 보았다는 이유로 '엠넷 김제동 쇼'에서 하차당했다"며 "제동이가 추도식 사회를 보겠다는 걸 제가 먼저 말렸어야 했다"고 안타까워했다.

6월 2일 투표 결과는 놀라웠다. 광역단체장 스코어는 민주당 7곳, 한나라당 6곳. 그러나 내용이 문제였다.

한나라당은 대구와 부산, 울산, 경북 등 전통적 표밭 외에 서울(오세훈)과 경기(김문수)를 수성했다.

반면 민주당은 인천(송영길)과 충남(안희정), 강원(이광재) 등에서 차세대 주자들이 약진했고 경남에서도 사상 최초로 한나라당 후보가 무소속 김두관에게 패했다. 한나라당이 수성에 성공한 서울과 경기의 시·도의회는 민주당이 장악해 오세훈 서울시장과 김문수 경기지사 모두 야당의 눈치를 보는 형편이 됐다.

최병천은 "노무현의 죽음에 미안함을 느낀 2030과 4050의 세대 연합이 만들어졌다"며 2010년 선거를 '민주당 전성시대'의 시작점으로 풀이했다.

2009년 정서적 세대 연합(1단계)에 이어 복지 연합(2단계)이 만들어졌다는 게 중요하다. 무상급식 공약은 민주당 계열의 보수 야당이 유럽식 복지국가를 지향하겠다는 노선을 드러낸 첫 사건이었다. 무상급식 공약 덕에 중도와 무당파에 가까웠던 3040 주부들도 반이명박·친민주 성향으로 돌아서며 세대 연합이 더 단단해졌다.

2010년 지방선거는 천안함 사건을 앞세운 보수가 무상급식의 진보에게 1대1로 붙어서 진 선거이기도 했다. 안보 이슈로 더 이상 재미를 못 본다고 생각한 박근혜는 2012년 대선에서는 무상보육과 기초노령연금을 들고나와서 가까스로 집권에 성공했다.

진보가 연합을 유지한 반면, 보수는 '유승민 찍어내기'와 역사 국정교과서 추진으로 분열을 거듭하다가 결국 탄핵까지 당했다. 진보가 위력을 발휘한 복지 연합의 끄트머리에 나온 게 문재인

정부의 소득주도성장, 거기서 더 나아간 게 이재명의 기본소득
이라는 게 이채롭다. (2022년 7월 20일 필자와의 인터뷰)

이명박 "여권에는 왜 이광재·안희정 같은 사람 없나"

이명박 청와대의 참모들은 뜻밖의 결과에 입을 다물지 못했다.

"그동안 했던 여론조사와 이렇게 다르게 나올 수 있나? 국민
들이 (여론조사에서) 자기 생각을 이토록 표현하지 않았다는 게 이
해가 안 간다. 뭐가 무서웠는지? 국민들에게 정부가 이렇게 두
려운 존재였나?"(박재완 국정기획수석, 6월 3일 전화 통화)

"여권이 문화적으로 많이 취약하다. 게임 하듯이 투표하는
'유쾌한 반란' 현상이 늘어났다. 자기들 좋아하는 연예인(김제동)
탄압하는데 권력자들 맛 좀 보여주자고 투표한 뒤 '재밌었지' 하
는 분위기도 있었던 것 같다. 하지만, 나도 (국정) 쇄신 대상인데
무슨 말을 하겠나?"(박형준 정무수석, 6월 11일 오찬)

그로부터 한 달 뒤 이명박이 선거 결과를 놓고 참모들과 얘기
하다가 "여권 쪽에는 왜 이광재·안희정 같은 사람이 없냐"며 한
나라당의 '도전 정신 결핍'을 질타했다는 《조선일보》보도(7월
5일)가 나왔다.

이명박은 7월 들어서 정정길 대통령 비서실장 후임에 임태희
고용노동부 장관, 박형준 정무수석 후임에 정진석 의원을 기용
하는 등 대대적인 청와대 진용 개편에 나섰다.

그러나 가장 큰 변화는 '왕수석' 이동관 홍보수석의 퇴진이

었다.

《동아일보》기자 출신으로 2007년 7월 이명박 캠프에 공보 특보로 들어온 그는 대통령직인수위 대변인, 청와대 대변인을 거쳐 2009년 9월부터 홍보수석으로 군림했다. 홍보수석에 있는 동안 그는 "(청와대 출입 기자 중에) 민주당 프락치가 있다"는 등의 발언으로 청와대에 비판적인 보도에 날을 세웠다.

지방선거 직후에는 이런 일이 있었다. 6월 19일 자 《중앙일보》기사다.

> 최근 A 수석 비서관실 소속인 B 비서관은 상관인 수석 몰래 대통령에게 보고서를 제출했다. A 수석실이 어떻게 바뀌어야 하는지를 B 비서관의 입장에서 다룬 이른바 '발전 방안'을 보고서로 낸 것이다. 청와대 개편을 앞둔 상황인 만큼 이런 행동이 미친 파장은 컸다. B 비서관의 직보가 이뤄진 며칠 뒤 A 수석은 자신의 조직에 관한 보고서가 자신도 모르는 사이에 올라갔다는 사실을 알게 됐다.
>
> 그는 분을 참지 못하고 B 비서관을 불렀다. 그리고 "왜 이런 짓을 했느냐"며 호통을 쳤다. A 수석은 B 비서관의 은밀한 보고를 어떻게 알았을까. 같은 수석실의 C 비서관이 B 비서관의 보고서를 빼내 수석에게 건네줬기 때문이라고 청와대 관계자들은 밝혔다. 이들 관계자들에 따르면 B, C 비서관도 얼굴을 붉히며 언쟁을 했다고 한다.

당시 청와대 출입 기자였던 필자는 7월 6일 "A는 이동관 홍보수석, B는 박선규 대변인, C는 김은혜 대변인"이라고 실명을 보도했다. 보도 9일 뒤 세 사람은 동반 퇴진했다.

그러나 야당이 잔칫집 분위기였던 것만은 아니다. 지방선거 승리는 이명박 정부의 실정에 따른 반사이익이었지, 민주당의 본 실력이 아니라는 얘기가 고개를 들었다.

그런 면에서 6월 11일 자《한겨레》〈직설〉코너에 실린 서해성 작가의 '관 장사' 발언은 일파만파를 일으켰다.

> 선거 기간 중 국민참여당을 포함한 친노 인사들이 써 붙인 "노무현처럼 일하겠습니다"라는 플래카드를 보면서 쓴웃음이 나왔어요. 이명박이 가진 폭압성을 폭로하는 데는 '놈현'이 유효하겠지만, 이제 관 장사는 그만둬야 해요. 국참당 실패는 관 장사밖에 안 했기 때문이에요. 그걸 뛰어넘는 비전과 힘을 보여주지 못한 거예요.
>
> (중략) 광우병 촛불 집회에 500만 명 나왔어요. 노무현 죽었을 때 700만 명 나왔어요. 대중의 역량은 넘쳐나죠. 문제는 당의 전투 능력과 불투명한 미래죠. 진보 영역은 생각보다 복잡하지 않아요. '퍼블릭'을 얼마나 더 만들어 내느냐에 달린 거죠. 그런 점에서 민생 법안이야말로 진보의 핵심이죠. 민생 운운하며 여야가 다정하게 합의 처리하는 걸 보면 기절할 것 같아요. 대표적인 게 무상급식입니다. 이게 민생이거든요. 대학 등록금 문제, 이거 조합주의 같지만 가장 정치적인 문제거든요. 대머리 의료보험,

치과 의료보험, 임플란트 의료보험 등 구체적인 이해관계를 제시하고 투쟁해야 합니다. 그래야 대중들이 지지합니다. 민주당의 가장 커다란 문제는 디제이와 노무현을 섬기는 데 머물러 있는 것입니다. 북한만 유훈 통치하는 게 아니에요. 현재 민주당이야말로 유훈 통치예요.

서해성의 발언은 〈디제이 유훈 통치와 '놈현' 관 장사를 넘어라〉는 제목으로 《한겨레》에 게재됐다. 다음 날(6월 12일) 《한겨레》에는 노무현재단 양정철 사무처장의 기고문이 실렸다.

무슨 말을 하고 싶었던 건지는 잘 알겠습니다. 그러나 돌아가신 분, 특히 서거한 전직 대통령을 향해 함부로 사용한 그런 표현('놈현')이 아무런 여과 없이 제목으로까지 뽑힌 것에 대해선 대단히 유감스럽습니다. 그리고 실망스럽습니다.

(중략) 이 기사가 나가고 많은 독자가 항의한 데에는 문제의 표현뿐 아니라 '관 장사'라는 자극적 표현에 대해서도 강한 불쾌감을 느꼈기 때문일 겁니다. 지난해 5월 23일 노무현 대통령의 비극적 서거, 그리고 5월 29일의 운구 행렬, 그리고 화장. 노무현의 '관'하면 떠오르는 기억이 그것인데 거기에 '장사'(비즈니스)라는 표현을 갖다 붙인 건 취지가 어찌 됐든 자극적입니다.

6월 15일 자 1면에는 성한용 편집국장 명의 사과문이 실렸다. 노무현재단은 이후 더 이상 문제를 삼지 않기로 했지만, 이번에는 "《한겨레》사과가 오버"라는 반응이 나왔다.

'놈현 관 장사' 논란 와중에 등판한 문재인

《한겨레》기자 출신 김선주가 펜을 들었다. 노무현이 2002년 후보 시절 진중권과의 인터뷰에서 "나는 김선주 선생 글이라고 하면, 한 번도 감동하지 않은 적이 없었다"고 했던 사람이었다.

> 때때로 나는 '놈현'이라고도 말한다. 노무현 전 대통령을 비하하는 쪽에서 '놈' 자와 '현' 자를 합해서 악의적으로 만든 말이라 할지라도 그런 것을 따지지 않았다. 나 나름의 애칭일 뿐이다.
>
> (중략) 재론되는 것을 어느 쪽도 원하지 않겠지만 나로선 이 사건의 발단에서 마무리까지가 적절했다고 볼 수 없다. 그 기사를 읽었을 때 이런 반응을 전혀 예상치 못했다. '정곡을 찔렀네…… 제목 잘 뽑았네' 했던 것이 첫 느낌이었다.
>
> (중략) 기사는 몰라도 제목은 너무했다는 비난도 동의하기 어렵다. 특히 앞으로 이와 유사한 일이 벌어졌을 때 과연《한겨레》가 1면에 사과문을 쓸 수 있을지, 전례가 될 수도 있다는 점을 염두에 두었어야 한다. '놈현'과 '관 장사'가 사과해야만 하는 수준이라면 '…… 쥐는 못 잡고 독부터 깨뜨렸다'는 등〈직설〉코너에 나오는 여러 정치 풍자 표현은 어떻게 보아야 할까. 그걸 사과해야 했으면 그런 표현들도 사과해야 한다는 점에서 신중했어야 한다.

'놈현 관 장사' 논란의 끄트머리에 문재인이 조용히 등장했다.

좀처럼 공개 행보에 나서지 않던 문재인은 2010년 12월 6일 《한겨레》〈직설〉이 마련한 공개 강연에 나섰다. 부산민주항쟁기념사업회 부설 민주시민교육원(원장 백영제)이 시민교육 프로그램의 목적으로 부산에서의 공개 〈직설〉 이벤트를 《한겨레》에 제안했고, 〈직설〉이 '문재인 섭외'를 조건으로 걸어서 성사된 이벤트였다.

문재인은 "그런 식의 냉소가 설령 일말의 진실을 담았더라도 정치 발전에 도움이 되지 않는다"고 섭섭함을 드러냈고, 〈직설〉 인터뷰를 진행하는 한홍구와 서해성도 "상처받은 분들에 대한 배려가 부족했다"고 다시 한번 고개를 숙였다.

그는 이 자리에서 "다른 정부가 들어와도 민주 정부 10년 동안 발전해 온 걸 단숨에 물거품으로 만드는 건 불가능하다고 생각했는데, 그 불가능이 현실이 되는 걸 목도했다"며 "2012년에는 잘못된 선택을 되풀이하지 않으리라는 기대와 믿음이 생긴다"고 말했다. 이 순간 객석에서 박수가 터져 나왔다.

누구도 이날의 발언을 주목하지 않았지만, 문재인 대망론이 야권 지지층 사이에서 스멀스멀 퍼지기 시작했다.

정권 상실은 빼앗긴 쪽에게 위기이자 기회다. 기대를 모았던 정권이 실정을 거듭하면 자연스럽게 심판 정서가 강해지고, 정권을 빼앗긴 쪽이 대안으로 주목받기 때문이다.

민주당에서는 정세균과 손학규 두 정치인이 번갈아 가며 당권을 거머쥐었고, 정동영도 호시탐탐 재기를 노렸지만 사람들은

'새 얼굴'을 기다렸다.

유시민 "지배 카르텔에 대항한 지도자는 노무현뿐"

노무현의 죽음 이후 처음으로 주목을 받은 사람은 유시민이었다. 검찰의 박연차 게이트 수사 당시 그는 정치인으로서의 삶을 잠시 접고 신간《후불제 민주주의》를 내고 저술가로 변신을 꾀하고 있었다.

그는 노무현을 적극적으로 옹호할 순 없었지만, 그에게 등을 돌리지도 않았다.

2009년 3월 30일 상암동《오마이뉴스》본사에서 열린 저자와의 대화에서 '박연차 수사'에 대해 "도덕적으로 완전히 망가뜨려 다시는 일어설 수 없게 하려는 것 아니냐", "대한민국을 좌익 사상의 멸균실로 만들려는 것"이라고 말했다.

그해 5월 23일 오후 1시경 노 전 대통령의 시신이 실려 온 양산 부산대병원을 찾았을 때 그는 하염없이 눈물을 흘렸다.

같은 해 11월 15일 노무현의 깃발을 다시 들겠다며 국민참여당 준비위원회가 결성됐다. 청와대 비서실장을 지낸 이병완이 준비위원장, 홍보수석을 지낸 이백만과 천호선, 참여정부 장관 출신의 권기홍, 김병준, 이재정 등의 모습이 보였지만 사람들은 '평당원 유시민'의 파괴력에 가장 주목했다.

"상대방(한나라당)을 말살과 배제의 대상으로 생각하는 심리적 태도를 지니고 있는 한 민주주의가 제대로 될 수 없다"[45], "박근혜·이명박 씨가 대통령이 된다고 나라가 망하지는 않는다"고 주장했던 유시민은 더 이상 없었다.

노무현이 서거한 뒤 거대한 물결 같았던 장례식에 이어 봉하 마을에 시신이 안장된 일주일 동안 그는 총 스무 시간을 잤다고 한다. 5월 30일 유시민은 상주 역할을 해오던 서울역 합동분향소에서 어렵사리 인터뷰에 응하고 어지러운 심경을 토로했다.

"정부 수립 이후 대한민국을 반세기 동안 지배해 왔던 보수정당과 조중동을 중심으로 한 지배 카르텔에 대항한 정치 지도자는 노무현 한 사람입니다. 그가 비참하게 눌려서 죽은, 모든 퇴로를 차단당하고 굴욕적인 생물학적 삶을 받아들이든가 죽든가 양자택일의 벼랑으로 몰려 죽은 지금, 누가 다시 용기를 낼 수 있을까요?"

그러나 유시민 바람은 2010년 경기지사 선거에서 패하면서 수그러든다. 유시민은 2011년 12월 민주노동당과 힘을 합쳐 통합진보당을 만들면서 재기를 모색했지만, 당이 비례대표 부정 경선 시비에 휘말리자 2012년 9월 당을 떠났다. 이듬해 2월 19일 그는 트위터로 '직업으로서의 정치를 떠난다'고 선언했다.

노무현의 서거를 계기로 정치에 나선 박원순

한편 박원순은 '민주사회를 위한 변호사모임'(민변)과 참여연대, 아름다운 재단, 희망제작소 등의 시민 단체들을 만든 시민운동의 대표주자였다. 그러면서도 시민운동의 정치적 중립성을 지킨다는 명분으로 역대 정권들과 거리를 뒀다. 유인태 전 청와대 정무수석에 따르면, 생전의 노무현은 "제일 미운 사람이 박원순 변호사와 손호철 교수"[46]라는 말을 했다고 한다.

그러나 노 전 대통령의 서거는 박원순을 현실 정치의 문턱으로 불러냈다.

박원순은 2009년 6월 10일 《위클리경향》과의 인터뷰에서 "희망제작소가 행정안전부, 하나은행 등과 하기로 한 사업들이 갑자기 무산된 배경에 국가정보원이 있었다"며 "이렇게 민간 사찰이 복원되고 정치와 민간에 개입이 노골화되면 이 정권의 국정원장은 다음 정권 때 구속되지 않으리란 법이 없다"고 말했다. 그의 발언은 석 달 후 국정원의 명예훼손 소송으로 이어졌다.

박원순 평전 《박원순이 걷는 길》 쓴 작가 임대식의 회고다.

> 박원순은 정치에 뛰어들기를 원하지 않았다. 시민운동을 정말로 지키고 싶어했다. 국정원 사찰을 폭로하면 어떤 어려움을 겪을지도 알았다. 그렇게 나서게 된 데에는 노무현의 죽음이 있었다. 무모하다 싶을 정도의 용기를 낸 거다. (2022년 5월 28일 필자와의 인터뷰)

2010년 지방선거는 야당에 새로운 공간을 열었다. 민주당은 오세훈에게 아슬아슬하게 서울시장을 내줬지만, 서울시의회를 장악하는 데 성공했다. 서울시의원 106명 중 3분의 2를 넘는

79명을 차지했다는 것은 민주당이 오세훈의 조례 거부권(재의결요구권)을 무력화할 수 있다는 의미였다.

오세훈은 서울시장에 당선될 때만 해도 한나라당 시의원 102명의 지원을 받았는데, 4년 만에 상전벽해의 변화가 일어났다.

서울시의회는 2010년 12월 1일 전면 무상급식 조례를 의결하는 등 오세훈을 사정없이 흔들었다. 오세훈이 재의를 요구하자 예상대로 시의회는 조례를 재의결했다. 서울시가 '무상급식 조례' 공포를 거부하자 이번에는 민주당 소속 허광태 시의회 의장이 직권으로 조례를 공포해 버렸다.

끝없는 대치에 대한 해법으로 오세훈은 2011년 1월 10일 '전면적 무상급식 조례'에 대한 주민투표를 제안했다. 그는 한국을 방문한 일본 자민당 참의원들과의 면담 자리에서 "시장직을 걸고 주민투표를 제안했다"고 말했다.

그는 스스로 발의한 주민투표가 투표율 33%를 넘지 못하고 무산되자 2011년 8월 24일 시장직을 던져버렸다.° 홍준표 당시 한나라당 대표는 너무 화가 난 나머지 전날 '시장 사퇴' 결심을

° 오세훈은 기자회견에서 "오늘의 제 결정이 이 나라에 '지속가능한 복지'와 '참된 민주주의'가 뿌리를 내리고 열매를 맺는데 한 알의 씨앗이 될 수 있다면 역사의 뒤안길로 사라진다고 해도 더 이상 후회는 없다"는 말을 남겼다. 그러나 야인 생활이 오래되고 이로 인한 야권의 지리멸렬에 대한 책임론이 부상하자 생각을 바꾼다. 그는 2015년 11월 25일 양천구민회관 특강에서 "포퓰리즘과 싸운 건 후회하지 않지만 시장직을 걸었던 부분은 반성한다", "그 결과가 원하지 않은 형태로 정치 현장에 흘러간 것에 대해 죄송하다"고 말했다. 오 시장은 사퇴 10년 만에 서울시장으로 복귀했다.

통보하러 집으로 찾아온 오세훈을 문전 박대했다.

오세훈이 서울시장 사퇴 문제로 설왕설래하던 시기에 박원순은 두 달 일정으로 백두대간을 종주하고 있었다.

8월 31일《한겨레》가 박원순이 서울시장 후보로 나설 생각이 있다고 보도하자, 다음 날에는《오마이뉴스》가 "안철수 서울대 융합과학기술대학원장이 무소속으로 서울시장 출마 결심을 굳혔다"는 기사를 내보냈다. 갑자기 야권에 서울시장으로 밀어볼 만한, 새 얼굴들이 넘쳐난 것이다.

9월 6일 두 사람이 만났지만 안철수 원장이 불출마 의사를 밝히면서 박원순이 야권의 대항마로 급부상하게 된다. 두 사람이 만나기 전 실시된 서울시장 여론조사에서 안철수(39.5%)가 박원순(3%)에 비해 월등히 높은 경쟁력을 보였던 터라 이날의 결정은 훨씬 강한 충격파를 만들었다.[47]

그해 10월 26일 서울시장 보궐선거에서 박원순(53.4%)이 한나라당 나경원(46.2%)을 너끈히 누르고 당선됐고, 박원순은 이후 9년 동안 서울시정을 이끌게 된다.

서울시장 후보 자리를 박원순에게 넘긴 안철수도 이듬해 대선의 강력한 기대주로 부상하며 9월의 단일화 이벤트는 두 사람의 '윈윈'(win-win)으로 비쳤다. 그러나 안철수의 진짜 상대 역시 경기장 밖에서 몸을 풀고 있었다.

7   문재인 등판하다

문재인은 노무현 청와대의 첫 민정수석으로 사람들의 관심을 모았다. 금강빌딩 경선 캠프에서 궂은일을 도맡아 했던 염동연과 안희정이 나라종금 사건 수사로 곤욕을 치르는 사이 노무현의 옆자리를 채운 사람이 문재인 민정수석과 이호철 민정비서관으로 대표되는 '부산파'였다.

노무현과 문재인은 훨씬 오래전부터 이어져 온 관계였다. 노무현의 첫 에세이 《여보, 나 좀 도와줘》에 둘의 관계를 짐작하게 하는 에피소드가 실려있다.

1989년 3월 17일 통일민주당 소속 국회의원이던 노무현이 돌연 의원직 사퇴서를 김재순 국회의장에게 제출했다. 김영삼 총재 등 당직자들과 사전 상의 없이 한 일이었다. 그는 "노태우 정부가 광주·5공 특위의 증인 출석을 방해하고 노동법 개정안에 거부권을 행사하기로 했다"며 "정부가 법을 지키지 않는데 국회가 무슨 소용이고 국회의원이 무엇을 할 수 있겠냐"는 이유였다.

노무현 "문재인은 신중하면서도 권세로부터 초연한 사람"

예상대로 초선 의원의 경솔한 행동이라는 비판이 쏟아졌고, 노무현은 사퇴 의사를 번복하기에 이른다. 이 시기에 노무현의 부인 권양숙이 부산의 문재인을 서울로 불렀다.

"다음 날(4월 3일) 아침 (같은 당) 최형우 의원이 집으로 찾아왔다. 최형우는 긴말이 필요 없다는 듯이 다짜고짜로 내 손목을 붙잡고는 사퇴 번의서에 서명할 것을 강요했다. 나는 아침 일찍 첫 비행기로 상경한 문재인의 얼굴을 쳐다보았다. 그는 나보다 나이는 적지만 언제나 냉정하고 신중한 사람이고 권세나 명예로부터 초연한 사람이었다. 아내가 무슨 뜻으로 그를 불렀는지 모르지만 그는 내 편에 서 주리라 생각했다. 그러나 그 친구는 그냥 서명하라는 뜻으로 고개를 끄덕였다. 참으로 고통스럽고 창피한 순간이었다. 그렇게 부끄러웠던 순간은 세상에 태어나 처음 겪어 보는 것이었다."[48]

당시 노무현의 구술을 책으로 정리한 윤태영의 말이다.

노무현 전 대통령에게 있어 문재인 전 대통령은 '나이는 적지만 언제나 냉정하고 신중한 사람이고 권세나 명예로부터 초연한 사람'이었던 것으로 보인다. 그런 탓에 문 전 대통령의 판단을 상당히 존중했던 거다. 흔히 말하는 '영향력'과는 조금 다른 차원의 문제다. 이 대목에 나타나는 문재인에 대한 노무현의 생각이 확장되어 표현된 것이 바로 '문재인의 친구 노무현'이 아닐까 싶

다. (2022년 8월 26일 필자와의 인터뷰)

2001년 9월 6일 노무현의 부산 후원회를 앞두고는 이런 일이 있었다. 당시 노무현을 수행했던 서갑원의 말이다.

> 명색이 대통령 후보인데 후원회장을 맡을 사람이 없어서 행사를 일주일 남겨놓고 마지막으로 생각한 사람이 문재인 변호사였다. 경부선 열차로 부산에 내려가면서 내가 "문재인 변호사에게 시킵시다"라고 제안하니까 노 후보가 3차례나 "안 해줄낀데……"라고 답하더라. 기어코 내가 전화를 걸어서 문재인과 연결해 줬더니 역시나 대답은 '노'였다. 노 후보가 전화를 끊고 나에게 '거 봐라, 안 해줄꺼라 하지 않았나'라고 말했다. 정치에 관한 한 문재인의 스탠스는 찬성도 반대도 아니라 일체 관여 안 한다는 거였다. 그때는 정말 야속하더라. 그런 분을 2002년 부산시장 선거에 내보내자는 사람도 있었는데 그를 정말 정말 모르고 하는 소리였다. (2022년 8월 30일 필자와의 인터뷰)

그런 문재인도 청와대에서 함께 일하자는 노무현의 청은 거절하지 못했다. 이광재가 "민정수석을 맡아달라"는 노무현의 메시지를 들고 부산을 찾아오자 문재인은 하루 동안 고민한 뒤 수락했다.

문재인은 문재인대로 노무현에게 다짐을 받아놓은 게 있었다. 그는 노무현에게서 "(내 임무는) 민정수석으로 끝낸다, 나에게

정치하라고 하지 마시라"는 두 가지 다짐을 받아낸 후 청와대에 들어갔다.[49]

그러나 문재인이 청와대에 터를 잡자 노무현 정부 임기 내내 그를 총선과 재보선 후보로 불러내려는 시도가 있었고, 노무현의 마음 한구석에도 그를 정치인으로 키우려는 마음이 있었다.

"문재인이 대선 나가야 한다" 말에 반색한 노무현

2005년 2월부터 1년간 청와대 홍보수석을 지냈고, 2012년 문재인 캠프 메시지팀에 잠시 몸담았던 조기숙의 회고다.

> 노무현 대통령이 나를 청와대 홍보수석으로 처음 불렀던 날이었다. 노 대통령은 정동영 통일부 장관, 김근태 보건복지부 장관 등으로 차기 경쟁 구도를 만들려고 했다. 그 자리에서 내가 "문재인 수석이 대선에 나가야 하는데……"라고 한마디 툭 던졌더니 노 대통령이 반색하며 "왜 그렇게 생각하냐"고 묻더라. 나는 "대통령의 친구에 개혁적인 이미지가 있고, 얼굴이 잘생겼잖아요?"라고 답했다. 노 대통령이 다른 자리에서 '정치는 권력의지가 필요하다'는 말을 하곤 했는데, 아마도 권력의지를 안 보이는 문재인에게 해당하는 말이었던 듯하다. (2022년 8월 5일 필자와의 인터뷰)

문재인은 노무현의 서거 이후 더 유명해졌다. 특히 2009년 장례식 운영위원장으로서 이명박 면전에서 "정치 보복 사죄하라"를 외친 백원우를 대신해 사과하는 모습은 많은 사람에게 깊은 인상을 줬다.

깔끔한 외모와 명석한 두뇌(1982년 사법연수원 차석 졸업), 청와대 국정 경험에 돌발 상황에서 예의를 잃지 않는 인품, 노무현을 잃은 야당 지지층에게 그는 새로운 대안으로 주목받을 만했다.

2009년 6월 21일 열린 '노무현 추모 콘서트, 다시 바람이 분다'는 공연기획가 탁현민의 작품이었다.

노무현의 팬이었던 그는 이 콘서트에서 문재인을 처음 만났다.

문재인과 동고동락했던 탁현민은 "사람들은 양정철 비서관이나 제가 2010년에 대통령을 추동해서 (정치로) 끌어냈다고 보지만, 사실은 본인의 결단이 2009년이나 2010년에 있었을 것이다. 그때부터 이어진 12년이 끝난 것"이라고 설명했다.[50]

노무현 2주기를 앞둔 2011년 5월 22일 문재인은 《동아일보》 조수진 기자(21대 국회의원, 국민의힘)의 전화를 받았다.

노무현과 참여정부 청와대 5년을 함께 했던 그가 자서전을 쓰고 있다는 언론 보도가 나오자 그는 '문재인 대망론'의 주인공으로 부상한다. 민주당의 당권을 쥔 손학규와 정세균은 대중적인 인기가 없었고, 2010년 지방선거 승리로 급부상한 김두관과 안희정의 잠재력은 검증이 안 된 상태였다.

그는 통화에서 "정권 교체를 절대적 과제로 생각하지만 여전히 저쪽(한나라당)이 대세인 듯한 상황이 계속되면서 '우리 쪽 구도도 보강해 경쟁력을 높여야 한다'는 생각에서 비롯된 것 같다"며 "그러나 어느 날 갑자기 (대선 후보가) '짠'하고 나타나서야 되겠나"라고 말했다.

그러나 그의 바람과는 달리 그는 대중 앞에 '짠'하고 나타났다. 매개체는 자서전 《문재인의 운명》이었다. 이 책은 참여정부 청와대 홍보기획비서관이었던 양정철이 기획했다.

문재인은 이 책에서 검찰과 언론의 노무현 서거 책임론을 집중적으로 제기했다.

"대통령과 우리는 그때 엄청나게 인내하면서 대응했다. 그 일을 겪고 보니 적절한 대응이었는지 후회가 많이 남는다. 너무 조심스럽게만 대응한 게 아닌가, 대통령이 정말로 하고 싶은 이야기를 속 시원하게 대변해 드리지 못한 게 아닌가……. 정면으로 '전직 대통령을 표적으로 삼은 비열한 정치적 수사다!'라고 하면서 문제를 제기하고, 때로는 수사를 아예 전면 거부한다든지 맞대응을 했어야 되지 않았나 하는 회한이 있다. 물론 그랬으면 더 나았을지, 대통령이 더 후련해하고 더 힘을 내게 됐을지는 알 수 없는 일이다. 어쨌든 '당신의 마음이 그런 줄 알았으면 우리라도 몸부림을 쳐봤어야 했는데'라는 생각이 지워지지 않는다."[51]

문재인이 다섯 달 뒤 김인회 교수(인하대 로스쿨)와 함께 펴낸 두 번째 책(《검찰을 생각한다》)이 나오자 그의 생각은 더욱 분명히 드러났다. 문재인의 대선 출마는 시간문제였다.

문재인 "왜 민주 진영은 남 탓만 할까"

그러나 문재인이 처음부터 노무현 서거의 책임을 검찰에 물었던 것은 아니다. 법률 대응을 위해 권양숙과 정상문에게서 '돈수수'의 사실관계를 확인한 사람이 문재인이었다. 권양숙이 자식들을 위해 이런 일을 한 것을 뒤늦게 알고 노무현이 충격을 받았다는 사실을 2009년 《한겨레》 인터뷰에서 처음 밝힌 것도 문재인이었다. 장례 기간 노무현의 일부 참모가 "대통령이 검찰수사를 당할 만한 잘못이 뭐냐"고 분노를 터뜨리면 "(우리로서는) 면목이 없죠. 대통령도 그리 생각하셨으니 홈페이지를 닫은 것 아닙니까"라고 반문했던 그였다.

그 후에도 문재인은 "왜 민주 진영은 그런 일이 벌어지도록 한 잘못은 생각 안 하고 남 탓만 할까"라는 인식을 내비쳤다. 양정철 등 노무현을 가까운 거리에서 모셨던 참모들은 그럴 때마다 어쩔 줄 몰랐다.

그가 2011년 《문재인의 운명》을 쓸 때도 그런 인식은 사그라지지 않았다. 지금까지 알려지지 않은 사실이지만, 책 초고에는 노무현 서거의 '권양숙 책임론'을 선명하게 기술한 부분이 들어있었다. 그러나 그 사실을 인지한 일부 참모들이 가만히 있지 않았다.

"대통령을 보내드린 판국에 산 사람까지 죽이려고 하느냐? 대통령도 부인을 원망한 적이 없는데, 이걸 회고록에 넣는 것은 대통령에 대한 배신이다."

문재인은 그런 반응을 접하고도 한동안 "이게 핵심인데 왜 빼냐"는 입장을 굽히지 않았다. 청와대 시절 동고동락한 일부가 "끝내 이 얘기를 책에 넣겠다면 다시는 얼굴을 보지 않겠다"는 최후통첩을 보냈다. 우여곡절 끝에 최종본에서 '권양숙 책임론'이 삭제되면서 '검찰 책임론'이 한층 강하게 부각됐다.

문재인은 책 말미에 "대통령은 유서에서 '운명이다'라는 말을 남기고 떠났고, 당신은 이제 그 운명에서 해방됐지만 나는 이제 당신이 남긴 숙제에서 꼼짝하지 못하게 됐다"고 썼다.

문재인은 이 책을 들고 전국 각지로 북콘서트를 다녔다. 이 책으로 인해 노무현과 그의 정치적 연결 고리가 각인됐고, 전국 순회 북콘서트는 문재인의 정치적 가능성을 타진하는 장이 됐다.

임대식은 그해 9월 27일 《프레시안》에 문재인과 박원순을 비교하는 글을 익명으로 썼는데, 그 소문이 문재인 측에 흘러 들어갔고, 그는 10월 7일 춘천 북콘서트에 초대됐다.

현장에 가보니 김경수, 양정철, 탁현민 세 사람이 문재인을 수행하고 있었다. 그때만 해도 핵심 멤버가 이들 셋이었다는 얘기다. 콘서트가 끝난 후에 이외수 등과 같이 근처 식당으로 저녁을 먹으러 갔는데, 그때도 문재인은 말이 없고 부인 김정숙은 좌중을 휘어잡는 언변을 과시했다. 이명박 정부를 3~4년 겪어보니 정권 교체의 대안이 문재인 외에 딱히 안 보였던 게 사실이다. 어떤 의미에서 문재인은 나 같은 평범한 사람들의 부름으로 정치의 한복판으로 소환됐다고 봐야 한다. (2022년 5월 28일 필자와의 인터뷰)

2010년 10월 3일 민주당은 새로운 리더십을 세웠다. 노무현 재임 시절 각을 세웠던 손학규(21.4%)가 새로운 대표가 됐다. 그러나 함께 대표 경쟁을 했던 정동영(19.4%)과 정세균(18.4%)이 최고위원으로 지도부에 나란히 입성했다. 민주당은 최고위원 회의를 할 때마다 세 사람의 주도권 다툼으로 얼룩졌다.

그러나 비노 성향의 손학규 대표도 노무현 서거 이후의 달라진 분위기를 의식하지 않을 수 없었다. 10월 6일 봉하마을을 찾아간 손학규는 노무현의 묘소 앞에 무릎을 꿇었다.

"개인적으로 당 대표로 이 자리에 와서 노 대통령께 송구스러운 마음이다. 내가 정치적 입장을 달리했을 때 국가원수였던 대통령께 인간적으로 용서받을 수 없는 결례를 범한 사실을 다시 떠올리며 진심으로 죄송하다고 생각했다. 고뇌하고 고민하고 사람 사는 세상을 만들고자 했던 대통령의 뜻을 제대로 이해하지 못했다는 반성이 지금도 있다."

2012년 양대 선거를 앞둔 야권의 최대 숙제는 '통합'이었다.

앞서 참여정부의 인기가 떨어지자 차별화의 강도와 방향을 놓고 열린우리당은 친노와 비노로 급격히 분열됐다. 2007년 12월 대선이 끝난 후 손학규 비대위가 출범하자 유시민, 이해찬이 탈당했다. 하지만 노무현 서거는 야권 전체가 구원(舊怨)을 덜어내고 이명박 정부에 대항하는 연합 전선 또는 단일 전선을 만들어야 한다는 울림을 일으켰다.

2012년 야권 통합 앞두고 이견 드러낸 유시민과 이해찬

열린우리당 시절 난맥상을 겪어본 유시민은 민주당의 개조를 믿지 않았다. 그는 민주노동당 이정희, 진보신당 노회찬·심상정과 힘을 합쳐 통합진보당을 창당하는 길을 택했다.

이해찬의 생각은 달랐다. 정당정치의 한계를 느꼈다며 정치적 시민운동의 길을 가보겠다던 그는 2011년 9월 7일 '혁신과 통합'(시민통합당의 전신)을 만들고 이듬해 12월 민주당과 당 대 당 통합(민주통합당)을 성사시켰다.

그동안 현실 정치에 거리를 뒀던 문재인과 시민단체 출신 김기식(전 참여연대 정책위원장), 이학영(전 YMCA 사무총장), 남인순(전 한국여성단체연합 상임대표), 이용선(겨레의숲 상임이사), 최민희(전 민주언론운동시민연합 사무총장) 그리고 진보신당 출신 박용진 등이 이때 시민통합당에 합류한 인물들이다. 이들 모두 민주당 국회의원에 당선되며 정치인의 길을 가게 된다.

민주당도 2011년 12월 11일 임시 전대를 열어 시민통합당·한국노총·시민단체들이 참여하는 야권 통합을 결의했다.

이듬해 1월 15일 전당대회에서는 한명숙 대표를 필두로 문성근·박지원·박영선·이인영·김부겸 등 각 계파가 골고루 최고위원으로 참여하는 민주통합당 지도부가 선출됐다.

2년 전 전당대회와 비교해서 가장 큰 차이점은 60만 명에 육박하는 모바일 선거인단의 도입이었다. 80%가 참여한 모바일 투표율은 16만 7,595명 중 3만 4,829명이 참여한 일반 시민과 당원의 현장 투표율(20.8%)을 능가했다.

세인들의 관심은 한나라당에서 새누리당으로 옷을 갈아입은 여당에 맞서서 야권 단일 대오가 구축되는가에 몰렸다.

우여곡절 끝에 2012년 3월 19일 총 69곳에서 야권 단일 후보 자리를 놓고 야당이 경선을 벌였다. 결과는 민주통합당 57명, 통합진보당 11명, 진보신당 1명이었다. 이 중 지역구에서 민주당은 최종 37명, 통진당은 3명의 당선자를 냈다.

그러나 4월 11일 19대 총선의 최종 성적표는 새누리당 152석, 민주통합당 127석 통합진보당 13석이었다. 민주통합당은 4년 전에 비해 46석 늘어났지만, 13석 잃고도 국회 과반수를 지켜낸 새누리당의 선방이었다. 이명박 정부의 인기가 임기 말로 치달으면서 크게 떨어졌지만, 박근혜를 구원투수로 내세우면서 전열을 정비한 결과였다. 1년 전 '한나라당 총선 대패'가 예상됐던 것을 생각하면 놀라운 반전이었다.

한나라당은 2011년 4월 27일 재보궐 선거에서 강원지사와 경기 분당을 국회의원을 야당에 빼앗기자 안상수 지도부가 총사퇴했다. 7월 4일 안상수 후임으로 홍준표를 대표로 뽑고, 유승민·나경원·원희룡·남경필 등 40대 후반의 젊은 최고위원 리더십으로 2012년 양대 선거를 헤쳐 나가려고 했다.

그런데 뜻밖의 암초가 나타났다.

2010년 지방선거 이후 등장한 '여소야대' 서울시의회와 대립을 거듭하던 오세훈 서울시장이 2011년 8월 1일 단계적 무상급식과 전면적 무상급식 정책 중 하나를 선택하는 주민투표를 발의했다. 더구나 오세훈은 주민투표가 무산되면 시장직을 사퇴하겠다고 자신의 정치적 명운까지 걸었다.

야당은 주민투표 보이콧에 나섰고, 결국 주민투표는 8월 24일 투표함 개봉 요건인 투표율 33.3%를 밑도는 25.7%를 기록하며 무산됐다.

홍준표 대표는 주민투표가 무산되자마자 급히 오세훈을 불렀다. 그는 이 자리에서 "국회의 서울시 국정감사가 끝나는 10월 8일까지는 시장직을 유지하며 뒷수습을 해야 한다"고 설득했다. 그때까지 10월 26일로 예정된 하반기 보궐선거는 정치적으로 의미 있는 지역이 없었다. 오 시장이 9월 30일 이전 사퇴를 선택해 서울시장 보궐선거가 치러지면 여당으로서는 꼼짝없이 양대 선거의 전초전을 치러야 했다. 4월 재보선 패배가 지도부 교체로 이어지는 것을 겪어본 홍준표로서는 내년 4월 총선을 앞두고 '오세훈 리스크'를 어떻게든 불식해야 했다. 그러나 오세훈은 "나는 깨끗이 그만두고 싶다. 10월에 보궐선거를 해도 이길 수 있다"는 뜻을 굽히지 않았다.

서울시장 사표 낸 오세훈을 문전 박대한 홍준표

다음 날 사퇴 기자회견을 앞둔 오세훈이 자신의 결심을 직접 밝히려고 8월 25일 밤 10시 홍준표의 아파트를 찾았다. 홍준표는 "앞으로 다시는 볼 일이 없을 것"이라며 오세훈을 문전 박대했다.

8월 26일 서울지역 당협위원장 조찬 간담회에서 홍준표는 "당이 어떻게 되든 10월 재보선이 어떻게 되든 상관없다는 것 아니냐", "오세훈이 당이나 국가를 도외시하고 자기 모양만 중시한다"고 분노를 터뜨렸다. 오세훈은 그날 밤 11시 예정대로 사퇴를 선언했다.

10·26 보궐선거는 야권 단일 후보로 나선 박원순의 승리로 끝났다. 검사 경력 6개월을 빼곤 공직 경험이 전혀 없는 시민운동가가 서울시장에 당선된 것도 초유의 일이었다.

12월 4일 최고위원 5명 중 유승민, 원희룡, 남경필 3명이 동반 사퇴를 선언하자 홍준표도 더 이상 버틸 재간이 없었다. 12월 9일 오후 3시 홍준표가 대표직을 사퇴했다.

새로운 리더십으로 나설 '박근혜 비대위원장' 카드를 놓고 한나라당은 요동쳤다. 박근혜가 재창당 수준의 쇄신안을 거부하자 서울의 두 국회의원(관악갑 김성식, 성북갑 정태근)은 당을 떠났다.

그해 말 박근혜는 김종인 전 청와대 경제수석과 이상돈 중앙대 교수, 이양희 성균관대 교수, 이준석 클라세스튜디오 대표 등이 참여하는 비대위를 출범시켰다. 박근혜 비대위는 공천 과정에서 "현역 의원 하위 평가 25%를 배제한다"(25% 컷오프)는 원칙을 정하고 '왕차관' 박영준 지식경제부 차관과 안상수 전 대표, 진수희 보건복지부 장관, 강승규·권택기·백성운·신지호·유정현·장광근·전여옥·진성호 등 친이명박계 의원들을 여지없이 쳐냈다. "당세가 약한 지역에서는 인지도 낮은 신인보다는 현역 의원을 내보내는 게 낫다"는 현실론이 고개를 들었지만, 25% 컷

오프 룰이 그대로 적용됐다.

새누리당은 2012년 4월 총선에서 수도권의 부진(112석 중 43석)을 영남권 석권(67석 중 63석)과 강원·충청권의 선전으로 상쇄하면서 원내 과반수(152석)를 지키는 데 성공했다.

총선 패배를 겪은 민주통합당도 6월 9일 전당대회에서 이해찬 지도부를 뽑고 새로운 진용을 꾸렸다. 친노 이해찬과 비노 김한길의 대결이었던 6월 전대에서는 역시 모바일 당원들의 위력이 재확인됐다.

30% 비중의 대의원 투표에서는 210표 차이로 김한길이 이겼지만, 70% 비중의 당원·시민 선거인단 투표에서 이해찬이 2,479표 차이로 역전에 성공했다. 불과 0.5% 차이로 당권을 거머쥔 이해찬 대표는 여세를 몰아 대선 후보 문재인의 시대를 열게 된다.

민주당 경선 과정에서도 최대 쟁점은 역시 '노무현 정신'이었다. 9월 8일 부산 지역 후보자 연설회에서 손학규 후보는 "입으로는 노무현의 가치를 계승한다면서 헌신과 희생을 외면하고 신(新)지역주의에 스스로를 가두고 '바보 노무현'을 추모하는 마음을 인질로 삼아 기득권 구축에 여념 없는 사람들과 온몸으로 민주당을 지키고 지역주의, 기득권과 싸우는 사람 중 누가 진짜 노무현 정신을 이어받고 있냐"고 말했다. 부산 지역구 국회의원이 된 문재인 후보가 '영남 후보 필승론'과 '노무현 후계자론'을 업고 대세 몰이를 하는 것에 대한 불만 표출이었다.

문재인도 "분열 프레임에 갇혀 총선 패배도 '네 탓', 지금 경선에서 뒤지는 것도 '네 탓'이라고 한다"며 응수했다.

민주당 대선 후보 문재인의 '진짜 상대'는 안철수

결국 문재인이 9월 16일 민주통합당 대선 후보 순회 경선에서 승리했다. 당원과 국민 모두에게 1인 1표를 주는 완전국민경선제로 치러진 선거에서 그는 56.5%라는 압도적인 득표율을 기록했다. 손학규는 22.2%에 그쳤고, 경선에 올인하기 위해 경남지사 자리까지 내던진 김두관은 14.3%에 머물렀다.

새누리당 박근혜와의 양강 구도 여론조사에서 야권의 승리 카드로 여겨졌던 안철수도 3일 뒤 대선 출마를 선언하며 정치권에 뛰어들었다. 여론조사 회사 갤럽이 이날 발표한 여론조사에서 박근혜(39%)가 1위를 달리고 문재인과 안철수 두 사람이 24%로 동률을 기록했다.

안철수가 1년 전에 "현 집권 세력이 정치적 확장성을 가지는 것에 반대한다"고 천명했기 때문에 그가 새누리당의 손을 들어줄 가능성은 없었다. 야권 후보 단일화는 '누구로', '어떻게' 하느냐만 남았다.

초기에는 두 후보가 영입 인사 경쟁으로 온건한 수위의 신경전을 주고받았다. 그러나 2012년 10월 9일 민주당 지도부가 안철수에게 '무소속 대통령 불가론'으로 포문을 열었다.

이해찬 민주당 대표가 KBS 라디오 교섭단체 대표 연설에서 "전 세계 민주국가에서 무소속으로 대통령에 당선돼 국가를 경영한 사례는 단 한 나라도 없다"며 "무소속 대통령이 300명의 국회의원을 일일이 만나고 설득해 국정을 운영한다는 건 성립 될 수 없는 주장"이라고 말했다. 같은 당 박지원 원내대표도 "국회나 정치 쇄신을 위해서도 정당이 필요하다"고 거들었다.

안철수 캠프는 정치 개혁과 경제 민주화 등 정책 어젠다로 관심을 돌리려고 했지만, 그 내용이 기대에 미치지 못했다. 10월 23일 인하대에서 발표한 정치 쇄신안은 중앙당 폐지 등 공론화 가 충분하지 않은 제안을 담고 있었다. 안철수가 "국회의원 정원 을 100명 감축하면 예산 절감 효과가 2,000억~4,000억 원에 이른다"는 발언은 포퓰리즘에 편승한 것이라는 비판이 따랐다.°

민주당 문재인 캠프도 그 나름의 고민을 안고 있었다. 문재인 이 대선 후보로 선출된 후에도 야권의 대표 주자로 각인될 만큼 지지율이 올라가지 않았다. 민주당 내부에서 '차라리 안철수를 밀자'는 대안론이 꿈틀거리기 시작했다. 2002년 대선 당시 후 보단일화협의회(후단협) 파동 같은 대규모 탈당은 없었지만, 캠페 인의 동력이 전혀 살아나지 않았다.

문재인 캠프는 선거 조직을 민주당 중심의 '민주 캠프', 시민 단체가 참여하는 '시민 캠프', 정책 이슈를 논의하는 '미래 캠프' 로 3원화했다(9월 21일). 세 조직의 경쟁적 약진으로 시너지 효과 를 노렸지만, 대선 패배 후 중구난방으로 조직을 운영했다는 비

° 그러나 안철수는 2017년 4월 23일 대선 후보 TV 토론에서는 "그때는 200명이라는 오해가 있었다. 그런데 제가 200명으로 줄이자고 그러지는 않았다"고 부인했다.

판만 받았다.

10월 21일 오전에는 문재인의 핵심 참모 9명이 '백의종군' 선언을 했다. '3철'로 불렸던 양정철 메시지팀장과 전해철 기획본부 부본부장, 이호철 후원회 운영위원과 김용익 공감 2본부장, 박남춘 특보단 부단장, 윤후덕 후보 비서실 부실장, 정태호 전략기획실장, 소문상 비서실 정무행정팀장, 윤건영 일정기획팀장이었다.

"노무현 대통령을 모셨고, 참여정부에 몸담았던 사실을 한 번도 부끄러워해 본 적이 없다"던 이들은 "존재 자체가 어떤 분들에게 부담이 된다면 기꺼이 물러나겠다"고 선언했다.

백의종군 해프닝은 2012년 대선 패배와 함께 금방 잊혔지만, 당시만 해도 대선의 명운이 걸린 중대 결단으로 포장되어야 했다. 심지어 이호철 전 민정수석의 경우 선대위에 아무 직책을 맡지 않았지만, '친노의 백의종군'이라는 선전 효과를 극대화하기 위해 '후원회 운영위원'이라는 직함을 급조해서 이름을 올렸다.

11월 12일 문재인과 안철수의 단일화 협상이 시작됐지만, 양측은 팽팽한 입장 차이만 확인했다.

이후 2주 동안 갤럽 여론조사는 새누리당 박근혜가 1위(39%)를 지키는 가운데 문재인 23~24%, 안철수 20~21%를 지키는 등 호각지세가 계속됐다. 야권 두 후보의 완주가 공멸을 의미한다는 것은 모두가 알고 있었다.

"믿었던 문재인이 공격해 오니 안철수가 손을 떨더라"

11월 21일 밤 10시 백범기념관에서 열린 단일화 TV 토론은 두 사람의 감정적인 골을 깊게 만들었다. 단일화 협상 과정에서 안철수를 자극하지 않기 위해 말을 아꼈던 문재인은 어느 때보다 공격적인 자세로 이날 토론에 임했다. 남북 관계 개선을 둘러싼 토론에서 둘의 감정이 폭발했다.

> **문재인:** 안철수 후보는 남북 관계 개선에 이명박 정부처럼 전제 조건을 답니다. 금강산 관광 재개도 뭔가 북측에서 약속이 있어야 합니다. 남북 어로 구역도 NLL(북방한계선) 인정이 선행돼야 한다는 식입니다. 이명박 정부의 5·24 조치와 다를 바 없는 것 아닙니까?
>
> **안철수:** 이명박 정부는 먼저 사과나 재발 방지를 약속하면 대화하겠다는 식이니 대화가 단절됩니다. 하지만 제 입장은 먼저 대화하고 그 자리에서 사과나 재발 방지, 경제 교류와 인도적 지원을 논의하자는 겁니다. 김정일 위원장이 현정은 현대그룹 회장에게 구두 약속을 한 게 (금강산) 관광객 신변 안전에 충분한 것입니까?
>
> **문재인:** 북한이 분명한 약속을 한 것이고 그 약속을 한 게 사실인지 여부만 확인하면 된다, 북한 당국자에게 공식적으로 다시 천명하라고 하는 것은 이명박 정부 입장과 다를 바가 없습니다.
>
> **안철수:** 그렇지, 그렇지 않습니다만……. (발언 시간 종료)

당시 안철수 캠프 핵심 관계자의 말이다.

"토론 전에 우리가 안 후보에게 문 후보를 공격할 자료를 굉장히 많이 건네줬다. 민주당의 조직 동원과 이해찬 등 친노 세력의 패권적인 행태를 지적하는 내용이었다. 토론장에 들어갈 때만 해도 안철수가 문재인에 대한 신뢰가 꽤 깊었던 것 같더라. 그런데 믿었던 문재인이 막 공격해 오니 안철수가 손을 부들부들 떨더라."

다음 날 오전 10시 30분 두 사람은 그랜드힐튼 호텔에서 단둘이 만났다. 만남이 소득 없이 끝나자 문재인은 같은 날 오후 《연합뉴스》인터뷰에서 "하다 하다 안 되면 국민에게 표로써 저로 단일화해 달라고 할 것"이라고 협상 중단을 시사했다.

11월 23일 오후 8시 안철수가 실장급 이상 캠프 참모들을 모두 부른 가운데 후보 사퇴 기자회견을 하겠다는 뜻을 밝혔다. 안철수는 "선거라는 게 사람을 많이 변화시킨다고 하던데 저조차도 많이 변했겠지만, 문재인도 제가 알던 문 후보가 아니었다"고 말했다고 한다.

안철수와 문재인의 공동 유세는 후보 사퇴 이주일이 지나서야 시작됐다. 그마저도 뜨뜻미지근했다.

12월 7일 오후 5시 10분 두 사람은 부산 서면 지하상가 분수대 앞에 나란히 등장했다. 문재인은 "아름다운 (단일화를) 완성해 준 안 후보께 큰 박수 부탁한다"며 치켜세웠지만, 안철수는 "새 정치를 위한 열망이 얼마나 큰지 잘 안다. 새 정치 실현을 위해 열심히 노력하겠다"고 짧게 답했다.

12월 11일 대선 정국을 뒤흔든 국정원 댓글 사건이 터졌다. 야당을 비방하는 댓글 작업팀의 존재가 드러날 위기에 놓인 국정원은 오히려 "민주당이 공무원을 감금하고 불법 사찰을 했다"고 역공을 폈다.

12월 14일 오후 7시 43분 안철수는 트위터에 "밤새 잠을 이루지 못했습니다. 과정이 이렇게 혼탁해지면 이겨도 절반의 마음이 돌아섭니다"라는 글을 남겼다. 전형적인 양비론이었다. 다음 날 문재인의 광화문광장 유세장에 나타나 문재인에게 노란 목도리를 감싸주는 '깜짝 이벤트'를 벌이기도 했지만, 대세는 이미 박근혜 쪽으로 넘어가고 있었다.

12월 17일 18대 대선의 승리는 박근혜에게 돌아갔다. 문재인과의 표차는 108만 표였다.

8 NLL 대화록

2012년 18대 대선의 또 다른 이슈는 'NLL 대화록' 파동이었다.

새누리당 정문헌 의원이 10월 8일 통일부 국정감사에서 "노무현이 (2007년) 남북정상회담 당시 김정일에게 'NLL은 미국이 땅따먹기하려고 제멋대로 그은 선이니까 공동어로 활동을 하면 NLL 문제는 자연스럽게 사라질 것이다'라고 말했다"고 폭로한 것에서 시작했다.°

노무현 발언의 진위에 대한 논란이 생기자 정문헌이 재차 "수도권에서 주한미군을 다 내보내겠다는 노무현 발언이 대화록에 들어있다"(10월 11일)고 추가 폭로를 했다.

대통령이 남북정상회담에서 국가 안보를 위협하는 발언을 했다는 공세를 문재인은 참아 넘길 수 없었다. 10월 12일 문재인이

° 이듬해 국정원이 공개한 대화록 전문에 '땅따먹기'라는 표현이 없는 것으로 확인되자 정문헌은 "2007년 11월 평통자문회의에서의 대통령 발언과 헷갈렸다"고 해명했다.

"정문헌 발언이 사실이라면 내가 책임지겠다"고 하자 이 문제는 야당 후보의 거취를 건 중대 이슈로 부상하게 됐다.

10월 18일에는 이명박 대통령이 연평도를 방문했다. 이날 오전까지만 해도 청와대 출입 기자단에게 '전방 접적(接敵) 지역'을 방문할 계획이라고만 설명하고 귀환 후 방문지를 밝히기로 한 극비 일정이었다.

이명박은 이 자리에서 "요즘 이런저런 이야기가 있지만 군은 통일될 때까지 목숨 걸고 NLL을 지켜야 한다"고 말했다. 문재인은 10월 12일 "대통령이 되면 서해 NLL을 확고하게 지키면서, 동시에 긴장 완화를 위한 조치들을 확실히 추진해 나가겠다"고 밝힌 상태였다. 이명박의 메시지는 정상회담 대화록 논란을 계기로 북한과 NLL 긴장 완화를 위한 협상의 여지가 있는 문재인을 비토하는 뉘앙스의 발언으로 해석됐다. 박근혜도 "대화록을 공개하면 더 시끄러울 일이 없다"(11월 21일 방송기자클럽 토론회)며 논쟁에 가세했다.

대선 5일 앞두고 NLL 대화록 읊은 김무성

대선을 닷새 앞둔 12월 14일 박근혜 캠프 총괄선대본부장을 맡은 김무성이 부산 유세에서 "제가 그 내용을 그대로 가지고 왔다"며 대화록 일부를 낭독했다. 당일 연설에는 대화록 원문에만 있는 '저항감' 등의 문구가 들어있었다.

김무성은 낭독 자료의 입수 경위를 밝히지 않았지만, 자료를 전달한 사람으로 권영세(윤석열 정부 초대 통일부 장관, 전 주중 대사)가 지목됐다. 권영세는 이렇게 말했다.

"내가 선대위 상황실장이고 김무성이 총괄본부장이었다. 선거를 치르다 보면 여러 종류의 보고서들이 올라오는데, 김무성이 유세장에서 그걸 읽은 것으로 안다. '투톱'이 그런 내용을 담은 보고서를 공유한 것은 사실이지만, 김무성이 부산에 내려가서 그런 걸 읽을 줄은 몰랐다."

2012년 당시 김무성이 읽은 대화록이 권영세가 준 것이라는 얘기가 2013년부터 나왔다는 물음에는 이렇게 답했다.

> 나를 김무성과 국정원의 연결 고리로 지목하는 사람들이 있는데, 김무성도 내가 아는 정도의 국정원 사람들은 다 안다. 당시 내가 아는 사람은 원세훈 원장과 박원동 국장(국회 담당) 정도였다. 내가 국정원 파견 근무를 1994~1997년 3년 정도 했지만, 그때 알던 사람들이 2012년에는 국정원에 거의 남아있지 않다시피 했다. (2017년 8월 7일 필자와의 전화 인터뷰)

국정원 댓글 사건이 갑자기 터지며 궁지에 몰렸던 박근혜는 반격의 카드를 잡게 됐다. 새누리당이 띄우고 이명박이 받아주며 키운 NLL 대화록 논란은 박근혜에게 호재가 됐다.

두 후보의 경기도 평균 득표율은 박근혜 50.4%, 문재인 49.2%로 엇비슷했지만, 휴전선과 가까운 접경 지역으로 갈수록 두 사람의 격차가 벌어졌다.

박근혜는 서해 5도가 속해 있는 인천 옹진군(71.9%)과 경기 북부(연천 65.3%, 포천 63.8%, 동두천 59.2%)에서 압승했고, 이런 결과는 강원도에서도 그대로 이어졌다(박근혜 62.0%, 문재인 37.5%).

그러나 "노무현이 북한에 NLL을 포기하려고 했다"는 새누리당발 공세는 대선이 끝나자 맥없이 사그라들었다.

노무현 정부의 마지막 국방부 장관이자 박근혜 청와대의 국가안보실장을 맡은 김장수가 2013년 6월 21일 국회에 나와 "국방부 장관 회담에서 (NLL 포기) 지시는 없었고, 내 소신껏 하고 왔다"고 밝혔기 때문이다.

'노무현 트라우마' 재확인시킨 NLL 대화록 사태

남재준 국정원장이 국정원에서 보관 중인 대화록을 공개하고 "대화록에 NLL 포기라는 단어는 없었지만, (노무현이) 그런 취지로 발언한 것으로 생각한다"며 불씨를 살리려고 했지만, 이미 죽은 대통령의 생각을 '해부'하는 데 관심을 두는 사람은 더 이상 없었다.

대선 과정에서 NLL 대화록 공세에 가담했던 서상기·김무성·조원진·조명철·윤재옥·권영세 등 새누리당 전현직 의원 전원에게도 검찰의 불기소 처분이 내려졌다(2014년 6월 9일).

NLL 대화록 사태는 민주당 지지층에 짙게 드리워진 '노무현 트라우마'를 다시 확인하게 했다. 그것은 교훈이기도 했다. 노무현의 정치적 유산을 계승하려는 친노 세력과 그를 비토하는 보수 진영은 계속 부딪힐 수밖에 없는 숙명이 있는 것처럼 비쳤다.

대화록 사태의 후유증은 예기치 못한 시기와 장소에서 터져 나왔다.

2015년 5월 23일 노무현 6주기를 맞은 봉하마을. 노건호가 유족 대표로 마이크를 잡았다. 현장에는 새누리당 대표 자격으로 온 김무성이 있었다.

노건호가 말했다.

"이 자리엔 특별히 감사드리고 싶은 분이 오셨습니다. 전직 대통령이 NLL을 포기했다며 내리는 빗속에서 정상회의록 일부를 피 토하듯 줄줄 읽으시던 모습이 눈에 선한데, 어려운 발걸음을 해주셨습니다. 권력으로 전직 대통령을 죽음으로 몰아넣고, 그것도 모자라 선거에 이기려고 국가 기밀문서를 뜯어서 읊어대고, 국정원을 동원해 댓글 달아 종북몰이해 대다가, 아무 말 없이 언론에 흘리고 불쑥 나타나시니, 진정 대인배의 풍모를 뵙는 것 같습니다.

혹시 내년 총선에는 노무현 타령, 종북 타령 좀 안 하시려나 기대가 생기기도 하지만, 뭐가 뭐를 끊겠나 싶기도 하고, 본인도 그간의 사건들에 대해 처벌받은 일도 없고 반성한 일도 없으시니, 그저 헛꿈이 아닌가 싶습니다. 오해하지 마십시오. 사과? 반성? 그런 것 필요 없습니다. 제발 나라 생각 좀 하십시오."

김무성은 짧게 어색한 웃음을 지은 것을 제외하곤 연설 내내 무표정하게 자리를 지켰다. 노건호의 행동을 놓고 "추모객에 대

145

한 예의가 아니다", "반성하지 않는 사람에게 할 말을 했다"는
반응이 엇갈렸다.

9   좌초된 노무현 정부의 검찰개혁

시계를 잠시 앞으로 돌려 민주당 정부의 비원(悲願)이었던 검찰 개혁의 역사를 살펴보겠다.

노무현 정부는 검찰에 중점을 두고 권력기관 개편을 시도한 첫 정부였다. 전두환 정권까지만 해도 검찰은 권력의 수족 역할을 하는 정보부와 경찰의 수사 내용을 그대로 받아 기소 유지를 하는 '수동적 역할'에 머물렀다.

예를 들어 1987년 1월 14일 박종철 고문치사 사건이 발생한 후 장세동 안기부장 주도로 관계 기관 대책 회의가 두 차례 열렸다. 고문 경관의 수를 줄이는 등 은폐·축소가 논의된 회의에 참석했던 김성기 법무부 장관과 서동권 검찰총장은 진실을 밝히는 데 아무런 역할을 하지 못했다.

노무현 정부의 검찰개혁이 실패한 이유

대통령을 직선제로 뽑는 시대가 되자 국정원과 경찰의 힘이 빠지고 기소권을 가진 검찰에 칼자루가 쥐어지게 됐다. 대통령 5년 단임제는 정권 교체기에 검찰이 생존할 수 있는 자양분을 제공했다.

임기 초에는 대통령의 지시를 받아 대통령에게 방해되는 야당에 대한 수사를 활발하게 하다가 힘이 빠지는 임기 말에는 대통령의 아들이나 친인척 비리 수사를 진행해 '살아있는 권력에 맞서는 검찰'의 이미지를 부각했다.

이렇다 보니 정권은 명멸해도 검찰은 살아남아 누구도 건드릴 수 없는 '성역'이 되어버렸다. 사회 곳곳의 비리를 발본색원하는 검찰이 그 자신의 비위는 제대로 다스리고 있냐는 회의론에 답할 차례가 된 것이다.

노무현 대통령이 2003년 3월 비(非) 검사 출신 강금실을 법무부 장관에 임명한 뒤 검찰 조직의 반발을 목도하자 그는 법무부에 검찰개혁추진단을 설치하도록 했다.

그러나 노무현 정부의 검찰개혁은 큰 성과를 내지 못했다. 거기에는 몇 가지 요인이 있다.

첫째, 노 대통령은 김각영 검찰총장의 사표를 받아낸 뒤 자신의 국정 철학을 이해하는 검찰총장 후보를 찾아내지 못했다. 김각영의 후임 송광수 검찰총장은 여야를 가리지 않는 대선자금 수사로 검찰의 명성을 드높였지만, 청와대가 중앙수사부의 권한 축소를 시도하자 자신의 직을 걸고 저항했다.

송광수의 파트너였던 강금실 장관은 그를 "검찰의 독립 의지는 강한데, 검찰이 민주적 견제를 받아야 하고 인권이 옹호되어야 한다는 인식은 없는 사람"이라고 평가했고, 강 장관 후임 천정배 법무부 장관도 "검찰개혁에 가장 저항하는 중심인물을 검찰총장에 앉혔잖냐? 인사의 최대 실패작"이라고 혹평했다.

송광수의 후임 검찰총장 김종빈, 정상명, 임채진 모두가 정권보다는 검찰 조직을 더 의식하는 행보를 보였다. 이병완 전 청와대 비서실장은 이를 두고 "(그들은) 정권 내에서 대통령에게 총애를 받는 총장과 검찰 조직에 사랑받는 총장을 택하라면 후자를 택한다"고 평했다.

노무현 정부는 결국 유능하면서도 개혁 마인드를 갖춘 검찰총장 후보자를 찾는 데 실패했다. 후술하겠지만, 믿을만한 우군을 찾지 못하는 인선의 어려움은 문재인 정부에서도 비슷하게 되풀이됐다.

둘째, 검찰개혁은 입법의 뒷받침을 받지 못했다.

검찰의 권한을 분산한다는 것은 1948년 검찰청법 제정 이후 지금까지 검찰의 고유 권한으로 인식돼 온 기소독점주의(국가기관인 검사만이 공소를 제기할 수 있다는 원칙)에 손을 댄다는 것을 의미했다.

국회 과반수를 도맡아 차지했던 보수 정권은 '주머니 속의 칼' 역할을 해온 검찰의 칼날을 무디게 하는 법 개정에 호의적이지 않았고, 검찰 수사를 상습적으로 당했던 민주당은 국회에서 힘을 쓰지 못했다.

　2003년 노무현 정부 출범 후에도 국회는 여전히 한나라당의 차지였는데 당·정·청은 검찰개혁을 밀고 나아가지 못했다. 훗날 청와대 대변인과 국회의원이 된 김의겸 《한겨레》 전 기자는 "검찰개혁 하려면 문재인 민정수석과 여당의 천정배 의원, 강금실 장관 세 사람이 똘똘 뭉치고 합심해도 될까 말까인데, 다 따로 놀았다"고 평가했다.[52]

　'탄핵 역풍'으로 치러진 2004년 총선에서 대통령의 당(열린우리당)이 국회 과반수(152석)를 차지했지만, 노무현 정부의 집권 기반은 여전히 취약했다.

　2005년 4월 30일 6곳에서 열린 재보선에서 전패하며 열린우리당의 과반수가 무너지자 정국의 무게중심은 다시 한나라당으로 쏠렸다. 그해 6월 28일 법무부 장관에 취임한 천정배의 생각은 이랬다.

> 장관이 되었을 때인 2005년 6월, 솔직히 말하면 이미 검찰개혁을 밀고 갈 수 있는 추진력을 상실했다고 생각했다. 내가 그런 인물은 아니라고 봤다. 그때는 이미 의회 과반수도 깨졌고 여러 가지로 민심도 굉장히 나빠진 상태였다. 그래서 근본적인 검찰개혁을 밀고 나갈 처지는 못 된다는 판단을 내리고 있었다.[53]

　입법의 뒷받침이 필수적이었던 고위공직자비리수사처(공수처)와 검경수사권 조정은 논의도 제대로 해보지 못하고 무산됐다.

셋째, 검찰은 조직 본연의 보수성을 극복하지 못했다. 권력기관 중 거의 유일하게 과거사 문제에서 사과를 거부한 조직으로 남게 된 것을 우연이라고 볼 수 있을까?

2004년 노무현 대통령은 범정부 차원의 과거사 정리를 지시했다. 국정원과 국방부, 경찰이 이에 맞춰 과거사진상규명위원회를 출범시켰고, 이듬해에는 아예 '진실과 화해를 위한 과거사 정리위원회'라는 별도의 조직이 법정 기구로서 출범했다.

그러나 검찰 출신이었던 김승규 법무부 장관은 검찰의 과거사 정리에 소극적이었다. 이 시기 청와대 민정비서관을 지낸 전해철 의원의 말이다.

> 법무부에서도 과거사위원회 구성에 관한 보고를 한 사실이 있다. 그런데 위원회 구성안이 문제가 있다는 지적을 받았다. 구성안 자체가 진상 규명 의지가 있지 않고, 타협적인 것으로 보였다.
>
> 대통령은 과거사 정리는 피해자의 한을 풀어주는 것이 중요하다고 말씀했다. 바람직한 사회가 되기 위해서는 개인적인 문제가 아니라 국가나 제도적인 잘못으로 인해 피해를 입은 사람들의 한을 그대로 놔둬서는 안 되고, 진상 규명과 함께 피해 보상 내지 배상할 수 있는 여러 가지 방법을 찾아야 한다고 강조했다. 국가기관의 과거사위원회는 기관장의 의지와 운영이 중요한데, 법무부 안은 미흡하다고 판단한 것이다.
>
> 또한 경찰, 국정원과 비교해 사건의 2차적인 수사기관이어

서 다른 기관의 진상 조사 결과를 지켜보는 것도 필요했다. 이후 과거사 일반을 대상으로 하는 진실과 화해를 위한 과거사 정리 기본법이 제정되고 진실화해위원회가 출범하면서 추가적인 국가기관의 과거사위원회 구성은 보류되었다.[54]

국정원과 국방부, 경찰은 과거사위원회를 구성할 때 내부 인사보다 외부 인사를 더 많이 포함했는데 법무부는 이에 비해 미흡한 안을 올렸고, 때마침 진실화해위원회 출범이 겹치면서 검찰 차원의 과거사위원회 구성이 흐지부지됐다는 얘기다.

넷째, 검찰개혁은 정치적 중립의 보장과 민주적 통제의 강화라는 두 가지 요구를 충족시켜야 했다.

권력의 의중에 따라 춤을 춘 검찰의 전력을 생각하면 국정원이나 경찰처럼 '정치적 중립'을 견지하는 것이 중요한 과제였다. 노무현 대통령은 권력기관의 장과 독대를 하지 않거나 구체적인 사건에 대해 지시를 하지 않음으로써 이런 목적을 달성코자 했다.

그러나 이렇게 되면 정치적으로 자유롭게 된 검찰이 누구의 통제를 받느냐의 문제가 남는다. 바로 '민주적 통제'의 문제다.

노무현 시대의 검찰은 '성역 없는 수사' 카드로 이 논란을 돌파했다. 2003년 8월 말 SK그룹의 비자금 수사로 촉발된 대선 자금 수사는 이듬해 3월 한나라당 823억 원, 민주당 113억 원의 불법 대선 자금을 밝혀내는 초대형 이슈로 부상했다.

이 수사를 주도한 곳이 검찰 중수부였다. 검찰총장의 '직할대'

로서 정치적으로 예민한 수사를 주로 하는 부서였던 만큼 그런 용도의 수사를 하지 않으면 폐지는 당연한 수순이었다. 그러나 대선 자금 수사 과정에서 노무현의 핵심 측근들도 구속하는 '악역'을 맡다 보니 정부가 이를 해체하려고 하면 대선 자금 수사에 대한 보복으로 비칠 수 있었다.

노무현 정부는 2003년 출범과 함께 비검사 출신의 강금실 변호사를 법무부 장관으로 임명해 검찰을 통제하고자 했다. 그러나 참여정부의 시도는 그해 7월부터 여야의 2002년 대선 자금이 이슈가 되면서 동력을 잃었다.

중수부 폐지 얘기 나오자 "내 목을 치라"는 검찰총장

강금실의 말이다.

참여정부의 검찰개혁은 원천적으로 실패할 수밖에 없었는데 왜냐하면 불법 대선 자금 수사 때문이다. 대선 자금 수사를 하는 순간 법무부 장관이 대선 자금 수사에 대해서 구체적인 수사 지휘권을 발동하기가 매우 민감하고 어려워졌다.

실제로, 검찰총장에게 구체적인 수사 지휘를 할 수 있지만 이것을 수사에 간섭한다고 언급하는 사례가 있었다. 대국민 관계에서도 청와대보다 검찰의 파워가 더 세진 거다. 청와대는 피의자 측 조사 대상이 된 것이다. 그때 수사에 대해 구체적으로 개혁을 언급하는 것은 매우 어려운 상황이었다.

왜냐하면 법무부 장관은 불법 대선 자금 수사가 인사권자인 대통령을 향한 수사이기 때문에 거기에서 정치적 중립을 지키면서 수사 라인을 유지한다는 것이 매우 미묘한 상황이 되어버렸다. 법무부 장관도 지휘하기 어렵고 청와대도 수사를 지휘하거나 간섭하기가 어렵게 되었다.[55]

대선 자금 수사가 끝나고 참여정부가 검찰을 다잡으려고 했을 때는 상황이 많이 변해 있었다.

여야를 가리지 않은 수사로 인기를 끈 송광수 검찰총장은 중앙수사부(중수부) 폐지 논의가 시작되자 "중수부가 수사를 잘못해서 국민의 지탄을 받는다면 먼저 (내) 목을 치겠다"(2003년 6월 14일)고 배수진을 쳤다.

강금실은 "탄핵 직후 노 대통령은 공수처의 신설을 강력하게 주장했는데 저는 당시 상황에서는 공수처 신설이 어렵다고 봤다. 나는 중수부의 권한 이전을 추진하고 있었기 때문에 대통령에게 공개적으로 반대 의사를 분명히 했다"고 말했다.

강금실은 공수처 신설을 둘러싼 인식 차이가 자신의 해임 사유 중 하나가 됐다고 봤다.

후임 법무부 장관들도 검찰의 권한 분산에 소극적이거나 개혁의 골든 타임이 지났다는 판단에 따라 검찰을 방치했다. 이후 참여정부는 검찰권을 분산시켜 힘을 빼는 대신 공수처를 신설해 검찰 조직을 견제하는 방안을 모색한다. 그러나 정부가 발의한 공수처 법안은 열린우리당이 2005년 상반기 보선 패배로 국회 과반수를 잃으면서 동력을 잃게 된다.

노무현 정부는 검찰의 힘을 빼기보다는 정치적 독립성을 최대한 보장하는 방향으로 나아갈 수밖에 없었다. 그러나 이는 권력의 감시와 견제 등 민주적 통제가 이뤄지지 않은 검찰이 이후 역대 정권의 명운을 쥐고 흔들 정도로 힘이 강해진다는 것을 의미했다.

문재인은 2011년 저서에서 "노무현 정부는 정치적 중립을 우선했고 검찰 권한의 분산, 견제와 감시를 위한 개혁 과제는 달성하지 못했다. 남은 검찰개혁 과제는 정치적 중립 보장과 함께 검찰 권한의 견제와 분산 시스템을 마련하는 것"이라고 총평했다.

2009년 노무현 서거는 임기 중 이루지 못한 검찰개혁 실패의 후과(後果)라는 점에서 그 비극성이 배가된다.

임채진 "수사 중에 언론이 이러는 나라는 어디에도 없다"

그해 6월 5일 오후 5시 서초동 검찰청사 대회의실에서 임채진 총장의 퇴임식이 열렸다.

김경한 법무부 장관은 노무현이 서거한 날 그가 제출한 사표를 이틀 만에 되돌려 줬다. 그러나 이명박과 가까운 천신일 세중나모 회장의 구속영장이 기각되자 "대통령 측근이라고 봐주기 수사하냐"는 비난이 쏟아졌다. 그가 다시 사직서를 내밀자 이번에는 군말 없이 받아줬다.

임채진은 "부패 혐의 수사가 예상치 못한 변고로 차질을 빚었고, 그 과정에서 많은 아쉬움이 있다 하여 전체 사건 수사의 당위성과 정당성이 모두 훼손되는 것은 아니다"고 후배들을 격려했다. 직원들의 박수 속에 꽃다발을 전달받은 그는 활짝 웃으며 오른손을 흔들었다. 익명의 검찰 간부는 "오늘 퇴임식에서 기분 좋은 사람은 총장님 한 분밖에 없는 것같다"며 허탈한 웃음을 지었다.[56]

임채진은 퇴임식이 있던 날 출입 기자들과 오랜만에 점심을 먹었다. 임채진은 노무현 서거에 대해 직접적으로 언급하지 않았지만, 검찰 수사를 이끄는 저널리즘에 대한 아쉬움을 토로했다.

"법원의 판결 과정에는 '실형 선고해라', '집행유예해라'라고 속단해서 기사 쓰는 경우가 없다. 영장도 '기각해라, 발부해라' 그렇게 안 하잖아? 그런데 검찰에게는 수사가 진행 중인데도 '구속해라, 불구속해라' 말이 나온다. 결정 단계가 아직 멀었는데 그런 식으로 하면, '원하는 대로 안 하면 가만 안 두겠다'는 무언의 압박으로 느껴진다. 과연 검찰이 합리적 결정을 할 수 있을까? 검사도 인간이다. 검찰이 여론으로부터 독립해야지만, (그런 보도가) 소신 있는 결정에 조금이라도 영향을 미칠 수 있지 않겠나? 검찰과 언론이 이런 관계를 유지하는 나라가 과연 어디 있겠나?

그런 면에서 대검 차장이 기자와 검사 대표 몇 명을 외국에 보내서 연구해 보면 좋겠다. 수사 중에 언론이 앞장서서 막 이러는 나라는 어디에도 없다. 대변인 통해서 우려를 담은 성명을 냈더니 누가 또 '검찰총장이 수사는 안 하고 정치를 한다'고 하더라. 우리 사회가 업그레이드되려면 이 부분에 대해 공감대가 형성되어 기준이 마련되는 게 좋겠다. 이러다 또 얻어맞는 거 아닌가 모르겠지만……"

그렇다면, 검찰의 '잘못된 수사'를 이끄는 언론이 문제일까?

조국 서울대 교수는 당시 검찰과 언론의 관계에 대해 비교적 정확한 진단을 내렸다.

"법조 기자가 검찰과 아주 가까워지지 않나? 술도 먹고 여러 가지 얘기도 듣게 되고…… 그런 구조에서는 사건의 한 당사자인 검찰의 말을 더욱 신뢰하는 심리적 구조가 형성된다. 변호인 쪽과는 그다지 친한 관계를 유지한 적이 없으니 누구 얘기를 더 많이 듣겠나? 취재원(출입처)과 일정한 긴장 관계를 유지하는 것이 기자들의 기본 도리인데, 검찰 출입 기자들은 중요한 수사 정보를 가진 취재원을 만나다 보니 일종의 유착 관계가 만들어지고 균형 있는 보도가 안 나오는 셈이다." (2009년 6월 1일 필자와의 전화 통화)

노무현 서거 직후 《경향신문》, "무죄추정의 원칙 엄격히 적용"

노무현 서거는 검찰발 수사 정보에만 의존하는 사건 보도에 경종을 울렸다. 2009년 6월 8일 "무죄추정의 원칙을 엄격히 적용하겠다"고 선언한 《경향신문》의 사례가 대표적이다.

"《경향신문》은 형사소송법에 명시돼 있는 '무죄추정'의 원칙을 엄격히 적용해 기소나 법원 판결 전에 수사 대상자의 혐의가 마치 확정된 사실인 양 보도하는 관행을 자제하고 수사 대상자의 반론을 상세하게 반영한다는 원칙을 세웠다. 수사의 본류와는 무관함에도 불구하고 독자들의 호기심을 자극할 수 있는 점을 부각하거나 인격적으로 매도하는 것으로 비쳐질 수 있는 선정적 기사를 지양하기로 했다. 검찰 발표를 보도할 때도 그 내용을 기정사실화해서 전달하지 않는 것은 물론 수사 과정의 문제점을 심층적으로 분석·비판하는 기사도 적극 보도하기로 했다."

그러나 이런 원칙이 발표됐는지를 기억하는 사람은 거의 없다. 정치적으로 예민한 사건들의 수사권과 기소권, 그리고 수사 정보를 움켜쥐고 있는 검찰이 바뀌지 않으면 언론 보도도 바꿀 수 없는 것이 현실이었기 때문이다.

노무현 정부가 물러나자 검찰과 보수 정부의 '밀월'이 5년 동안 지속됐고, 민주당의 2012년 대선 패배로 '좋은 시절'은 5년 더 연장되는 듯했다.

10   국정원 댓글 사건과 윤석열

박근혜는 이명박 정부의 낮은 인기를 극복하고 대통령이 되는 데 성공했다.

"노무현 정부도 이명박 정부도 민생에 실패했지만, 과거 정권들과는 완전히 다른 세상과 정부를 만들겠다"는 그의 약속에 51.6%의 국민이 표를 몰아줬다.

그러나 박근혜 대통령의 국정 운영은 첫해부터 힘을 받지 못했다. 우선 국회 127석을 차지한 민주당과의 관계를 정립하는 데 실패했다. 다수당의 입법 독주를 막기 위해 여러 가지 부대 조항을 신설한 국회선진화법도 여당 중심의 국회 운영을 어렵게 했다.

대선 막판에 터진 국정원 댓글 사건은 전혀 예기치 못한 방향으로 흘러갔다. 대통령 당선자는 임기가 끝날 때까지 이전에 불거진 범죄 혐의에 대해 기소를 당하지 않는다(형사 불소추 특권). 이 때문에 '승자'의 혐의는 임기가 끝난 후에는 흐지부지되기 일쑤였다.

곽상도, 채동욱에게 "고향을 전북으로 내보내도 되겠지?"

그러나 국정원 댓글 사건은 그냥 덮이지 않았다. 원세훈 국정원 장이 직원들에게 적극적으로 정치에 개입하라고 '심리전'을 지시한 문건이 나왔고, 김용판 서울경찰청장이 권은희(21대 국회의원, 국민의힘) 수서경찰서 수사과장에게 수사를 축소하도록 압력을 넣은 정황도 드러났다.

박근혜는 "대선 때 국정원이 어떤 도움을 주지도, 국정원으로부터 어떤 도움도 받지 않았다"고 무관함을 강조했지만, 그것으로는 충분하지 않았다.

검찰이 문제였다. 국정원을 수사하는 검찰이 원세훈에게 선거법 위반 혐의를 적용해 재판에서 유죄가 나올 경우 박근혜 정부로서는 정통성에 생채기를 감수해야 했다.

박근혜 정부의 첫 검찰총장은 채동욱 서울고검장이었다. 법무부의 검찰총장후보추천위원회는 채동욱과 김진태, 소병철을 3배수 후보로 올렸고, 가장 유력한 사람은 경남 사천 출신의 김진태였다.

그러나 역설적으로 정권의 지역 안배가 채동욱을 검찰총장으로 만들었다. 채동욱은 2017년《한겨레》인터뷰에서 자신이 총장 내정자로 발표되던 날 오전 곽상도 청와대 민정수석과의 통화 내용을 밝혔다. 곽상도는 채동욱의 사법시험 1년 후배였다.

곽상도: 형님 고향이 서울이야? 전북이야?

채동욱: 무슨 소리야? 아버지는 군산, 어머니는 익산, 나는 종로 5가 태생인데.

곽상도: 전북 연고? 그럼 성묘는? 성묘는 다니지?

채동욱: 당연히 다니지.

곽상도: 좋아, 그럼 고향을 전북으로 내보내도 되겠지?

채동욱은 별다른 대답을 하지 않았다. 2013년 3월 15일 오후 1시 윤창중 청와대 대변인이 '채동욱 검찰총장 내정'을 발표할 때도 "부친의 선산이 전북 군산시 옥구군 임실면에 있고, 그 지역 사람으로 알려졌다"는 점이 강조됐다.

3월 17일(또는 18일) 곽상도가 그에게 "대통령 말씀을 워딩 그대로 전달한다"며 "원세훈 사건을 원칙대로 처리해 달라"고 전화했다. 순간 채동욱은 "박 대통령이 이 사건에 약점 잡힌 건 없는 모양이구나"라고 판단했다.

4월 4일 채동욱은 검찰총장에 취임하자마자 '국정원 댓글' 특별수사팀장을 정하기 위해 황교안 법무부 장관과 인사 협의에 들어갔다. "윤석열 서울중앙지검 특수1부장이 적합하니 이의 없으시면 그를 서울에서 가까운 여주지청장으로 발령 내달라"는 요구에 황교안은 별다른 이의를 제기하지 않았다.

특별수사팀이 구성된 4월 18일 채동욱은 윤석열 이하 팀원들을 총장실로 불러 차를 대접했다. 그는 사건 관련 딱 한마디를 했다고 한다.

"흑은 흑이고 백은 백이다. 우리한테는 그게 유일한 기준이다."

4월 30일 윤석열 수사팀은 남재준 국정원장의 거부를 무릅쓰고 서울 내곡동 국정원을 압수수색했다. 2005년 8월 19일 '안기부 X파일' 수사 이후 두 번째 시도였다. "국정원이 협조하도록 지시해 달라"는 채동욱의 요청에도 청와대는 움직이지 않았다. 채동욱은 "원칙대로 처리하라"던 박근혜의 말과 행동이 달라졌음을 직감했다.

윤석열의 폭로

5월 20일 윤석열팀은 서울경찰청을 압수수색했다. 이 과정에서 사이버수사대 분석관들이 국정원 직원 컴퓨터의 키워드를 분석하는 과정에서 나눈 대화가 담긴 127시간의 CCTV 화면을 확보했다.

CCTV에는 •분석관들이 국정원 직원의 닉네임을 발견하고 박수를 치는 모습 •"(경찰이 찾은 게) 나갔다가는 국정원 큰일 난다", "지금 댓글이 삭제되는 판에 잠이 와요?"라고 걱정하는 모습 •드러난 증거들을 무시하고 '무혐의' 골자의 분석 보고서를 만들려고 논의하는 모습들이 담겼다.

18대 대선 선거사범의 공소시효가 만료되는 6월 19일이 가까워질수록 권력의 압박이 거세졌다. 윤석열팀은 원세훈을 선거법 위반으로 구속 기소한다는 방침을 세웠지만, 황교안 장관의 재가가 필요했다.

그러나 황교안은 "평생 공안 분야만 했고 선거법 전문가여서 자신이 잘 안다"며 "원세훈에 대한 선거법 위반 적용은 말이 안 되고 구속은 더더욱 안 된다"는 말을 되풀이했다.

윤석열은 윤석열대로 《문화일보》 전화 인터뷰(2012년 6월 11일)로 "법무부와 검찰 일각에서 다른 뜻이 있는 사람들이 이상한 소리를 하고 있다", "장관이 저렇게 틀어쥐고 있으면 방법이 없다"며 황교안의 압력을 폭로했다.

결국 "신병 구속은 양보해도 선거법 위반 적용은 바꿀 수 없다"는 채동욱의 중재안이 받아들여졌지만, 권력은 검찰의 도전을 용납하지 않았다.

훗날 드러난 사실이지만, 윤석열의 발언이 신문에 보도된 날 국정원은 송아무개 요원을 시켜 서초구청에서 채동욱의 혼외자 의혹에 대한 정보를 빼내고 있었다. 6월 26일 청와대 민정수석실 행정관이 반포지구대 경찰을 통해 '채동욱 혼외자'의 주민등록번호와 거주지를 조회하는 등 검찰총장 축출 작업은 전방위로 이뤄졌다.

8월 5일 박근혜는 허태열 비서실장 후임에 김기춘, 곽상도 민정수석 후임에 홍경식을 임명하며 청와대 진용을 개편했다. 검찰 출신의 두 사람은 채동욱의 까마득한 선배들이었다. 이는 검찰이 '정치적 중립'을 보장받으며 신생 정권에 칼을 들이대는 행위를 용납하지 않겠다는 신호였다.

9월 6일 《조선일보》 1면에 〈채동욱 총장, 혼외 아들 숨겼다〉라는 제목의 기사가 실리자 채동욱은 사표를 내려다가 이내 마음을 고쳐먹었다.

"나를 흔드는 이유가 대선 개입 사건의 실체에 다가가는 검찰 수사를 좌초시키기 위함이란 확신이 들었다. 바로 사표 쓰고 나가면 그들의 의도대로 놀아난 꼴이 된다고 생각했다."

채동욱 만난 황교안 "변호사가 먹고살 만큼 돈벌이는 됩니다"

이틀 뒤 채동욱은 황교안과 홍경식 민정수석을 연달아 만났다. 황교안이 말했다.

"제가요, 태평양(로펌) 가서 있었는데, 변호사가 먹고살 만큼 돈벌이는 됩니다."

사퇴를 거부하는 채동욱에게 그는 이틀 뒤에는 "감찰본부장에게 보고도 안 받겠다고 선언하고, 감찰본부에 '셀프 감찰'을 의뢰해 보라"고 훈수를 뒀다.

9월 13일 오후 1시경 황교안은 구내식당에서 식사를 하던 채동욱에게 전화를 걸어 "감찰 조사 지시가 떨어졌다"고 알려줬다. 채동욱이 검찰 대변인을 통해 사의를 발표하자 황교안은 "(검찰총장의 사의를) 매우 안타깝게 생각한다"며 일선 검사들의 동요를 진정시키고자 했다. 채동욱이 사퇴하기 전 황교안을 만난 정황이 드러났음에도 법무부는 "황 장관은 검찰총장에게 사퇴를 종용한 일이 전혀 없다"는 거짓 해명으로 검찰 출입 기자들을 농락했다.

채동욱의 퇴장이 국정원 댓글 수사팀에 암운을 드리운 것은 분명한 사실이었다. 이제는 외압이 밀려와도 그들을 막아줄 방어막이 없었다.

10월 15일 윤석열은 수사보고서를 들고 조영곤 서울지검장의 집을 찾아갔다. 국정원 직원 4명이 트위터를 이용해 여론공작을 한 혐의와 관련해 이들의 강제수사 필요성을 보고하기 위해서였다.

그러나 윤석열의 직속상관은 더 이상 검찰총장과 수사팀 사이에서 줄타기를 하던, 우유부단한 검사가 아니었다. 그는 "야당 도와줄 일 있느냐", "정 하려면 내가 사표 내면 해라. (검찰의) 순수성을 의심받는다"고 수사를 만류했다.

법원이 이들에 대한 체포 영장 및 압수수색영장을 발부했지만, 윤석열이 영장 신청과 집행 사실을 조영곤에게 보고하지 않고 전결 처리한 것이 문제가 됐다. 10월 17일 조영곤은 윤석열을 수사 업무에서 배제했다.

공교롭게도 국회 국정감사 기간에 이런 일이 터졌다. 윤석열이 소속된 여주지청은 서울고검 산하기관이라 그는 지청장급의 다른 간부들과 함께 '기관 증인'으로 채택됐다.

처음에는 "말씀드리기 곤란하다"고 버티던 그는 야당 의원들의 추궁이 계속되자 조영곤과의 상기 대화 내용을 털어놓은 뒤 "이런 상황이라면 지검장을 모시고 이 사건을 계속 끌고 나가기 어렵다 판단했다"고 말했다. 조영곤은 윤석열이 자택에 와서 한 이야기가 '보고'가 아니었다고 주장했고, 윤 팀장의 발언을 '항명'으로 규정했다.

윤석열 "조직을 사랑하지만, 사람에 충성하지 않는다"

윤석열은 이날 거침이 없었다. "원세훈·김용판 수사 초기부터 외압이 있었던 것이 황교안과 관련 있다고 보나"라는 박범계 민주당 의원의 질문에 그는 "무관하지 않다"고 답했다. 국정원 댓글 수사에 관한 지휘·감독 위반을 추궁하는 여당 의원들에게는 "위법한 지휘·감독은 따를 필요가 없다"고 맞섰다.

갑작스러운 사태 전개에 놀란 여당 의원들이 "이 중차대한 사건을 검사장 집에서 맥주를 마시면서 보고하는 거냐"(김도읍 의원), "검찰이 친목회도 아니고, 일정한 보고 양식을 만들어 사인하는 것이 상식적"(김학용 의원)이라며 조영곤을 편들었지만 사태의 추는 이미 기울고 있었다.

향후 10년간 윤석열을 유명 인사로 만든 문답도 이날 나왔다.

> **정갑윤**: 지금 검찰은 조폭보다 못한 조직입니다. 이게 도대체 무슨 꼴입니까? 윤석열 지청장, 한번 일어나 보세요. 우리 증인은 혹시 조직을 사랑합니까?
> **윤석열**: 예, 대단히 사랑하고 있습니다.
> **정갑윤**: 혹시 사람(채동욱)에 충성하는 것 아니에요?
> **윤석열**: 저는 사람에 충성하지 않기 때문에 오늘 이런 말씀 드리는 겁니다.

조직을 사랑하지만, 사람에 충성하지 않는다. 윤석열의 이 발언은 훗날 문재인 정부 사람들에게도 강렬한 인상을 남겼다.

조국 서울대 교수는 그날 "'나는 사람에게 충성하지 않는다' 는 윤석열 검사의 오늘 발언, 두고두고 내 마음속에 남을 것 같 다"고 글을 올렸다. 문재인도 《민간인 사찰과 그의 주인》이란 책의 추천사에서 "역시 사람이 희망입니다. 캄캄한 어둠 속에서 진실을 비추는 불빛들이 있습니다. 경찰의 권은희, 검찰의 윤석 열 같은 분들"이라고 그를 칭찬했다.

그러나 박근혜 정부의 법무부는 그를 나두지 않았다. 1개월의 정직에 이어 윤석열을 대구고검으로 보냈다. 2년 뒤 정기 인사 에서는 다시 대전고검으로 발령 냈다. 검찰에서는 두 차례의 고 검 발령을 '나가라'는 신호로 받아들였다. 그는 사표를 쓰지 않 았다.

11 몰락의 전주곡

2014년 4월 16일 오전 8시 49분 40초.

전날 인천을 떠나 제주로 가던 여객선 세월호가 진도 앞바다에서 20도 이상 좌현 방향으로 기우뚱했다.

10시 12분경 김장수 청와대 국가안보실장이 관저의 박근혜 대통령에게 상황을 보고하려고 했지만 그는 전화를 받지 않았다. 10시 20분경 안봉근 비서관이 관저로 들어가 침실 앞에서 수차례 부른 뒤에야 그는 밖으로 나왔다.

박근혜 대통령이 김장수 안보실장에게 "한 명의 인명 피해도 발생하지 않도록 하라"고 첫 지시를 내린 것은 구조 '골든 타임'이 지난 10시 22분. 세월호는 이미 108도로 기운 상태였다.

11시경 MBC가 현장 기자 전화 리포트를 통해 '학생 전원 구조'라는 오보를 내면서 현장의 혼선이 더욱 증폭됐다.

세월호 침몰 후 3시간 30분 동안 박 대통령에게는 상반된 보고가 2건 올라왔다.

"구조 인원이 161명"이라는 정무수석실 서면 보고(오전 11시 28분)와 "370명이 구조됐다"는 국가안보실의 유선 보고(오후 1시 13분)가 그랬다. 박근혜는 시시비비를 정확히 가리지 않고, 상대적으로 덜 시급한 기초연금법 국회 논의 사항을 보고받는 등 안일한 모습을 보였다.

오후 2시 50분경 김장수가 "190명 추가 구조는 오류"라고 정정보고를 한 뒤에야 박근혜의 입에서 "큰일 났다. 사고가 난 것 같다"는 말이 나왔다.[57]

박근혜 '관저 정치' 폐해 드러낸 '세월호 7시간' 논란

박근혜는 그날 오후 5시 15분에야 중앙재난대책본부를 방문했다. 그 자리에 가서도 안전행정부 차관에게 "학생들이 구명조끼를 입었다는데 그들을 발견하거나 구조하기가 힘이 드냐"는 엉뚱한 질문을 해서 사람들의 빈축을 샀다.

박근혜의 '세월호 7시간' 논쟁은 이렇게 시작됐다. 그는 세월호 참사가 있던 날 하루 종일 관저에 머물며 사태를 지휘했다. 평소에도 대면 보고를 자주 하지 않았기 때문에 참모들도 대통령의 기민한 대응을 끌어내는 데 서툴 수밖에 없었다. '비선 실세' 최순실이 움직인 뒤에야 박근혜도 움직였지만, 청와대는 최의 존재를 숨기기 급급했다. 박근혜의 관저 정치를 감싸기 위해 "대통령은 아침에 일어나서 주무실 때까지가 근무시간이고 어디에 계시든지 간에 집무를 하기 때문에 관저도 집무실의 일부"(김기춘 청와대 비서실장)라는 해괴한 논리가 개발되기도 했다.

2015년 1월 19일 조윤선 청와대 정무수석은 해수부 장·차관들을 호텔로 불러서 세월호특별조사위원회(이하 특조위) 활동과 관련해 여당 추천위원들에게 "너무 정부를 힘들게 하지 말아달라"는 요청을 했다. 조윤선은 특조위 조사 방해 혐의로 유죄 선고를 받았다.

세월호는 선장과 승무원들의 오판, 화물 과적과 부실한 안전관리, 해경의 취약한 구조 인프라 그리고 대통령의 안이함 등 수많은 요인이 빚어낸 비극이었다. 정부와 민간의 전폭적인 협조를 받는다고 해도 특조위 활동이 유의미한 성과를 낼 수 있는지는 아무도 장담할 수 없었다. 문재인 정부 시절 출범한 2기 특조위(2018년 3월)와 검찰의 세월호참사 특별수사단(2019년 11월) 모두 2014년 사건 당시와 크게 다를 바 없는 결과물을 내놓고 활동을 종료함으로써 어렵지 않게 증명된 사실이다.

그러나 박근혜 정부는 '대통령의 7시간' 같은 이슈를 어떻게든 피해 가려고 하다가 특조위를 훼방 놓았고, 그것이 사회 전반의 갈등과 불신을 더욱 증폭시키는 기제가 되어버렸다.

2014년 연말은 《세계일보》가 보도한 '비선 실세 국정 개입' 문건이 파장을 일으켰다. 경찰 출신 청와대 행정관 박관천이 작성한 문건은 박근혜의 국회의원 보조관을 지낸 정윤회를 겨냥했다. 이 사건은 별다른 근거 없이 문서를 작성한 박관천이 기소되는 선에서 끝났지만, 훗날 흥미로운 기사 하나를 남겼다.

2015년 1월 7일 《동아일보》에 실린 〈검찰, 문건 유출 수사 뒷

애기〉 기사의 내용은 이랬다.

"수사 초기 박 경정은 한창 조사를 하던 검사와 수사관에게 뜬금없이 '우리나라의 권력 서열이 어떻게 되는 줄 아느냐'면서 박근혜 정부의 권력 지형에 대한 '강의'를 시작했다고 한다. '(정윤회 씨의 전 부인이자 고 최태민 목사의 딸) 최순실 씨가 1위, 정 씨가 2위이며 박근혜 대통령은 3위에 불과하다'는 '황당한' 내용이었다. 허위로 결론 난 '정윤회 동향 문건'만큼이나 구체적이고 설득력 있는 근거를 대지 못한 것으로 전해졌다."

그때는 다들 웃어넘겼지만 1년 뒤엔 웃어넘길 수 없는 기사가 되어버렸다.

2015년 박근혜 정부가 임기 반환점을 지났지만 좀처럼 국정의 동력을 찾을 수 없었다.

박근혜는 내부 이견을 척결하고 보수 표심을 뭉치는 방향의 정국 전략을 내놓았다. 취임하자마자 "증세 없는 복지는 허구"라고 정부와 대립각을 세운 유승민 새누리당 원내대표는 5개월 만에 자리를 내놓아야 했다.

그해 10월 들어 김무성 새누리당 대표와 황우여 교육부총리가 앞서거니 뒤서거니 한국사 교과서의 국정화 계획을 내놓았고, 박근혜도 "검정 역사 교과서 집필진의 80%가 편향된 역사관을 가진 특정 인맥으로 연결됐다"며 논란에 가세했다(10월 22일 여야 지도부 회동). 그러나 교육부 주도로 1년 가까이 추진됐던 역사 교과서 국정화 프로젝트는 임기 말이 가까워질수록 흐지부지되어 버렸다.

2016년은 연초부터 총선 열기로 후끈 달아올랐다. 그해 4월 총선은 '노무현의 후계자' 문재인의 정치적 명운이 걸린 선거이기도 했다.

1년 전 문재인은 새정치민주연합 대표에 도전했다. 2015년 2월 8일 전당대회 결과는 문재인 45.3%, 박지원 41.8%, 이인영 12.9%였다. 유력한 대선 주자였던 문재인이 총선 공천권까지 쥘 것을 우려한 비문 세력이 박지원 휘하로 모여들어 박빙의 승부를 펼친 결과였다. 최고위원 회의에서는 비문계를 대표하는 주승용 의원과 친문계 정청래 의원이 사사건건 충돌했다.

2015년 4월 29일 광주를 포함한 국회의원 재보선 4곳에서 민주당이 한 석도 얻지 못하자 문재인의 확장성을 의심받았다.

문재인의 대표 사퇴를 요구해 온 호남의 비문 세력은 안철수가 12월 13일 당을 떠나자 연쇄 탈당의 길을 택했다. 총선 직전 제1야당의 분열은 박근혜 정부 입장에서는 '정권 재창출'의 청신호로 받아들여졌다.

문재인으로서는 활로가 필요했다. 그는 일단 안철수·김한길 대표 체제의 색깔이 강한 '새정치민주연합' 당명을 '더불어민주당'으로 바꿨다. 총선에서 펼쳐질 제1야당 노선 경쟁을 앞두고 자신이 김대중과 노무현으로 이어진 민주당의 정통성을 계승한다는 취지를 담았다.

당명 변경은 그가 양대 선거를 앞두고 홍보위원장으로 영입한 브랜드 전문가 손혜원이 반드시 바꿔야 한다고 주문해 온 사항이었다. 그러나 '새정치민주연합'은 제3지대의 안철수가 당으로 오면서 바꾼 이름. 문재인은 당명 변경이 탈당을 고민하던 안철수를 자극하지 않을까 노심초사했다.

당 대표 위임장 들고 온 문재인을 문전 박대한 안철수

더 본질적인 문제는 당권을 넘겨줄 비대위원장을 선택하는 문제였다. 훗날 안철수는 호남 의원들과 손잡고 국민의당을 만들지만, 문재인은 그때까지도 안에 대한 신뢰를 완전히 거두지 않고 있었다.

문재인이 사퇴 후 비대위원장으로 염두에 둔 사람도 안철수였다. 안철수가 탈당을 결행했던 2015년 12월 13일 0시 58분 문재인은 안의 탈당을 만류하려고 노원구 자택을 방문했다. 안철수에게 대표를 맡긴다는 내용의 위임장을 품에 넣은 채 문밖에서 50여 분간 기다렸지만, 안철수는 그를 끝내 집안으로 들이지 않았다. 그날 오전 11시 안철수가 탈당 기자회견을 하면서 문재인의 안철수 대표 만들기 플랜은 영영 물거품이 됐다.

문재인의 플랜B는 김종인이었다. 2012년 대선을 앞두고 김종인이 박근혜와 결별했을 때도 문재인 측에서는 그를 선거 캠프에 영입하려는 시도가 있었다. 그러나 김종인은 "박근혜 돕던 사람이 상대 후보에게 가는 것은 예의가 아니다"라고 거절했다. 김종인은 문재인이 그해 선거에 떨어진 직후 막역한 관계였던 손혜원을 통해 "5년 뒤에도 문을 기다리고 있을 1,460만 표를 생각해서라도 포기하지 말라"고 위로했다.

그때 일을 잊지 않았던 손혜원이 문재인에게 2016년 12월 첫째 주에 "비대위원장으로 김종인은 어떠냐"고 물었다. 문재인은 윤여준(2012년)과 이상돈(2014년) 등 보수 인사들을 영입해 당의 색깔을 바꿔보려다가 내부 반발에 부딪힌 바 있었다. 직전 선거에서 상대 후보의 '경제 멘토'를 비대위원장으로 세우는 것은 또 하나의 모험이었다.

문재인: (놀란 기색으로) 그분이 우리 당에 오겠어요?

손혜원: 제가 한번 해보겠습니다.

그때부터 손혜원은 수시로 김종인 집을 찾아갔고, 문재인도 중간중간 "어떻게 되어가냐"고 상황을 확인했다. 2016년 1월 12일 저녁 10시 김종인과 문재인이 마주 앉았다. "좀 도와달라"는 문재인의 채근에도 김종인이 좀처럼 확답을 주지 않자 김종인의 부인 김미경(이화여대 명예교수)이 거들기까지 했다.

결정을 내리지 못한 김종인이 다음 날 새벽 조부 김병로(초대 대법원장)의 성묫길에 나서자 손혜원이 다시 따라붙었다. 김종인은 손혜원에게 "1월 15일에 당에 가겠다"고 약속했다.

청와대 정무수석 "유승민과 그 일당 8명만 넘겨달라"

김종인이 비대위원장 권한으로 이해찬, 정청래 등 친노의 상징적인 인물 2명을 공천에서 탈락시키자 중량감이 상대적으로 덜

한 친노 후보들(권칠승, 김경협, 김종민, 김태년, 박남춘, 서영교, 윤호중, 윤후덕, 전해철, 정재호, 조승래, 황희 등)은 공천 관문을 수월하게 통과할 수 있었다.

야당의 분열은 집권 새누리당의 긴장 이완을 가져왔다. 총선 직전 새누리당은 국회 과반수를 상회하는 157석을 가지고 있었다. 제1야당이 분당으로 적통 경쟁을 벌이는 상황에서 1당 사수가 어렵지 않게 되자 박근혜는 '딴 마음'을 먹게 된다.

박근혜에게 대구 지역구의 유승민이 '축출 1순위'라는 것은 모두가 짐작하고 있었다. "배신의 정치는 선거에서 국민이 심판해 주셔야 한다"는 대통령의 국무회의 발언 이후 유승민이 원내대표를 사퇴하는 과정을 지켜봤기 때문이다.

문제는 그 폭이 어느 정도냐였다. 2016년 1월 현기환 청와대 정무수석이 김무성 대표를 찾아와 "할매도 퇴임하고 후원 세력 있어야 안 되겠습니꺼. 다른 데는 (김무성 뜻대로) 다 상향식하고, TK는 할매(박근혜를 지칭)에게 넘겨주시오"라고 했다. 김무성이 안 된다고 하자 그는 거듭 찾아와 "대구(총 12석)만 넘겨주시오", "(그래도 안 되면) 유승민과 그 일당 8명만 넘겨달라"고 요구했다.

공천관리위원장에 이한구 의원을 임명하는 과정도 심상치 않았다.

김무성은 내심 김황식 전 총리를 원했지만, 청와대는 이한구를 낙점했다. 다음은 김무성이 전한 현 수석과의 대화 한 토막이다.

김무성: 이한구는 절대 안 된다. 느그도 컨트롤하기 어려울 거다. 대통령 만나야겠다.

현기환: 형님, 왜 이러십니까. 다 아시면서.

김무성: (대통령과) 전화라도 하자. 표결하면 내가 지게 돼 있는데 무슨 방법이 있나. 전화로라도 (대통령에게) '이한구 아니면 누구라도 받겠다'고 말하겠다.[58]

　그러나 당시 여당 대표는 대통령과 독대는커녕 전화 한 통화도 할 수 없는 처지였다. 당시 최고위원 회의는 최고위원 6명(서청원, 김태호, 이인제, 김을동, 이정현, 안대희)과 원유철 원내대표, 김정훈 정책위의장 등 9인 체제였는데 김무성 편을 드는 사람은 김을동 한 명이었다. 표결하면 7대 2로 김무성이 밀리는 구조였다.

　2016년 2월 4일 결국 김무성의 반대를 무릅쓰고 이한구가 공관위원장에 임명된다. 이때부터 공천 심사는 이한구의 뜻대로 진행됐다. 이한구는 당 사무처가 공천 룰 관련 보고를 하면 수긍하는 듯하다가 다음 날이면 "안 되겠다, 다른 방식도 있다"며 입장을 바꾸고는 했다.

　2월 26일 비박계 정두언 의원이 《조선일보》 기자를 만나 "김무성에게서 '나를 포함 40여 명의 물갈이 의원 명단이 (친박 핵심에게) 있다'는 얘기를 들었다"고 폭로했다.

　공천 불가 사유는 다양했다. 정두언·이재오·김용태는 당의 정체성과 맞지 않아서, 김세연은 유승민과 친해서, 김학용·김성태·박민식은 김무성의 측근이라서, 서청원·이인제 같은 친박계

중진은 비박계만 치면 안 되니 형평성 차원에서 거론됐다. 박근혜가 유승민 등 사이가 벌어진 '구(舊)친박'과 친이를 한꺼번에 정리하고 자신의 국정 철학에 가까운 인물들로 여당의 진용을 바꾸는 '진박 프로젝트'에 매력을 느낀 것은 분명했다.

그러나 '살생부' 파문이 불거지자 상기 인물들 대부분이 공천 관문을 통과했다. 끝까지 의견 차이를 좁히지 못한 지역은 대구 동을(유승민)과 서울 은평을(이재오) 그리고 박근혜가 아끼는 유영하 변호사가 출마하려는 송파을이었다. 김무성이 "정치를 그만두는 한이 있어도 3곳의 공천장에 도장을 못 찍겠다"고 버틴 덕에 이곳들은 결국 무공천 지역으로 남았다.

유례없는 공천 파동으로 여당 인기가 급속히 추락했지만, 박근혜의 '뒤끝'은 식지 않았다. 박근혜가 현기환을 시켜 무소속으로 출마한 유승민 사무실의 대통령 사진을 떼게 하라는 압박을 했다. TK의 친박 실세 최경환과 조원진이 나서지 않자 급기야 여당 대구 선대위 명의로 유승민에게 '대통령 존영(尊影)은 당의 재산이니 돌려달라'는 공문을 보냈다.

4월 13일 20대 총선 결과는 여당의 참패였다. 새누리당은 146석에서 122석으로 주저앉은 반면, 분당 사태를 겪은 민주당은 102석에서 123석으로 약진했다. 여기에 20석으로 출발했던 국민의당이 호남권을 석권하며 38석을 얻었다. 두 야당이 각개 약진하며 공멸할 것이라는 당초 예상과 달리 유권자들은 호남권에는 국민의당, 비호남권에는 민주당에 표를 몰아주며 '야당연합'의 약진을 일궈냈다.

노무현 7주기 추도식에서 명암 엇갈린 문재인과 안철수

2016년 20대 총선은 10년동안 큰 선거마다 승리해 온 새누리당 몰락의 신호탄이 됐다. 반면, 김종인에게 당권을 넘겨주고 2선으로 물러난 문재인에게는 다시 없는 호기를 만들었다. 총선 다음 날 집으로 몰려든 기자들에게 문재인은 "국민이 정권 교체의 큰 희망을 주셨다. 특히 우리 당을 전국 정당으로 만들어 주셔서 감격스럽다"고 말했다.

그러나 승리의 기쁨은 오래가지 않았다. 총선 결과는 2012년 아름답지 못한 대선 후보 단일화 논의 끝에 결별한 문재인과 안철수가 2017년 리턴 매치를 벌여야 한다는 것을 의미했다.

당장 5월 23일 김해 봉하마을에서 열린 노무현 7주기 추도식에서 두 사람이 받은 대접이 달랐다.

그날 오후 1시 30분 안철수, 천정배 공동대표와 박지원 원내대표 등 국민의당 지도부가 봉하마을에 도착하자 일부 추도객들이 "안철수 물러가라", "이명박 앞잡이가 왜 왔냐"는 야유가 쏟아졌다. 안철수는 당직자들과 경호원들의 밀착 방어 속에 사저 방향의 철문 뒤로 잠시 대피해야 했다.

반면, 문재인은 자신의 이름을 연호하는 군중들을 뚫고 여유있게 들어왔다. 정진석 새누리당 원내대표와 현기환 정무수석등 여권 지도부가 입장할 때도 별다른 반응은 없었다.

국민의당 김광수 의원은 당시 상황을 이렇게 설명했다.

현장에서 욕설하고 야유, 비난하는 사람들 보면서 많이 답답했다. 군중들의 저런 반응이 소위 친노 핵심들의 생각과 일치하는 것 아닌가? 끼리끼리만 뭉치는 게 너무 강하니 문재인은 2등밖에 못하는 거다. (2016년 6월 21일)

총선 비례 투표에서 26.74%를 얻은 국민의당은 새누리당이 더 무너지면 여당 지지층을 흡수해 다음 대선에서 승부를 볼 수 있을 것으로 판단했다. '민주당+정의당 연합'의 지지율을 35%에서 묶고, '국민의당+새누리당 이탈층' 지지율을 40%까지 올리면 승산이 있다고 봤다. 그렇기 위해서는 새누리당 지지율이 25% 안팎으로 쪼그라들어야 했다. 문제는, 새누리당의 몰락이 당초 시나리오에 비해 훨씬 급격한 속도로 진행됐다는 것이다.

12   붕괴

2016년 9월 20일 《한겨레》 1면에 〈대기업 돈 288억 걷은 K스
포츠재단 이사장이 최순실의 단골 마사지 센터장〉이라는 폭로
기사가 실렸다.

박근혜 대통령의 '40년 지기', 청와대 '문고리 3인방'도 함부
로 하지 못한다던 비선 실세의 이름이 처음 거론된 순간이었다.
두 달 전에는 안종범 청와대 정책조정수석이 미르재단이라는
것을 만든다며 대기업 출연금 500억 원을 모았다는 TV조선 보
도가 나온 상태였다.

그러나 새누리당 김진태 의원이 《조선일보》 송희영 주필의
호화 출장을 폭로한 뒤(8월 29일) 《조선일보》의 보도는 주춤한
상태였다.

《한겨레》 기사는 TV조선 보도의 바통을 이어받아 최순실의 존
재를 세상에 드러나게 했다. 보도 이틀 전 《한겨레》는 이성한 미
르재단 사무총장에게서 "대통령이 단독으로 결정할 수 있는 사안

이 없다. 최 씨한테 다 물어보고 승인이 나야 가능한 거라고 보면 된다. 청와대의 문고리 3인방도 사실 다들 최 씨의 심부름꾼에 지나지 않는다"(9월 18일)는 증언을 확보한 상태였다.

놀라운 얘기였지만 누가 들어도 당시에는 반신반의할 얘기였다. 그러나 일주일 만에 최 씨의 딸 정유라의 이화여대 입학 및 학사 관리에 특혜가 있었다는 의혹이 제기됐다. 정유라가 입학 전 "돈도 실력이야. 능력 없으면 니네 부모를 원망해"라고 쓴 소셜미디어 글이 언론에 보도되자 여론 지형은 훨씬 험악해졌다.

박근혜 개헌 카드에 찬물 끼얹은 '최순실 태블릿'

10월 24일 오전 10시 박 대통령은 국회 시정 연설에서 개헌을 전격 제안했다. 국면 전환용 카드라는 것은 명확했고, 이조차도 오래가지 못했다. 그날 JTBC 뉴스룸이 최순실이 사용한 흔적이 있는 태블릿을 근거로 "최 씨가 박근혜의 연설문을 사전에 받아봤다"는 새로운 사실을 보도했기 때문이다.

보도 다음 날 박 대통령은 의외로 최순실과의 오랜 인연을 인정하고 "연설문 등에서 도움받은 적이 있다"고 순순히 인정했다.

정연국 청와대 대변인은 "JTBC의 소위 최순실 태블릿 보도에 대해서도 사실관계를 따져봐야 하지 않느냐? 참모들은 사과 기자회견을 말렸는데, 대통령이 무턱대고 인정해 버렸다. 국민께 사과부터 하는 게 도리라는 생각이 앞서다 보니 '정치 9단'이라고 하는 대통령의 판단력이 흐려진 것"[59]이라고 말했다.

'최순실 태블릿'은 여당의 전통적인 지지층 마음까지 무너뜨리는 결과를 낳았다.

10월 31일 9.2%(《내일신문》 디오피니언)까지 폭락한 대통령 지지율은 한 달 뒤에는 더 이상 떨어질 곳이 없는 지경(11월 25일 갤럽 4%)이 됐다.

11월 2일 박근혜는 노무현 청와대 정책실장 출신의 김병준을 총리로 지명하며 국정 농단 정국 돌파를 시도했다. 공교롭게도 국민의당 안철수 전 대표가 리더십 위기를 돌파하기 위해 '김병준 비대위원장 카드'를 준비하고 있었다. '김병준 총리 지명'이 발표되자 안철수는 "박근혜 정부 총리로 가려는 사람을 비대위원장으로 모셔오려고 했냐"는 당내 비판에 직면했다. 원내 1당과 2당 사이에서 캐스팅보트를 쥐어보려던 국민의당은 김병준 사태를 계기로 강력한 대여 투쟁 노선으로 선회하게 된다.

11월 8일 오전 박근혜는 국회를 방문해 "국회에서 (김병준 대신) 총리를 추천하면 임명하겠다"는 입장을 내놓았지만, 그를 기다린 것은 '박근혜 하야하라' 피켓을 든 야당 당직자들이었다.

당시 민주당 초선이었던 김종민은 "탄핵 얘기가 나오기 전에 이미 박근혜 정부의 수명이 다했다는 것은 새누리당 의원 다수도 공공연히 인정했던 사실"이라며 "이때 박근혜의 제안을 받아 야당 추천 총리가 권력 이양을 관리하고 정치 개혁안을 만들었으면 지금과는 정국 양상이 많이 달라졌을 것"이라고 회고했다.

그러나 각 정파의 동상이몽 속에 국회의 총리 추천이 불발되면서 탄핵 논의가 본격화됐다. 김무성과 유승민을 중심으로 권성동, 김성태, 김세연, 김용태, 오신환, 이혜훈, 주호영, 하태경 등 새누리당 비주류도 뭉쳤다.

11월 2일 서청원 전 한나라당 대표를 비롯해 유기준, 윤상현, 정갑윤, 정우택, 조원진, 최경환, 홍문종 등 친박 핵심 8명이 모였다. 이들은 비공개 오찬에서 "탄핵을 당하느니 하야하는 게 좋다"고 결론 내리고, 허원제 청와대 정무수석에게 자신들의 입장을 알렸다.

12월 1일에는 새누리당이 긴급 의원 총회에서 박 대통령의 내년 4월 퇴진을 전제로 '6월 대선'을 당론으로 채택했다. 박 대통령은 그날 오후 대구 서문시장 화재 현장을 방문했지만, 여당의 움직임에는 일언반구도 응대하지 않았다.

12월 3일 야당 의원 171명이 박근혜 대통령 탄핵안을 발의했다. 탄핵안에 찬성할 것이 확실시되는 새누리당 비주류 의원들의 수는 30여 명. 정진석 새누리당 원내대표는 12월 6일 박근혜를 찾아가 "탄핵 찬성이 230표도 가능하다"며 조기 퇴진을 촉구했다. 박근혜의 반응은 "차라리 탄핵 표결을 수용하겠다. 지지율 낮다고 헌법에 맞지 않게 하고 싶지 않다"는 것이었다.

이광재 "탄핵 찬성 의원 234명과 함께 국정 운영했다면……"

12월 9일 오후 4시 10분. 국회 재적 의원 234명 찬성으로 대통령 탄핵소추안이 가결됐다. 여당에서도 찬성이 반대보다 10여 표 더 나온 결과였다. 여당이 박근혜가 대표하는 전통적 보수(친박)와 박근혜를 극복하고 새로운 시도를 해보려는 개혁적 보수로 나뉘는 분기점이기도 했다.

이광재는 "돌이켜 보면, 이때를 그냥 흘려보낸 것이 너무 아쉽다"고 말했다.

> 이날의 선택으로 문재인 정부가 탄생할 수 있었지만, 이 234명과 문재인 정부가 국정을 함께 운영했다면 대한민국의 운명이 많이 달라지지 않았을까? 합리적 진보와 개혁적 보수가 함께해야 했다. 그렇게 되지 못한 이유를 설명하기는 쉽지 않지만, 한 가지는 얘기할 수 있다. 적어도 노 전 대통령은 본인과 일면식도 없는 사람을 기용하는 데 두려움이 없었다. (2022년 9월 8일 필자와의 인터뷰)

탄핵안이 가결된 날 오후 5시 박근혜는 국무위원들을 접견하는 자리에서 "피눈물이 난다는 게 무슨 말인가 했는데 이제 어떤 말인지 알겠다"라며 눈물을 보였다. 그로부터 2시간 뒤 박 대통령의 직무는 정지됐고, 그는 다시는 권좌에 돌아가지 못했다.

12월 27일 김무성·유승민을 필두로 새누리당 비박계 의원 33명이 당을 떠났다. 탄핵 이후 생존 방향을 둘러싼 '보수의 대분열'이 시작된 것이다. 끝까지 박근혜의 사람으로 남겠다던 이정현 의원도 12월 29일 새누리당 대표직을 내놓고 당을 떠났다.

2017년 2월 13일 필자는 이정현 전 대표를 만났다. 그는 이 무렵 35년 정치 인생에 환멸을 느끼고 있었다. 그는 "박 대통령이 국정에 최선을 다하지 못했다"는 것은 인정하면서도 그가 마구 난도질당하는 현실에 대해서는 분노를 감추지 않았다.

"지금의 4당 체제를 봐라. 노무현 추종 세력(더불어민주당), 김대중 추종 세력(국민의당), 박근혜 추종 세력(자유한국당), 이명박 추종 세력(바른정당)의 당 아니냐? 이미 죽어서 뼈만 남은 사람 아니면 (정치 인생) 다 끝났거나 끝나가는 사람들의 추종 세력 아니냐? 이래서야 나라가 앞으로 나가겠냐? 조선 시대 사색당파랑 다를 게 없다."

박근혜 탄핵 과정에서 스모킹 건 역할을 한 것은 JTBC 김필준 기자가 찾아낸 '최순실 태블릿'이었다. 이 태블릿이 세상의 빛을 보게 된 데에는 최순실의 아지트 '더블루K' 사무실 관리인 노광일의 숨은 역할이 있었다.

2018년 10월 무렵 "강남에 최순실 아지트가 있다"는 소문을 들은 기자들이 하나둘 이곳을 찾기 시작했다. 10월 18일에만 JTBC,《경향신문》,《한겨레》기자가 찾아왔다. 김필준이 'JTBC 기자'라며 신분을 밝히자 노광일은 "진작 말하지 왜 이제야 말하느냐, 처음부터 JTBC라고 했으면 내가 협조했을 텐데……'라고 말했다.

더블루K는 9월 3일 이사를 나간 후였는데, 둘이 버려진 사무실에 들어갔다가 문제의 태블릿을 찾아낸 것이다.

노광일은 2017년 대선이 끝난 뒤에야 당시 상황을《한겨레》에 밝혔다.[60]

왜 JTBC만 도왔나?

두 가지 이유다. 하나는 손석희 사장을 믿은 거다. 두 번째는 신문보다는 방송의 파급효과가 더 크다고 생각한 거다. 최순실 게이트가 터지고 나서 하나도 빠뜨리지 않고 온갖 뉴스를 다 봐왔다. 내가 도와줄 기회가 오니 자연스럽게 나선 것이다.

《한겨레》는 그가 출퇴근할 때 매고 다니는 가방에는 (세월호를 상징하는) 노란 리본이 달려있었고, 책상에는 노무현재단 달력도 있었다고 썼다.

노무현 대통령을 좋아하시는 것 같다.

노사모 초창기 멤버다. 2002년 대선 때는 참 열심히 뛰었다. 내가 제약회사에서 한 일이 약국의 약사들에게 약을 파는 영업사원이었다. 그런데 그 약사들을 상대로 국민참여경선 신청서를 모으고 후원금을 걷었다. 내가 모은 국민참여경선 신청서가 한 200장 됐다. 그랬더니 회사 전무가 "너 그렇게 하면 노무현이 뭐 복지부 장관이라도 시켜준다고 하냐"고 핀잔을 주기도 했다.

참 우연이다. 최순실의 사무실이 있는 곳에, 그것도 결정적 증거인 태블릿PC가 있는 곳에 선생님 같은 분이 근무하고 있었다는 것이.

나도 곰곰이 생각해 본다. 어떻게 이런 일이 나한테 일어났을까하고. 아마도 하늘에 계신 우리 노짱님(노무현 대통령)이 이걸 하라고 기회를 주신 것이 아닌가? 그런 생각이 든다.

《한겨레》 창간 독자였고, 《경향신문》 배가 운동을 한 걸 보니, 언론에 관심이 많은 것 같다.

'조아세'를 기억하시는가. '《조선일보》 없는 아름다운 세상을 만드는 시민 모임'의 준말로 《조선일보》 절독 운동을 벌이는 단체인데, 내가 초기에 적극적으로 활동한 사람 가운데 하나다. 2003년, 2004년에는 지하철역 여기저기를 다니며 조아세 유인물을 뿌렸다. 《한겨레》, 《경향신문》이 호외를 찍으면 그걸 들고 서울역 고속버스 터미널 같은 데를 돌면서 시민들에게 나눠 주고는 했다. 지금은 그저 몇 군데 후원하는 정도다. 뉴스타파, 민언련, 팩트TV, 국민TV 등등에 한 만 원씩 돈을 내고 있다. 이런 단체에 내는 돈을 다 합치면 한 10만 원쯤 된다. 내가 술 담배를 하지 않는다. 그걸 모아서 내는 거다. 글을 쓸 재주도 없고, 돈도 없으니 이렇게라도 독립 언론을 돕고 싶어서 하는 거다.

인터뷰에 밝힌 것처럼 노무현 지지자가 정치적으로 대립했던 보수 정권의 몰락에 결정적인 단서를 찾는 데 기여한 과정이 공교롭다.

노무현은 갔지만
'노무현 시대'는 끝나지 않았다

대통령 5년 단임제가 1987년 도입된 이래 우리는 8명의 대통령을 만났다. 아무리 출중한 리더라도 성과를 남기기에는 길지도 짧지도 않은 5년이 그들에게 주어졌다.

그러나 노무현만은 잊히지 않았다. 그는 식솔들의 잘잘못을 들춰내려는 권력과 검찰의 시도를 무력화하기 위해 스스로 목숨을 던졌고, 이 선택은 광범위한 지지층의 '지못미' 정서를 불러일으켰다.

민주당 지지층은 노무현의 후계자로 문재인을 선택했고, '노무현을 못살게 군' 검찰과 권력을 심판해야 한다는 집단 심리가 정치적 위기 때마다 그를 떠받쳤다.

2012년 대선 양자 대결에서 이긴 박근혜가 탄핵으로 몰락하고, 박에게 아깝게 진 문재인이 5년 만에 대통령 취임 선서를 하는 광경은 마치 "주인공들은 그 후로 행복하게 살았습니다"라는 동화책의 결말을 연상시켰다.

그러나 2022년 우리가 만난 세상은 5년 전의 예상을 완전히 빗나간 것이다.

검찰개혁을 최우선 과제로 밀어붙였던 문재인 정부가 검찰총장 출신 대통령에게 권력을 넘겨줬으니 이런 아이러니가 없다.

2부에서는 문재인 정부가 검찰개혁에 실패한 이유, 그 과정에서 정권에 광범위하게 퍼진 '노무현 트라우마'가 어떻게 작동했는지를 살피고자 한다.

한 가지 분명히 해둘 게 있다. 문재인 정부 전반기 내내 윤석열은 '문 정부의 사람'이었다. 국민의힘 후보가 될 것을 예상하지 못한 사람 중에는 그를 미래의 민주당 대선 후보로 점찍은 이도 있었다.

그도 그럴 것이, 이 시기까지만 해도 윤석열은 '노무현 트라우마'의 완전한 치유와 청산을 위해 적폐 세력에게 사정없이 칼을 휘두르는 '개혁의 선봉장'이었기 때문이다.

그러나 칼은 맘대로 빼고 칼집에 넣을 수 있어도 사람은 그럴 수 없는 법이다. 우리는 문재인 정부의 '윤석열 활용법'을 되짚어 보는 과정에서 이러한 교훈을 절절히 느끼게 될 것이다.

2부

문재인의

운명과

윤석열

사진 ⓒ《연합뉴스》

13 　　　　　　　　　　문재인 정부의 출범

2016년 더불어민주당의 총선 승리는 문재인에게 일생일대의 기회를 가져왔다. 호남계가 국민의당으로 떨어져 나간 만큼 당의 친노·친문 성향도 강화됐다. 그러나 호남권의 대패(호남 지역구 28석 중 국민의당 23석, 더불어민주당 3석, 새누리당 2석)는 문재인의 리더십에도 치명적인 상처를 입혔다. 호남에서의 총선 득표율 제고를 위해 "저에 대한 지지를 거두겠다면, 미련 없이 정치 일선에서 물러나고 대선에도 도전하지 않겠다"고 약속한 것도 뒷말이 많았다.

"문재인이 낯을 가리는 성격이라서 사람을 널리 쓰지 못한다"는 세간의 인식을 불식하는 것도 숙제였다. 그는 2012년 윤여준, 2014년 이상돈을 대선 캠프와 당의 새 얼굴로 각각 영입해서 쓰려다가 참모들의 반발에 부딪히자 당초 구상을 접은 적이 있었다.

박영선 전 의원은 2012년 안철수와의 후보 단일화 당시 민주당 협상팀장이었고, 2014년 민주당 원내대표로서 문재인과 호흡을 맞춘 적이 있다. 2017년 대선 경선에서 안희정을 지지했던 그는 3월 14일 오마이TV에 출연해 "문재인 후보는 포용적 리더십에 큰 문제가 있는 것 같다"고 말했다. 방송이 끝난 후 그의 설명을 더 들어봤다.

문재인 후보의 특징이, 자기 주변의 3철(양정철·전해철·이호철) 빼고는 그 후에 만나서 일한 사람들을 챙기지 않는다는 점이다. 강금실, 박선숙, 박지원, 김한길, 손학규, 김종인과의 관계가 그랬다. 박지원이 그 부분은 잘 안다.

5년 전보다는 달라지지 않았나?

달라지긴 했는데 순수성은 없어졌다.

순수성과 정치적 노회함을 겸비할 수는 없는 것 아닌가?

정치인은 순수성은 없어도 자기 나름의 굳은 의지와 진심은 있어야 한다. 문 후보는 진심을 알기 힘들다. 말을 모호하게 하니 안철수와 김종인도 떠난 거다.

안철수 주변에도 왔다가 떠나가는 사람들이 많지 않나?

2012년 후보 단일화 협상할 때도 둘이 만나고 나면 서로 딴소리를 했다. 둘의 캐릭터가 비슷한 측면이 있지만, 안은 문에 비해 좀 더 직설적이다. 그래도 안은 자기 속을 얘기하는 편이다. 문은 속을 모르겠고…….

그런 의미에서 2016년 10월 경선 캠프의 좌장 겸 비서실장으로 임종석을 영입한 것은 하나의 사건이었다. 3선 의원의 중량감을 갖춘 노영민·우윤근 둘 중 한 명에게 그 자리가 돌아갈 것이라는 예상을 깼기 때문이다.

86그룹의 재선 의원이었던 임종석은 2008년 총선에서 떨어진 뒤 국회에 복귀할 기회를 좀처럼 찾지 못했지만 "친화력이 좋고 조직을 움직일 줄 안다"는 평이 많았다. 문재인이 공략해야 할 호남 출신이라는 점도 인선 배경이 됐다. 본격적인 경선 국면에 접어들자 역시 86그룹의 송영길 의원(4선)을 총괄선대본부장으로 영입했다.

캠프 SNS본부장으로 《동아일보》 기자 출신 윤영찬 네이버 부사장을 발탁한 것도 눈여겨볼 대목이었다. 당초 문재인이 낙점했던 사람은 친노 성향의 정청래 전 의원이었는데, 양정철과 임종석이 외연 확장을 위해 윤을 영입했다. 문재인 시대가 열리자 윤영찬은 청와대 홍보수석, 국회의원으로 승승장구했다.

'문재인 팬덤'의 부상

2017년 3월 10일 헌법재판소의 '박근혜 탄핵' 인용으로 불붙은 민주당 경선 레이스는 1강(문재인)과 2중(안희정, 이재명)의 각축전이었다.

그러나 2016년 총선을 앞두고 안철수와 호남계가 민주당을 떠난 후 문재인의 당 장악력은 더욱 확고해졌다. 박근혜 탄핵으로 조기 대선 정국이 시작되자 다자구도의 재편으로 범민주당 지지층의 지지를 받는 문재인이 독주하는 양상이 분명해졌다.

2017년 민주당 경선을 거치면서 '문재인 팬덤'의 부상은 한층 분명해졌다. 경선에서 변별력 확보를 위해 후보 간의 난타전이 불가피했는데, 문재인의 상대 후보들은 "문재인이 팬덤을 제대로 제어하지 않는다"고 불만을 토로했다.

3월 19일 TV 토론에서 나온 문재인의 '전두환 표창장' 발언이 일으킨 후폭풍이 대표적인 사례다.

문재인이 자신의 군 복무 시절 사진을 보여주면서 "전두환 여단장에게 표창을 받기도 했다"고 말한 것이 발단이 됐다. 3월 27일 호남권 경선을 앞둔 상황에서 경쟁 후보들은 이 발언이 호남의 '전두환 트라우마'를 건드릴 수 있음을 직감했다.

"그런 표창장은 버리는 게 맞다"(안희정 캠프 박수현 대변인), "전두환 포상받았다고 자랑하듯 이야기해 놀랐다. '저 사람이 광주의 한을 이해하는가'라고 생각했다"(안희정 캠프 박영선 멘토단장), "국민 앞에 공개적으로 '전두환 표창'을 폐기하고 20일 광주 금남로의 땅을 밟기를 바란다"(이재명 캠프 김병욱·제윤경 대변인)는 비판이 쏟아졌다.

친문의 반격도 만만치 않았다. 정청래는 안희정이 충남지사 시절 '외국 기업의 날' 행사에서 이명박 대통령에게 표창장을 받고 웃는 사진을 올리며 "이명박한테 받았으면 고통스러워해야지, 왜 웃고 있나?"라고 일갈했다.

3월 22일 새벽 안희정은 글을 한 편 올린다. 그는 이렇게 썼다.

> 이번 '전두환 장군 표창' 발언은 문재인 후보가 실수한 것임에도 문제 제기한 사람들을 네거티브하는 나쁜 사람들로 몰아붙이고, 심지어 아무 말도 안 한 내게 그 책임을 전가하며 비난한다. 분명 그 전두환 표창 발언 장면에 불쾌감, 황당함을 느낀 사람들이 있었음에도 말이다.
>
> 문재인 후보와 문재인 캠프의 이런 태도는 타인을 얼마나 질겁하게 만들고, 정떨어지게 하는지 아는가? 사람들을 질리게 만드는 것이 목표라면 성공해 왔다.
>
> 그러나 그런 태도로는 집권 세력이 될 수 없고 정권 교체도, 성공적인 국정 운영도 불가능하다. 이명박·박근혜 정부를 미워하면서 결국 그 미움 속에서 자신들도 닮아버린 것 아닐까?

안희정의 페이스북 글에 대해 문재인 캠프 사람들은 "안 지사가 왜 이렇게 화가 났지"라고 어리둥절했지만, 안희정 사람들의 생각은 달랐다.

안희정은 노무현의 20년 정치 인생을 함께한 '동업자'였지만, 문재인이 2012년 대선 후보에 오른 뒤에는 '포스트 노무현' 경쟁에서 한발 밀려난 상태였다. 보수 성향이 강한 충청권을 기반으로 했기 때문에 정치 노선에서도 문재인보다 유연하다는 평가가 많았다.

충청권 기반의 반기문 전 유엔 사무총장이 대선 불출마를 선언하자(2월 1일) 설 연휴 여론조사에서 안희정 지지율이 두 자릿수로 솟구쳤다. 문재인으로서는 안희정의 추격세를 꺾을 필요가 있었다.

안희정이 "국가 운영에 있어서 노무현 정부 때 못다 이룬 대연정의 가치를 실천하겠다"(2월 2일 기자 간담회)고 했다. 안희정 캠프의 김종민은 "대화와 타협이 정치의 핵심이라고 보는 사람들이 (안희정 캠프에) 모였다. 전투와 적대가 흐르는 정치판에서 대화와 타협을 통해서 어떤 합의를 만들어 내보자는 목표 의식이 분명했다"고 말했다.

그러나 문재인은 "새누리당 또는 바른정당과의 대연정에는 찬성하기가 어렵다"고 반박했다. 안희정이 "박근혜와 이명박, 그분들도 선한 의지로 없는 사람과 국민을 위해 좋은 정치를 하려고 했는데 뜻대로 안 됐다"(2월 19일 부산대 강연)고 이야기하자 문재인은 "안희정의 선의 발언에는 분노가 빠져 있다"고 쏘아붙였다.

"문자폭탄 = 양념" 발언 다음 날 사과한 문재인

민주당 대선 후보 경선 동안 켜켜이 쌓인 서운함이 안희정으로 하여금 "정떨어지게 한다", "사람들을 질리게 만든다"는 표현으로 폭발했던 것이다. 특히 비문재인 성향 의원들은 문재인 지지자들, 이른바 '문팬'들의 문자 폭탄으로 인한 피로감을 호소했다.

2012년 대선에서 문재인 캠프의 TV토론팀장을 맡았다가 2017년 안희정 캠프 홍보본부장을 맡았던 김종민의 말이다.

"안희정이 이른바 '선의' 발언에서 실수한 건 맞는데, 그게 아무리 봐도 큰 논란거리가 될 발언은 아니었는데, 항의가 조직됐다는 느낌을 받았다. '전두환 표창장' 발언 논란 때도 그랬다. 이러이러한 포인트로 (우리를) 공격하라는 지침이 하루 만에 나오고…… 다른 후보 얘기지만, 반기문이 귀국할 때 지하철 자판기에서 지폐 꺼낸 것과 퇴주잔 논란도 외부 세력이 대대적으로 비판 여론을 조직화했다는 느낌을 받았다. 누리꾼 선동해서 이런 식으로 사람 하나 바보 만드는 것은 한순간이다." (2017년 3월 29일 필자와의 전화 통화)

광신적인 문팬들이 온라인 여론을 조작한다는 의혹은 훗날 드루킹 사건을 통해 실체가 드러나게 되지만, 이때까지는 아무도 꼬리를 밟지 못했다.

4월 3일 경선 결과는 문재인 57%(93만 6,419표), 안희정 21.5%(35만 3,631표), 이재명 21.2%(34만 7,647표), 최성 0.3%(4,943표)였다. 경선 내내 날을 세웠던 비문 의원들도 결국 문재인의 날개 밑으로 들어갔다. 2016년 총선과 탄핵 사태를 거치면서 민주당의 범친노 지분은 80%에 육박했다.

본선에 버금가는 경선을 치러낸 후 긴장감이 풀어져서일까? 이날 방송사 연쇄 인터뷰 중 MBN 앵커가 "18원 후원금, 문자폭탄, 상대 후보 비방 댓글 등은 문재인 지지자 쪽에서 조직적으로 한 것으로 드러나기도 했다"고 지적했다. 문재인은 "그런 일들은 치열하게 경쟁하다 보면 있을 수 있는 일들이다. 우리 경쟁을 더 흥미롭게 만들어 주는 양념 같은 것이었다고 생각한다"고 답했다.

문재인은 다음 날 민주당 의원총회에서 "제 지지자들이 저를 지지하지 않는다는 이유로 문자 폭탄을 보내 의원님들이 상처를 입었다고 들었다"며 사과하고, 기자들에게는 따로 "어제 이야기했던 것은 후보들이 TV 토론에서 가치나 정책을 놓고 다소 격렬한 논쟁을 했던 부분을 말씀드린 것"이라고 해명했다.

문재인은 2022년 5월 JTBC 손석희 앵커와의 대통령 퇴임 인터뷰에서 "진정한 지지자라면 자기를 지지하는 사람(의 지지를) 확장해야지, (오히려) 좁히고 확장을 가로막는 지지라면 진정한 지지가 아니다"고 말했다. '양념' 발언과 너무 큰 간격을 보여준 발언이었지만 5년 사이 이미 많은 일이 일어난 뒤였다.

김종민의 말이다.

> 그런 말씀은 집권 전부터 하셨어야 했다. 문파든 개딸이든 열성 지지층이든 다 좋다. 사람들이 잘할 수도, 잘못할 수도 있는 거니까. 그러나 정치 지도자는 지지층 행태의 문제를 지적해야 한다. 그런 행태에 대해 견제하고 절제해야 한다고 해야 했는데 (5년 내내) 그걸 못했다. 나도 예외는 아니었다. (2022년 9월 14일 필자와의 인터뷰)

문재인이 대통령 후보로 확정된 후 민주당은 선대위 구성을 놓고 때 이른 '논공행상' 다툼을 벌였다. 추미애 민주당 대표가 문재인 참모들의 발호를 경계하며 선대위의 주도권을 놓치지 않으려 했고, 문재인은 '이미 성공한' 경선 캠프의 틀을 유지하고 본선을 치르려고 하면서 의견 충돌이 빚어졌다. 당시 추미애는 필자에게 "캠프 중심으로 본선을 치르면 2012년 대선 꼴이 날 수 있다. 당 대표인 내가 친노 패권에 넘어가면 좋겠냐"고 반문하기도 했다. 민주당의 선대위 파동은 문재인 후보 측 임종석 비서실장과 추미애 대표 측 김민석 특보단장의 협상 테이블이 가동되면서 진정됐다.

부인의 비서관 갑질 논란 보도에 기세 꺾인 안철수

청와대로 가려는 문재인의 마지막 걸림돌은 보수 진영 후보들의 막판 단일화였다. 문재인의 지지율은 40%를 돌파했지만, 반문재인 진영(홍준표·안철수·유승민)이 힘을 합쳐 양자 대결 구도가 되면 문재인을 압도할 수 있다는 여론조사 결과가 4월 첫째 주에 잇달아 나왔다.

그러나 안철수 부인 김미경이 남편의 국회의원실 보좌관들에게 사적인 심부름을 시켰다는 폭로 보도가 나오자(4월 13일 JTBC) 안철수의 기세는 꺾였다. 당시 대선 레이스를 취재했던 필자는 문재인 캠프가 안철수의 추격에 대비해 여러 가지 카드를 준비해 놓고 때를 기다리고 있다는 인상을 강하게 받았다.

안철수로서 가장 가슴 아픈 순간은 4월 23일 1차 TV 토론이었다. 그는 문재인에게 "제가 MB(이명박 전 대통령)의 아바타입니까?", "갑(甲)철수입니까?"라는 질문을 던지며 스스로 부정적인 이미지를 뒤집어썼다.

4월 14일 갤럽 여론조사에서 문재인(40%)을 바짝 추격하고 홍준표(7%)를 멀찌감치 따돌렸던 안철수(37%)의 지지율은 5월 3일이 되자 20%까지 빠졌다(문재인 38%, 홍준표 16%, 유승민 6%). 안철수 지지율이 빠지고 홍준표 지지세가 붙는 조짐이 보이자 유승민 편에 섰던 권성동, 장제원 등 바른정당 의원 13명이 선거 막판 자유한국당으로 돌아갔다.

선거 기간의 국회 기자회견장만 봐도 대세가 어느 방향으로 흐를지는 명확했다. 이 무렵 각종 단체의 지지 성명 발표로 국회는 문전성시를 이뤘는데, 5월 4일 기자회견 23건 중 19건이 더불어민주당 문재인 지지 선언이었다(정의당 2건, 국민의당 1건, 자유한국당 1건).

운명의 5월 9일. 대선 결과는 문재인 41.1%, 홍준표 24%, 안철수 21.4%, 유승민 6.8%, 심상정 6.2%였다. 비록 대통령 탄핵이라는 비상시국이 빚어낸 결과였지만, 노무현 지지자들에게는 지난 8년간의 트라우마를 씻어내는 순간이었다.

14 　　　'적폐 청산의 칼' 윤석열

문재인 정부는 불명예 하차한 박근혜 정부와는 달라야 한다는 인식 위에서 출발했다.

　문재인 대통령이 청와대 참모들과 함께 테이크아웃 커피를 들고 경내를 산책하는 사진을 공개한 것만으로도 "박근혜 때와는 다르다"는 호평을 받을 정도였다. 문 대통령은 권위주의 냄새가 물씬 풍겼던 청와대 본관을 나와 비서진이 있는 여민관에서 함께 근무한 첫 대통령이기도 했다.

　문재인 대통령 취임 2주 뒤인 2017년 5월 23일 봉하마을에서 열린 노무현 8주기 추도식은 그 어느 때보다 장엄한 분위기에서 치러졌다. 문 대통령은 이 자리를 마지막으로 임기 내내 봉하마을을 찾지 않았다.

　"저는 앞으로 임기 동안 대통령님을 가슴에만 간직하겠습니다. 현직 대통령으로서 이 자리에 참석하는 것은 오늘이 마지막일 것입니다. 이제 당신을 온전히 국민께 돌려드립니다. 반드시 성공한 대통령이 되어 임무를 다한 다음, 다시 찾아뵙겠습니다. 그때 다시 한번, 당신이 했던 그 말, '야, 기분 좋다!' 이렇게 환한 웃음으로 반겨주십시오."

2017년 5월 10일 오전 8시 대통령 당선증이 나온 후 2주 동안 문 대통령이 했던 일들을 복기해 보자.

- 임종석·조국 등 청와대 참모 인선
- 공공 부문 비정규직 제로 선언
- 역사 교과서 국정화 방침 폐지
- 미세 먼지 축소를 위해 노후 화력발전소 셧다운
- 세월호 기간제 선생님 순직 인정
- 서울지검장의 '돈 봉투' 감찰 지시
- 김상조 공정거래위원장, 피우진 국가보훈처장 임명
- 5·18 광주민주화운동 추모사
- 서울지검장에 윤석열 임명
- 5당 원내대표 청와대 초청 회동

리얼미터가 조사한 문 대통령의 5월 3주 차 국정 수행 지지율 (81.6%)은 박근혜 전 대통령의 첫 국정 수행 지지율(54.8%)보다 26.8%p가 높고, 이명박 전 대통령(76.0%)에 비해서는 5.6%p가 더 높게 나왔다. 문 대통령은 임기 이듬해까지도 70%대의 높은 지지율을 유지했고, 덕분에 2020년 지방선거에서도 압승을 거뒀다.

임기 초만 해도 '촛불 정부'라는 후광을 업고 출발했던 문재인 정부가 5년 만에 야당에, 그것도 자신이 임명한 검찰총장에 정권을 내줄 것으로 예상한 사람은 별로 없었다.

문 대통령이 정권을 재창출하지 못했다는 이유만으로 임기 5년 전체를 실패로 규정할 수는 없다. 그러나 노무현 서거가 남긴 가장 큰 숙제였던 '검찰개혁'에 실패했다는 것은 분명하다.

지금부터는 문재인의 검찰개혁이 좌초된 원인과 경과를 살펴보려고 한다.

민주화 시대에 승승장구한 검찰

1988년 전두환 대통령이 물러날 때까지 검찰은 '힘이 센' 조직이 아니었다. 박정희·전두환 시대의 최고 권력기관은 정보기관들(중앙정보부와 안전기획부)이었고, 정보기관들의 손발이 된 경찰이 시민을 억압했다.

1986년과 1987년 부천경찰서 성고문 사건과 박종철 고문치사 사건이 연달아 터지며 경찰이 코너에 몰렸다. 이때마다 안기부와 내무부(현 행정안전부), 법무부, 검찰, 경찰의 수장이 모이는 관계 기관 대책 회의가 열려 경찰에게 유리한 수사 결과를 도출했지만, 검찰은 어떠한 목소리도 내지 못했다.

전두환의 퇴임이 빚어낸 정세 변화는 검찰에도 큰 기회를 가져왔다. 민주화 시대를 맞아 안기부와 경찰이 과거 허물들로 인해 집중타를 당하는 사이 이들을 처벌할 도구로 기소권을 가진 검찰이 부상한 것이다.

대통령 5년 단임제가 지금까지 7명의 대통령을 갈아치우는 동안 검찰은 임기 초에는 인기 있는 정권의 명을 받아 전임 정권의 실력자들을 두들기거나 정파를 가리지 않는 전방위 수사로 자신의 존재감을 키웠다. 수사 과정에서 축적한 정보와 인맥으로 정당 이상으로 비범한 정치 감각을 갖춘 조직으로 성장했다.

많은 사람이 검찰에 적의를 보인 이유는 검찰의 칼에 희생된 '순교자' 노무현에 대한 기억뿐만 아니라, 대대로 권력과의 거래를 통해 생명을 유지해 온 검찰권을 이대로 놔둬서는 안 된다는 공분이 폭발했기 때문이다.

그래서 많은 사람이 문재인표 검찰개혁에 주목했다. 노무현 청와대의 민정수석으로서, 전직 대통령의 변호사로서 검찰을 상대했던 사람이라면 검찰개혁의 해법을 제시해 줄 것이라는 믿음이 깔렸다.

조국 "서울지검장보다 검찰총장 인사에 더 신경 써"

문재인은 대통령이 되기 전부터 그런 시선들을 잘 알고 있었다. 김인회 교수(인하대 로스쿨)와 함께 《검찰을 생각한다》라는 책을 써낼 정도였다. 책에서 그는 노무현 정부의 검찰개혁이 어디서 멈췄고, 어느 방향으로 갈지를 이렇게 짚었다.

참여정부가 미흡했던 점은 검찰개혁에서 정치적 중립을 넘어서서 더 많은 개혁 과제를 완수하지 못한 것이다. 검찰개혁의 핵심 과제인 민주적 통제, 즉 분산, 견제와 감시 시스템을 마련하지 못했다. 고위공직자비리조사처, 검경수사권 조정, 법무부의 문민화, 과거사 정리 등을 달성하지 못했다. 참여정부의 권력기관 개혁의 인식이 철저하지 못한 점이 원인 중 하나다. 주체 간의 인식이 통일되지 못했고 검찰개혁을 위한 기구도 구성하지 못했다. 이것은 참여정부가 받아야 할 비판의 몫이다.[1]

개혁이란 무엇일까? 사람과 제도를 바꿈으로써 사람들의 생각을 바꾸는 것이다. 국민은 대통령이 부리는 사람을 통해 그 정부가 나아갈 방향을 안다.

참여정부 사람들은 노무현 정부가 '검찰 내 우군'을 확보하지 못한 것을 검찰개혁이 실패한 요인으로 꼽았다.

앞서 이야기한 바와 같이 노무현 대통령이 검찰 수뇌부를 불신임한 뒤 총장 자리에 앉힌 송광수는 여야를 가리지 않는 수사로 검찰의 위상을 드높였지만, 권력이 검찰의 권한 축소를 시도하려고 하자 자신의 직을 걸고 저항했다. 송광수의 뒤를 이은 후임 검찰총장 중에도 노무현 정부의 '우군'은 없었다.

그런 면에서 문재인 정부와 호흡을 맞출 검찰개혁의 파트너로 누가 선택될지가 초미의 관심사였다. 그런데 특이한 점은, 문대통령이 검찰총장(문무일, 7월 4일)보다 서울지검장(윤석열, 5월 19일)을 한 달 보름 더 빨리 지명했다는 것이다.

박근혜 대통령은 임기 첫해 자기 뜻을 거스른 공무원 2명을 좌천 인사함으로써 공직 사회의 기강을 잡으려 했다. 한 사람은 승마협회 감사보고서에 최순실 측근을 부정적으로 기술했다가 박에게서 '참 나쁜 사람'으로 찍힌 노태강 문화체육관광부 체육 국장이었다. 국립중앙박물관의 한직으로 밀려났던 그를 문재인은 문체부 차관으로 끌어올렸다.

또 한 사람이 국정원 댓글 사건의 '스타 검사' 윤석열이었다. 2017년 5월 19일 오전 10시 30분 윤영찬 청와대 홍보수석이 "승진 인사, 서울중앙지검 검사장, 윤석열, 현 대전고검 검사"라고 발표하는 순간 춘추관 기자들 입에서는 "아" 하는 나지막한 탄성이 터져 나올 정도였다. 같은 날 오후 민주당도 "국정 농단 사건의 공소 유지와 추가 수사 등에 만전을 기할 수 있는 인물로서 윤석열의 원칙과 소신을 지켜본 국민의 기대치는 굉장히 높다"(백혜련 대변인)고 환영 논평을 냈다.

윤석열 서울지검장 임용 당시 청와대 민정수석이었던 조국의 회고다.

> 이미 기소가 이루어진 국정 농단 사건의 성공적 공소 유지 등 마무리가 필요했기 때문에 문 대통령이 서울지검장에 윤석열을 시켜야겠다는 생각을 일찍부터 했던 것이라고 추측한다. 당시 윤석열 검사는 '스타'였기도 했다. 일단 청문회를 거칠 필요가 없는 자리였고, 인수위 없이 바로 출범한 정부였기 때문에 청와대 검증팀이 완전히 짜여진 것은 아니었다. 통상적인 것보다는 훨씬 낮은 수준의 검증을 했다고 보면 된다. 당시 서울지검장보다는

검찰총장 인사에 훨씬 더 신경을 썼다. (2022년 9월 6일 필자와의 인터뷰)

윤석열의 서울지검장 입성은 '이영렬 돈 봉투 사건'이 터지면서 가능했다.

발단은 "이영렬 서울지검장이 국정 농단 수사가 끝난 뒤 안태근 법무부 검찰국장과 만찬을 하면서 동석한 법무부 간부들에게 100만 원이 든 금일봉을 건넸다"는 5월 15일 《한겨레》 보도였다. 안태근 국장은 박근혜 정부의 우병우 전 민정수석과 수도 없이 통화하는 사이였는데 검찰이 '제 식구 수사'를 제대로 하지 않았다는 의혹이 분분한 시점이어서 기사의 후폭풍이 거셌다.

박근혜 정부가 임명한 김수남 검찰총장은 이미 사의를 표명했고, 법무부 장관은 공석인 상태. 5월 17일 문 대통령이 돈 봉투 사건에 대한 감찰을 직접 지시하자 이영렬은 사의를 표명했다. 《한겨레》 보도로부터 윤석열 인사까지 4일밖에 걸리지 않았다. 당시 국민의당 의원이었던 박지원은 "윤갑근 대구고검장이나 이명박 정부 민정비서관 지낸 김진모 서울남부지검장 등등 모두 우병우 전 민정수석의 측근 아니냐?"며 "우병우 사단을 정리할 사람은 윤석열뿐"이라고 긍정 평가했다.

황당한 것은 돈 봉투 사건의 처리 결과다. 검찰은 이영렬을 부정청탁금지법(김영란법) 위반 혐의로 기소했지만 1심과 2심 연거푸 무죄를 받았고 이듬해 10월 25일 대법원으로부터 무죄가 확정됐다.

검찰은 이영렬 서울지검장(사법연수원 18기)이 안태근 법무부 검찰국장(연수원 20기)에게 준 돈 봉투를 청탁 금품으로 판단했지만, 안태근은 이영렬의 사법연수원 후배이기도 했다. 김영란법 8조 3항 1호는 상급 공직자가 위로, 격려, 포상 등의 목적으로 하급 공직자에게 제공하는 금품은 금지 대상이 아니라고 보았는데, 검찰이 이를 지나치게 엄격히 해석했다는 게 법원의 판단이었다.

이영렬은 검찰에 복직한 지 하루 만에 사직서를 다시 냈다. 그러면서 그는 "저와 같은 사례가 다시는 없기를 바란다"는 말을 남겼다.

윤석열의 서울지검장 입성 과정에 대한 조국의 설명이다.

국정 농단 수사의 마무리가 필요했기 때문에 문 대통령이 윤석열을 서울지검장으로 써야겠다는 생각을 일찍부터 했던 것은 분명하다. 다만, 서울지검장은 인사 청문 대상이 아니라서 정밀 검증을 하진 않았다. 오히려 윤석열보다는 문무일 총장의 인사 검증에 더 신경 썼다. (2022년 9월 6일 필자와의 인터뷰)

존재감 없는 호남 출신 법무부 장관과 검찰총장

어쨌든 서울지검장이 신속하게 자리를 잡는 동안 법무부 장관과 검찰총장 인선은 좀처럼 속도를 내지 못했다. 안경환 장관 후보자의 낙마로 인해 문재인 정부의 첫 법무부 장관 박상기는 정부 출범 두 달 만인 7월 19일에야 취임했다.

박상기 장관은 취임식에서 "(검찰)개혁을 중도에 포기하는 일은 없다. 내가 선두에 서서 개혁 완수를 위해 힘차게 달려가겠다"고 공언했다. 6일 뒤 문무일 검찰총장도 '투명한 검찰, 바른 검찰, 열린 검찰'이라는 모토를 걸고 취임했다. 사정 기관으로는 이례적으로 호남 출신을 '투톱'으로 기용한 인사였지만, 두 사람은 임기 내내 별다른 존재감을 드러내지 못했다.

후술하겠지만, 박상기 후임으로 들어온 조국 법무부 장관은 5주 동안 수많은 검찰개혁안을 쏟아낸 후 물러났다. 박상기 재임 2년 1개월 동안 실행했다면 굳이 발표할 필요가 없는 개혁안들이었다.

문 정부 초기, 검찰의 '주인'은 누구였는가에 대해 금태섭은 냉혹한 평가를 내렸다.

> 인사는 윤석열 서울지검장이 다 했다. 조국 수석이 인사라도 소신껏 했다면 좋겠는데, 윤석열 아니면 윤과 친한 박형철 반부패비서관의 말을 많이 따랐던 것으로 보인다. 문무일 검찰총장은 뭔가 해보려 했는데 윤석열 기세에 눌렸고, 둘 사이에 갈등이 생기면 청와대는 항상 윤의 편을 들어줬다. 박상기 장관? 마음씨 좋은 그는 아무런 힘이 없었고, 법무부 간부들이 짜놓은 행사 좇다가 귀중한 시간을 허비했다. (2022년 8월 18일 필자와의 인터뷰)

15   이명박과 대법원을 겨냥한 검찰

문재인은 대선 후보 시절인 2017년 1월 16일 《오마이뉴스》 인터뷰에서 "문재인이 당선되면 '칼춤'을 출 거라는 얘기가 있다"는 질문에 "최선의 복수는 적들과 다르게 되는 것"이라는 마르쿠스 아우렐리우스(스토아 철학자로 유명한 로마제국 황제)의 책 《명상록》을 인용했다.

그의 핵심 참모 양정철은 "문 대통령은 노 대통령의 유서를 꾸깃꾸깃 접어서 지갑에 갖고 다닌다"고 말했다.[2] 양정철은 "우리는 그들과 다르다는 것을 보여주는 것이 노무현에 대한 '아름다운' 복수"라는 문재인의 지론을 설명하기 위해서 그 얘기를 꺼낸 것이었지만, 이후 상황은 그렇게 해석될 수 없는 방향으로 흘러갔다.

시대적 과제로 떠오른 적폐 청산

4월 23일 문 대통령은 박영선을 통합정부추진위원회 위원장으로 임명했다. 집권 후 '국민 통합'의 기조로 정국을 운영하겠다는 의지의 표현이었다.

당시 박영선과 함께 위원회에 합류한 김종민은 문 대통령에게 "박근혜 탄핵에 합세한 제 정파가 연합 행(行)한다"는 취지로 보고했다.

그러나 대통령의 생각은 달랐다.

"김 의원 말이 맞다. 하지만 우리는 적폐 청산의 열망을 안고 있는 촛불 정부다. 이걸 소홀히 하면 우리도 쫓겨날 수 있다. 집권 후 1년 정도는 적폐 청산을 강력하게 추진해야 한다."

김종민의 말이다.

> 대통령의 뜻을 알고 기다렸는데 1년이 지난 후 지방선거에서 압승하자 그때는 청와대 참모들이 "지방선거 압승은 우리가 잘하고 있다는 건데 지금 이대로 계속 가야 한다. 그 힘으로 국회 의석도 바꾸자"고 했다. 이런 식으로 쭉 가면 우리가 생각하는 '좋은 세상'이 온다고 착각한 거다. (2022년 9월 14일 필자와의 인터뷰)

어쨌든 문재인이 집권하자 '적폐 청산'은 시대의 과제로 떠올랐고 그 칼을 시원하게 휘두른 사람이 윤석열이었다. 윤석열 서울지검장의 지시를 받아 적폐 수사를 진행한 검사들을 열거하자면 긴 리스트가 필요하다.

1) 형사부 관할 1차장 수사(윤대진·이두봉)

- 이명박 정부의 UAE 비밀 군사협정 체결 은폐 의혹: 홍승욱 형사1부장
- 이명박·박근혜 정부의 문화예술계 블랙리스트: 김도균 형사2부장
- 이건희 삼성 회장의 차명 재산 조성 및 탈세: 최호영 조세범죄수사부
- 자유한국당 김진태·이종명·김순례 의원의 5·18 유공자 명예훼손: 김남우 형사1부장
- '드루킹'의 댓글 여론 조작 의혹: 이진동 형사3부장°
- 대한항공 회장 일가 이명희의 직원 상대 갑질: 신응석 형사3부장
- 클럽 버닝썬의 경찰 유착 의혹: 신응석 형사3부장

2) 공안부 관할 2차장 수사(박찬호)

- 이명박 정부 국정원과 경찰의 댓글 공작: 김성훈 공공형사수사부장, 진재선 공안2부장
- 이명박 정부 국정원 지원 어버이연합 관제 시위: 김영현 외

° 서울중앙지검의 수사를 믿지 못한 자유한국당의 요청으로 허익범 특검이 수사를 이어받았다.

사부장

- 박근혜 국정원의 북한 식당 여종업원 탈북 기회 의혹: 김성훈 공안2부장
- 박근혜 청와대의 'KBS 세월호 보도 외압': 김성훈 공공형사부장
- 박근혜 정부의 채동욱 검찰총장 사찰 및 검찰 '댓글 수사' 방해: 진재선 공안2부장
- 박근혜 정부 기무사의 세월호 유족 사찰: 김성훈 공안2부장
- 우병우 민정수석과 추명호 국정원 국장의 이석수 특별감찰관 사찰: 진재선 공안2부장
- 박승춘 보훈처장의 5대 비리 의혹: 진재선 공안2부장
- 삼성노조 와해 의혹 재수사: 김성훈 공공형사수사부장

3) **특수부 관할 3차장 수사**(한동훈)
- 이명박 대통령의 다스 실소유주 의혹 및 국정원 특활비 수수: 신봉수 첨단범죄수사부장, 송경호 특수1부장
- 박근혜 국정원의 특수활동비 청와대 상납: 양석조 특수3부장
- 박근혜 정부의 보수 단체 지원 화이트리스트 수사: 양석조 특수3부장
- 박근혜 정부 공정거래위 퇴직 간부 취업 비리 의혹: 구상엽 공정거래조사부장
- 홍문종 의원의 기업 뇌물 수수 및 교비 횡령 의혹: 신자용 특수1부장

- 양승태 대법원의 사법 농단: 김성훈 공공형사부장
- 삼성바이오로직스 분식 회계: 송경호 특수2부장

4) 합동수사

- 이명박 정부 사이버사령부의 댓글 공작: 박찬호 2차장과 한 동훈 3차장
- 박근혜 청와대의 세월호 참사 대응 관련: 박찬호 2차장과 한동훈 3차장
- 사드 배치 불법성 의혹: 윤대진 1차장과 박찬호 2차장

윤석열이 기업들을 향해 휘두른 칼날은 대중들에게 형용할 수 없는 카타르시스를 제공했다. 윤석열 서울지검장 재임 2년 2개월 동안 국내 10대 기업(매출액 기준) 중 6곳(삼성전자, SK, 현대자동차, LG전자, SK이노베이션, 기아자동차)이 서울지검의 수사를 받았다.

권성동, 윤석열에게 "국정원 댓글 재수사 손 떼라"

2017년 11월 6일 오후 2시 '국정원 댓글 수사 방해' 혐의를 받던 변창훈 서울고검 검사가 투신자살했다. 윤석열 자신이 국정원 댓글 수사 과정에서 외압에 저항하다가 좌천된 '피해자'인 만큼 당사자에게 칼을 쥐여주는 것에 대한 논란이 없지 않았다.

자유한국당 권성동 의원은 11월 9일 원내대책회의에서 "윤석열 수사팀이 이 사건을 수사할 때부터 예정돼 있었던 일"이라며

수사에서 손을 떼라고 요구했다.

"피해자의 위치에 있던 사람들이 수사 주체가 돼서 과거 자기들이 수사하던 댓글 사건을 방해했다는 의혹을 사고 있는 사람들을 상대로 수사를 할 때 그 가혹함의 정도가 얼마나 있었겠나? 아마 보복 심리, 복수 심리도 있었을 것이다. (중략) 무리한 수사의 결과가 변창훈 검사의 죽음으로 이어졌다고 보고 있다. 혐의 사실이 있으면 언론에 흘려서 언론에서 대서특필하게 만들고, 그러면서 소환하기 전에 이미 여론 수사로 당사자를 정신적으로 피폐하게 만드는 가혹한 수법을 사용했다."

서울지검의 국정원 특수활동비 수사에 대해서는 "윤석열은 검찰총장과 법무부 장관이 임명하지 않고, 그대로 청와대에서 임명한 유일한 사람이다. 검찰 70년 역사상 최악의 정치 검사"(김진태 자유한국당 의원, 11월 23일 원내대책회의)라는 극언도 나왔다.

여당인 민주당 내에서도 "지금이라도 특임검사를 임명하든가 조금 더 객관적인 데서 수사를 하는 게 검사들의 불평, 내부에서 동요하는 것을 막을 수 있지 않을까"(조응천 의원)라는 의견이 나왔지만 메아리는 없었다.

서울지검에서 가장 파괴력이 강한 수사는 이명박 전 대통령과 양승태 대법원장을 겨냥한 수사였다. 박근혜가 수감된 상황에서 '부패 보수 정권' 영수와 '국정 농단' 사법부 수장의 처벌은 적폐 청산의 정점으로 인식됐기 때문이다. 두 사람을 겨냥한 수사 모두 서울지검 특수부를 관장하는 한동훈 3차장이 책임졌다.

경북 경주에 있는 자동차 시트 납품업체 다스의 실소유주가 이명박이라는 의혹은 2007년 대선부터 불거졌다. 그러나 당시 검찰과 특검 모두 이명박에게 '면죄부'를 줬다.

"법인 명의로 개설된 모든 계좌와 9년 치의 회계장부, 조금이라도 의심스러운 연결 계좌가 있으면 끝까지 추적했지만 이명박 후보에게 돈이 건너간 흔적을 전혀 발견하지 못했다." (2007년 12월 5일 김홍일 서울지검 3차장)

김홍일은 "만약 특검법이 통과되면 자신 있냐"는 물음에 "자신 없이 무슨 수사 결과를 발표하겠냐"고 반문했다. 그의 호언대로 이듬해 2월 21일 정호영 특검도 "다스 주식을 차명 소유했다는 의혹은 근거가 없는 것으로 판단된다"고 발표했다.

다스의 내부 고발자들

반전에는 정확히 10년이 걸렸다. 2017년 개천절과 한글날을 합친 긴 연휴가 끝나던 10월 9일 JTBC 뉴스룸이 2017년 3월 21일 다스의 지분이 전혀 없는 이명박의 아들 이시형이 다스 해외 법인 대표가 된 사실을 보도했다. 다스 회장이 자기 아들을 제쳐두고 조카에게 경영권을 넘긴 점이 '실소유주' 의혹에 불을 붙였다.

10월 13일 팟캐스트 〈김어준의 파파이스〉에서 이를 받아 "이제부터 '다스는 누구 거예요?'를 계속 물어봐 달라"고 하자 수많은 누리꾼이 호응해 이틀 만에 다스가 포털사이트 실시간 검색어 1위에 오르기도 했다.

분위기가 무르익자 '내부 고발자들'이 나타났다. 다스의 경리 팀장을 맡았던 채동영과 대표이사 운전기사를 지낸 김종백이 그들이다.

채동영은 "지금도 다스 직원들한테 가서 물어봐요. 다스 실소 유주 누구냐고. 그러면 이명박이라고 그러지"라고 말했고, 김종 백은 다스의 수기 장부를 제시하며 "(다스가) 나는 MB 거라고 본 다. 100%, 아니 10,000% 확신한다"고 공언했다. 특히 채동영 은 10년 전 진실을 밝히지 못한 이유에 대해 "'새 대통령 당선' 이라는 분위기에 눌려 사실을 말할 엄두를 낼 수 없었다"고 말 했다.

언론 보도가 군불을 때자 여당 정치인들이 앞서거니 뒤서거 니 '이명박 수사'를 온몸으로 호소했다. 11월이 되자 이명박의 논현동 사저 앞에서 정청래 전 의원이 '쥐를 잡자' 피케팅을 했 고, 민병두 의원도 '이명박 출국 금지' 피켓을 들었다.

다스 수사는 급물살을 탔다. 한동훈이 지휘하는 첨단범죄수 사부가 다스의 실소유주 문제를 파헤쳤다면, 특수1부는 6억 원 에 달하는 국정원 특수활동비 수수 의혹에 칼을 댔다.

2017년 12월 5일 오전 문무일 검찰총장이 기자 간담회에서 "수사가 본래 기한을 정하기는 어렵지만 올해 안에 주요 수사를 마무리하기 위해 최선을 다하겠다"며 "이번 달 중순부터 수사가 마무리되는 곳이 있으면, 검사들의 원청 복귀를 시작할 예정"이 라고 말했다. 문무일의 발언은 박근혜에서 이명박으로 옮겨붙은 적폐 수사의 속도 조절론으로 해석됐지만, 윤석열의 독주를 막는 데는 역부족이었다.

2018년 1월 14일 오후 조국 민정수석이 권력기관 개혁안을 발표하면서 "검찰이 잘하고 있는 특수수사 등에 한해서 검찰의 직접 수사를 인정한다"고 밝힌 것도 검찰에 힘을 실어주는 결과를 낳았다.

조국의 설명은 이렇다.

> 그것(검찰의 직접 수사 인정)은 당·정·청의 합의 사항이었다. 검경 수사권을 두 단계로 나눠 분리한다는 게 문재인 정부의 큰 계획이었다. 1단계 조정 단계에서는 경찰의 수사 역량이 약하기 때문에 검찰의 특수수사를 남겨두고 2단계로 정부 말기에 수사와 기소를 분리한다는 계획이었다. 왜 처음부터 수사와 기소 분리를 추진하지 않았냐는 얘기는 사후적인 해석일 뿐이다. (2022년 9월 6일 필자와의 인터뷰)

서울지검 특수2부와 첨단범죄수사1부는 해가 바뀐 2018년 2월 5일 평검사 인사를 앞두고 각각 2~3명씩 수사 검사를 보강했다. 윤석열이 "반드시 성과를 내라"고 수사팀을 독려한 결과였다.

윤석열이 서울지검장에서 물러난 뒤 자유한국당 김도읍 의원이 법무부로부터 제출받은 자료에 따르면, 서울지검 특수부 검사의 수는 2016년 8월 25명에서 2년 뒤에는 43명으로 크게 늘었다. 전국의 특수부 검사 수가 50~60명 선을 유지한 가운데 서울지검만이 '적폐 수사의 본산'임을 자임하며 세를 불린 결과였다.

금태섭의 말이다.

> 적폐 수사에는 철학과 원칙이 있어야 하는데, 건국 이래 검찰 특수부를 제일 키운 게 문재인 정부였다. 만약 정권이 교체되고 검찰이 특수부로 민주당 정부를 치면 어떻게 대응하나? 문 정부는 거기에 대한 답이 없었다. (2022년 8월 18일 필자와의 인터뷰)

윤석열이 검찰총장이 된 후 검찰과 정권의 대립 구도가 선명해졌지만, 청와대는 서울지검장 시절에도 윤석열의 수사를 전혀 제어하지 않았다. 2017년 11월 7일 서울지검 첨단범죄수사1부가 전병헌 청와대 정무수석의 국회의원 시절 비서관의 집과 한국e스포츠협회 사무실 등을 압수수색하고, 전병헌의 측근 3명을 체포했다. 전병헌 수사가 진행되는 동안 민정수석실이 검찰 수사에 전혀 개입하지 않자 청와대 일각에서 "민정수석실은 도대체 뭐 하는 곳이냐"는 볼멘소리가 나오기도 했다.

윤석열의 적폐 수사가 어디까지 갈지는 여의도의 최고 관심사였다. 2018년 10월 19일 서울고검 국정감사에서 자유한국당 주광덕 의원이 "적폐 수사가 10월 말 정도면 끝날 수 있겠냐?"고 묻자 윤석열은 "저도 금년 안에는 마무리하고 싶다"고 답했다. 그러나 윤석열의 약속은 이뤄지지 않았다.

검찰개혁과 적폐 수사라는 모순

그해 12월 13일 윤석열 휘하의 서울지검 특수2부가 삼성가의 상속 과정에 불법 의혹이 있다며 삼성바이오로직스·삼성물산 본사를 전격 압수수색했다. 박근혜 국정 농단 사건 당시 최순실 딸 정유라의 승마 지원 때문에 1년 가까이 감옥신세를 졌던 이재용 삼성 부회장은 다시 검찰의 '먹거리'가 됐다.

삼성의 임직원 8명이 같은 해 5월 5일 증거 인멸 모의를 한 뒤 직원들이 회의실과 공장 바닥을 뜯어 외장 하드디스크 등 관련 증거를 인멸한 정황도 검찰 수사에 힘을 실어줬다.

조국의 회고다.

> 적폐 수사와 검찰개혁이 모두 이뤄져야 하고 그것이 가능하다는 게 당·정·청의 일치된 견해였다. 정권 출범 당시 내 머릿속에는 적폐 수사가 조속히 마무리되면 검찰개혁에 돌입한다는 로드맵이 있었다. 그런데 윤석열은 적폐 수사가 마무리될 즈음이면 특수수사가 필요한 '거리'를 들고 오곤 했다. 검찰 수사권과 기소권 분리 논의를 하려고 하면 큰 사건 수사로 존재감을 과시해 검찰개혁을 회피하는 게 기본 전략이었던 거다. (2022년 9월 6일 필자와의 인터뷰)

최강욱도 "청와대에서 수사권 폐지 얘기가 나오면 검찰이 '이런 식으로 하면 양승태 대법원 수사는 중단할 수밖에 없다'는 얘기를 흘리곤 했다"고 말했다.

그러나 모든 구성원이 검찰개혁의 단계적인 로드맵에 동의했던 것은 아니다.

손혜원의 말이다.

> 문 대통령은 자신이 정치인이 된 게 노 대통령 때문이라고 누누이 얘기해 왔다. 그렇다면 노무현이 이루지 못한 검찰개혁을 임기 초에 과감히 해야 했다. 그렇게 하려면, 김영삼이 하나회 척결하듯이 검찰개혁을 해야 했다. 결단력이 필요한 사안을 적법하게, 순차적으로 한다는 생각을 하다 보니 일이 그렇게 됐다.
>
> 정부라면 한꺼번에 여러 가지 일이 가능한 멀티태스킹이 돼야 하는 것 아니냐? 그런 걸 못 하고 어떻게 정부라고 할 수 있는가? 대통령 시절의 문재인은 인격이나 사람 됨됨이가 성직자 수준이지만, 너무 답답했다. (2022년 7월 27일 필자와의 인터뷰)

'김대중 정부 비리' 투서 접한 노무현 "이런 거 하다 날 샌다"

이명박 정부의 검찰 수사에 시달리다가 10년 가까이 정치 활동을 하지 못했던 이광재의 말이다.

> 적폐 수사는 박근혜를 탄핵에 이르게 만든 세력들까지만 면도날처럼 하는 게 맞았다. 2003년 청와대 국정상황실장을 할 때 김대중 정부 시절의 비리라는 비리는 모두 투서 형태로 올라왔다.

내가 그걸 모아서 노 대통령에게 보고했더니 대통령이 그러 더라.

"이런 거 하다가 날 샌다, 날 새! 우리가 할 일만 하면 된다."

새 시대의 과제를 밀고 가면 변하지 않는 세력은 자연스럽게 '과거'가 되는 것이다. 이들을 때리고 감옥에 집어넣으면 이들을 과거에 묶어놓기가 더 어려운 것이다. 수사기관은 한번 시작하면 멈추지 못하는 속성이 있는데, 정권 잡았다고 수사라는 방식으로 상대를 궤멸시키는 게 쉽지 않다. (2022년 9월 8일 필자와의 인터뷰)

법무부 장관 임명 당시 '검찰의 특수수사 축소'를 공언했던 박상기는 윤석열의 조직 확장에 전혀 손을 쓰지 못했다. 박상기 는 장관에서 물러난 뒤에야 뒤늦게 '무력감'을 호소했다.

문무일 총장도 직접 수사 축소 방향에 공감했다. 그래서 당시 고 검 소재지 지검의 특수부를 제외하고 특수부를 폐지했다. 그러 나 실질적으로는 지검 형사부 가운데 한 개 부서에서 특수부 기 능을 했던 것으로 알고 있다. (중략) 재임 중 (특수수사를) 줄이려 했지만 적폐 수사로 파견 검사가 오히려 늘었다. 문제점을 알지 만 그렇게 못 한 게 안타까운 현실이다.

적폐 수사 때문에 검찰을 당장 바꾸기는 어려웠다 해도 점진 적 로드맵은 짤 수 있지 않았나?

검찰개혁은 문재인 정부의 공약 사항이다. 로드맵이 있지만 시

간적으로 항상 정확하게 실현되지 못하는 수도 있다.[3]

같은 해 1월 17일 이명박의 청와대 참모였던 김백준과 김진모가 잇달아 구속됐다. 그날 오후 5시 30분 이명박 전 대통령은 삼성동 사무실 앞에서 언론사 카메라 앞에서 섰다.

"적폐 청산이라는 이름으로 진행되고 있는 검찰 수사에 대하여 많은 국민이 보수를 궤멸시키고 또한 이를 위한 정치 공작이자 노무현 대통령의 죽음에 대한 정치 보복이라고 보고 있습니다. 저와 함께 일했던 이명박 정부 청와대와 공직자들에 대한 최근 검찰 수사는 처음부터 나를 목표로 하는 것이 분명합니다."

다음 날 오전 문 대통령은 박수현 청와대 대변인을 통해 입장을 내놓았다.

"이명박 전 대통령이 노무현 전 대통령의 죽음을 직접 거론하며 정치 보복 운운한 데 대해 분노의 마음을 금할 수 없다. 청와대가 정치 보복을 위해 검찰을 움직이는 것처럼 표현한 것은 우리 정부에 대한 모욕이며 전직 대통령이 사법 질서를 부정하는 것이다."

2월 들어 이명박의 재산관리인 2명이 잇달아 구속됐고, 이동형 다스 부사장(이명박의 조카)도 고철 업체 사장에게서 리베이트를 받은 혐의로 구속 기소됐다.

3월 14일 오전 7시 30분부터 류우익, 임태희, 정정길, 하금열 등 이명박 정부의 역대 비서실장들과 김두우, 김효재, 이동관 전 청와대 수석비서관 그리고 김영우 의원 등 참모들이 이명박의 논현동 사저로 몰려들었다. 그날은 이명박이 검찰에 조사받으러 가는 날이었다.

사저 주변에서 구속을 촉구하는 1인 시위자 몇 명만이 눈에 띌 뿐, 이명박을 응원하는 사람들의 모습은 보이지 않았다. 김영우는 이 자리에서 "그동안 문재인 정권은 이명박 대통령을 검찰 포토 라인에 세우기 위해서 쉼 없이 달려왔다. 문재인 정권은 오늘 그 치졸한 꿈을 이뤘다"며 "정치 보복을 이야기한들 바위에 계란 치기라고 생각한다"고 말했다.

이명박 전 대통령 구속 수사

4월 9일 오후 2시 검찰은 이명박을 뇌물수수 및 대통령기록물관리법 위반 혐의 등으로 구속 기소했다. "이 전 대통령이 주식회사 다스의 실소유주라는 사실을 확인했다"고 직접 발표한 사람이 한동훈 3차장이었다. 이명박 정부 시절 민정비서관실 선임행정관이었던 한동훈은 이날의 이벤트로 전임 정부와의 연을 끊어냈다.

조국의 회고다.

검찰의 다스 수사가 청와대의 의지로 시작하지 않은 수사라는 것은 분명하다. 사견으로는, 이명박 구속영장을 신청한다고 할 때 '전직 대통령 상대로 또 해야 하나, 불구속 기소가 맞지 않나' 라고 생각했다. 사람들은 문재인 정부가 시켜서 검찰이 그런 식으로 수사한다고 생각할 테니까. 법원에서 유죄판결 후 법정 구속되는 순서가 맞다고 생각했다.

이런 식으로 가면 모든 이슈가 이명박 구속으로 흡수되어 버리는데, 사실 국정의 궁극적인 목표는 적폐 청산을 마무리하고 민생이나 복지로 나아가는 것이었다. 촛불 시위로 박근혜 정부가 물러났으니 적폐 청산을 어느 정도 마무리하는 것은 맞다. 그런데 그걸 정리하려고 하면 이명박 수사를 들고 왔다. 이명박 수사가 정리되니 또 사법 농단 수사가 이어졌다. 검찰은 이런 식으로 여기저기 수사를 확대했다.

검찰 수사가 세상의 초점이 되어서는 안 된다고 생각했지만, 청와대가 이래라저래라 개입할 수는 없었다. 그랬다가는 직권남용 얘기가 나올 것이니까. 권력의 개입이 없는데도 검찰이 그렇게 나온 것은 결과적으로 검찰권 강화라는 목표가 있지 않았나 싶다. (2022년 9월 6일 필자와의 인터뷰)

그러나 이명박 구속 수사가 정권에 부담이 될 것이라는 목소리는 당시에는 소수였다. 이명박 구속 수사에 반대했다는 금태섭의 회고다.

안 그래도 할 일이 많은데 이명박을 구속하게 되면 첫해는 박근혜, 둘째 해는 이명박 재판으로 보내야 한다. 정권에 가장 힘 있는 초기 2년을 전직 대통령 재판으로 날려버리면 개혁은 언제 하냐 했다. 그러나 청와대 반응은 '그러면 위법을 그냥 두라는 거냐'는 것이었다. 기어이 노무현에 대한 복수를 하겠다는 마음은 확실히 느껴졌다. 아이러니한 것은, 윤석열 정부 사람들에게도 대장동이든 뭐든 문 정부 시절 잘잘못을 따지지 말고 가라 해도 문 정부 사람들과 똑같은 얘기를 한다는 것이다. (2022년 8월 18일 필자와의 인터뷰)

2019년 항소심 재판에서는 이명박이 삼성전자로부터 다스의 미국 소송비 총 67억 7,400여만 원을 대신 내게 한 뇌물 혐의가 쟁점이 됐다.

2019년 3월 27일 항소심 심리에서 이학수 삼성 전 부회장이 "다스의 미국 소송을 맡은 김석한 변호사에게서 (이명박의) 법률 비용을 내달라는 요청을 받았다고 이건희 회장에게 말씀드리니 그렇게 하라는 답변을 들었다"고 증언했다.

이명박은 2009년 12월 29일 이건희를 평창 동계올림픽 유치를 지원하라는 명분으로 특별사면·복권했기 때문에 2007년의 소송비가 뇌물이 된다는 논리를 세웠다. 이명박은 이학수의 증인신문 도중 여러 번 '미친놈'이라는 말을 했다가 재판부의 주의를 듣기도 했다.

이학수는 같은 해 7월 17일 재판에 다시 나와 "이명박 후보 시절 김석한에게서 자금 지원 요청을 받았고, 이명박 취임 후 김이 다시 찾아와 '청와대에 다녀왔다'면서 비용을 지원해 달라는 취지로 이야기해서, 이건희 회장에게 말씀드렸다"고 종전 증언을 재확인했다.

서울고법 재판부는 이명박이 다스 실소유주로서 회삿돈 252억 원을 횡령했고, 삼성으로부터 총 89억 원의 뇌물을 받았다고 인정했다. 이팔성 전 우리금융지주 회장(인사 청탁)과 김소남 전 의원(공천 헌금)에게서 총 4억 원의 뇌물을 받고, 국정원으로부터 받은 특수활동비 4억 원에 대해서도 국고손실죄가 적용됐다.

2020년 10월 29일 대법원(주심 박상옥 대법관)의 상고 기각으로 13년에 걸친 다스 실소유주 논란은 마침표를 찍었다. 이명박 전 대통령은 징역 17년형과 함께 벌금 130억 원, 추징금 57억 8,000여만 원을 물어야 하는 처지가 됐다.

결과가 달랐을 뿐 검찰의 이명박, 노무현 수사가 본질적으로 같았다고 보는 시각도 있다.

재임 중에 일어난 일 때문에 부인과 아들, 형이 줄줄이 검찰에 불려가 조사를 받았고 집사 역할을 하던 총무비서관들이 검찰 수사망에 걸린 후 수사의 돌파구가 열렸기 때문이다.

검찰 수사 상황이 언론에 시시각각 보도될 때마다 '일방적으로 당하는' 야당이 피의 사실 공표 문제를 걸고 나선 것도 2009년 상황을 빼닮았다.

'논두렁 시계' 와 '김윤옥 명품'

노무현의 '논두렁 시계'만큼의 반향을 일으키진 못했지만, 박홍근 민주당 원내수석부대표가 2018년 1월 18일 당 정책조정회의에서 김희중 전 청와대 제1부속실장의 검찰 진술 내용을 공개한 목적도 '이명박 부인 망신 주기'로 비쳤다.

"어제 이명박 기자회견의 결정적 이유는 국정원 특수활동비가 방미를 앞둔 김윤옥 전 여사 측에 달러로 전달돼 사적으로 사용됐다는 김희중 전 실장의 진술 내용이 컸다는 제보를 받았다. 김희중의 핵심 진술은 '자신이 특활비 1억을 받았고, 그것을 달러로 환전해서 김윤옥 여사를 보좌하던 제2부속실장 쪽에 주었고, 그 돈이 김윤옥의 명품 구입 등에 쓰였다'는 것이다."

경선 캠프 시절부터 이명박과 함께했던 김영우는 3월 20일 MBC 라디오에 나와 "2009년 민주당 의원들이 노무현을 수사한 중수부 검사들을 피의 사실 공표죄로 고발까지 했는데, 이런 잘못된 수사 행태는 반복되면 안 된다"고 호소했다. 진행자 양지열 변호사는 김영우의 말을 받지 않고 "지금 문제는 이명박 부인 김윤옥의 혐의들이 하나둘씩 나오는 상황인데 조사가 이뤄지겠냐"며 '그다음 피의 사실'에 대한 질문을 이어갔다.

67.5% 지지 업은 '이명박 구속' 수사

여론은 단연 문제인 정부와 검찰의 편이었다. 다스 수사가 마무리 단계에 들어간 2월 28일 여론조사 회사 리얼미터가 TBS 교통방송 의뢰로 실시한 여론조사에서 이명박 구속 수사 찬성 여론은 67.5%에 이르렀다(반대 26.8%, 잘 모름 5.7%). 자유한국당의 열성 지지층을 제외한 나머지 모두가 "이명박은 그동안 지은 죄의

대가를 치러야 한다"는 묵계가 맺어진 듯했다. 그것이 설령 노무현의 죽음에 대한 복수로 비칠지라도 말이다.

그러나 모두가 복수극에 열광했던 것은 아니다. 문재인과 박원순이 노무현의 가치를 계승해 줄 것을 기대했던 작가 임대식의 말이다.

노무현이 죽은 후 이명박은 임기 내내 인간적으로 용서가 안 됐다. 너무도 야비한 인간성이 느껴져서. 하지만 반역죄가 아닌 한 전직 국가원수를 감옥에 가두는 것을 되풀이하면 안 된다. 나라의 미래와 위신 생각하면 그런 일은 이제 없어야 한다. 박근혜, 이명박 두 대통령이 감옥에 갔는데 차마 박수는 못 치겠더라. 약점 잡으려면 안 잡힐 사람이 어디 있을까? 이번에 퇴임한 문재인은 워낙 원칙주의자이니 걸릴 일 없다고 보지만, 감옥에 보내는 것은 권력 쥔 사람의 마음이니까. (2022년 5월 28일 필자와의 인터뷰)

김종민의 생각도 크게 다르지 않다.

이명박 개인 비리의 진상 규명은 필요했지만, 그 과정에서 정치적인 보복과 복수의 에너지가 없었다고 볼 수는 없다. 어떻게 보면, 노 전 대통령의 비극적인 죽음이 '이명박 구속'의 씨앗을 필연적으로 내재한 것으로 봐야 한다. 프랑스는 18세기 대혁명 이후 혁명과 반혁명으로 나뉘어서 100여 년 동안 '단두대 정치'를 했다. 우리도 적폐 청산을 했는데 윤석열이 집권하자 그 대상이 조국과 문재인, 민주당, 이재명으로 바뀐 거 아니냐? 단두대만 없을 뿐, 대한민국은 노무현의 죽음 이후 프랑스의 길을 반복하고 있다. (2022년 9월 14일 필자와의 인터뷰)

2011년 이명박 대통령에게서 대법원장 임명장을 받았던 양승태는 임기 대부분을 박근혜 정부와 함께했다. 양승태는 숙원 사업인 상고법원 도입을 관철하려고 내부의 비판적인 판사들을 핵심 보직에서 배제하고 청와대와 '재판 거래'도 서슴지 않았다.

'사법 농단' 게이트는 법원행정처가 2017년 2월 9일 국제인권법연구회 소속 이탄희 판사(21대 국회의원, 더불어민주당)를 기획 2심의관으로 임명하면서 수면에 드러났다. 이탄희는 법원행정처 컴퓨터에 판사들 성향을 뒷조사한 파일이 있고, 자신이 속해 있던 학회 활동을 위축시키는 지시를 받아야 한다는 사실을 알고 일주일 만에 사표를 제출했다. 이탄희의 사연은 3월 6일 《경향신문》 이범준 기자의 보도로 세상이 처음 알려졌다.

6월 19일 판사 100명이 모여 전국법관회의를 열고 '판사 블랙리스트' 사건에 대한 조사권을 위임해 달라고 양승태에게 요구했지만, 양승태는 거절했다.

양승태가 남은 임기 내내 블랙리스트 조사 문제를 놓고 일선 판사들과 아웅다웅하는 가운데 8월 30일 서울지검 형사1부는 블랙리스트 사건 고발인 조사에 착수했다.

2018년 내내 기삿거리 제공한 사법 농단 게이트

양승태가 9월 22일 임기 종료와 함께 대법원을 떠나자 김명수 대법원장 시대가 됐다. 김 대법원장은 취임한 뒤 한 달 이상 추가 조사에 확답하지 않다가 11월 3일에야 응답했다.

사법 농단 게이트는 법조계 출입 기자들이 '일용할 양식'이라고 느낄 정도로 2018년 한 해 동안 풍성한 기삿거리를 제공했다.

2018년 1월 22일 대법원 추가조사위(위원장 민중기 서울고법 부장판사) 발표에는 이른바 '블랙리스트'는 없지만 판사 동향 파악 문서가 다수 발견됐고, 문서 중에는 2015년 2월 원세훈에 대한 항소심 선고 전후로 청와대가 법원행정처를 통해 재판부의 의중을 파악하려 했음을 보여주는 내용이 포함됐다.

2018년 6월 15일 김명수 대법원장이 "최종 판단을 담당하는 기관의 책임자로서 섣불리 고발이나 수사 의뢰 조치를 할 수는 없지만, 수사에 협조를 마다하지 않겠다"고 입장을 정리했다. 서울지검 특수1부가 임종헌 전 법원행정처장에게 출국 금지를 내린 것을 시작으로 검찰 수사가 본궤도에 올랐다. 7월 10일 MBC 〈PD수첩〉이 인터뷰를 피해 줄행랑을 치는 임종헌의 모습을 방송하자 그에 대한 비판 여론은 한층 고조됐다. 10월 27일 새벽 서울지법 임민성 영장 전담 부장판사가 그의 구속영장을 발부했다.

7~8월에는 박근혜 청와대와 양승태 대법원이 일제의 강제징

용 민사소송과 상급법원 설치를 맞거래하는 듯한 정황을 보여
주는 검찰발 기사들이 매일 쏟아져 비판 여론을 자극했다.

박근혜 정부가 관심 가질 만한 재판을 분석한 보고서를 청와
대에 건네준 대법원 수석재판연구관에 대한 압수수색영장을
9월 6일 법원이 기각하자 검찰 수사팀에서는 "영장 전담 판사
도 수사 대상"이라는 말이 나왔다.[4]

이 무렵 윤석열 서울지검장도 "대법원의 대응을 이해할 수 없
다"며 한동훈 3차장에게 "법대로 철저히 수사하라"는 지침을
내렸다.[5] 이 무렵 서울지검 특수1부와 3부, 4부 등 거의 모든 특
수부 검사가 사법부와의 '한판 승부'에 동원됐다. 법조계에서는
"구검찰 중앙수사부 수준을 넘어서 박근혜·최순실 국정 농단 수
사에 버금가는 규모의 인력이 투입되고 있다"는 말이 흘러나
왔다.

10월 18일 진보 성향 판사 모임 우리법연구회 출신의 이언학
서울지법 영장 전담 판사는 양승태의 주거지 압수수색영장을
기각했다가 '방탄판사단'이라는 비판을 한 몸에 받았다. 그는 이
듬해 2월 정기 인사를 앞두고 사표를 냈다. 1년 이상 사법 농단
게이트 수사 와중에 이러저러한 구설에 시달리다가 퇴직을 신
청한 판사가 2019년 1월 말까지 60여 명에 달했다.

검찰의 법원 수사가 1년 이상 끌면서 대법관 등 고위직 판사
들의 20, 30년 전 판결에 대한 의혹들도 덩달아 쏟아졌다.

하루에도 판사들이 피의 사실을 공포하는 검찰발 단독 기사
가 두세 건씩 쏟아지면서 사법 농단 게이트 관련 재판에 넘겨질

판사들의 범죄 혐의가 최대 40건에 육박한다는 얘기가 흘러나왔다. 일부 판사들이 "검찰이 법원을 발가벗기고 있다"고 볼멘소리를 했지만 여론의 메아리는 없었다.

11월 들어서는 법원행정처가 양승태의 대법원장 퇴직 후 연금(460만 원)을 더 올려주기 위해 인사혁신처에 연금 계산법을 바꾸라는 민원을 넣은 정황이 낱낱이 공개됐다. '로펌 중의 로펌' 김앤장이 청와대와 법원행정처의 연결 고리 혐의로 사상 첫 압수수색을 당한 것도 11월 12일의 일이었다.

헌정 사상 최초로 구속된 양승태 전 대법원장

검찰은 양승태 대법원장과 법원행정처가 관여한 일 하나하나를 수사 대상으로 삼거나 피의 사실로 흘렸고, 이는 이듬해 1월 양승태의 구속을 결정해야 할 영장 전담 판사에도 엄청난 압력으로 작용했다.

2019년 1월 24일 새벽 4시 명재권 서울지법 영장 전담 부장판사가 헌정 사상 처음으로 대법원장 출신 양승태에게 구속영장을 발부했다.

전직 대통령 두 명에 이어 전직 대법원장까지 구속되는 '초유의 사태'가 발생한 것이다. 당시에는 알려지지 않은 사실이지만, 문재인 대통령조차 "아무리 그래도 대법원장까지 구속할 필요가 있냐"며 검찰의 수사 강도에 의문을 표시할 정도였다.

2월 11일 오후 2시 한동훈 3차장이 양승태와 고영한·박병대

전 대법관(불구속)에 대한 기소 방침을 발표하며 2년간 이어진 사법 농단 게이트는 정점을 찍었다.°

그러나 사법 농단 게이트 재판은 수사 과정과는 전혀 다른 양상으로 진행됐다. 사법 농단 사건으로 기소된 전·현직 법관들은 총 14명.

전직 판사는 양승태 전 대법원장, 박병대 전 대법관 그리고 법원행정처 차장을 지낸 고영한·임종헌, 임성근 전 부산고법 부장판사(이상 5명)다. 현직 판사는 이민걸 전 법원행정처 기획조정실장, 이규진 전 대법원 양형위원회 상임위원, 신광렬 전 서울지법 형사수석부장판사, 조의연·성창호 전 서울지법 영장 전담 부장판사, 이태종 수원고법 부장판사, 심상철 전 서울고법원장, 방창현 전 전주지법 부장판사, 유해용 전 대법원 수석재판연구관이다(이상 9명).

법원행정처 차장 이상 '고위 법관 4인방'의 1심이 진행 중인 가운데 임성근, 유해용, 신광렬, 조의연, 성창호, 이태종 등 6명이 1심부터 3심까지 줄줄이 무죄판결을 받았다. 방창현, 신상철은 2심까지 무죄판결을 받았고, 이민걸과 이규진도 2심에서 각각 벌금 1,500만 원과 집행유예로 실형을 면했다.

수사·기소가 '검찰의 시간'이었다면 재판은 '법원의 시간'이었음이 시시각각 드러나고 있다. 양승태 대법원장 시절 권력과 유착한 일부 판사들을 검찰의 힘을 빌려 정의의 심판대에 올림

○ 양승태는 179일 만에 보석으로 석방돼 불구속 상태에서 재판을 받고 있다.

으로써 새 시대의 사법부를 만드는 것이 정권의 '드러나지 않은' 속내였을까? 만약 그렇다면, 사법 농단 게이트는 정권의 완패로 끝난 셈이다.

오히려 검찰의 설익은 수사가 법관들의 화를 돋워 이 무렵부터 정권에 타격을 주는 판결을 줄줄이 양산했다고 보는 사람도 있다. 2019년 1월 18일 검찰이 양승태의 구속영장을 청구할 무렵 1589년 조선왕조의 서인이 정여립의 역모를 빌미로 동인을 대거 숙청한 사건에 비유해 "현대판 기축옥사(己丑獄事)나 다름없다"고 말한 한 부장판사의 말이 당시 법원 분위기의 일단을 보여준다.[6]

조국의 회고다.

사법 농단 수사는 박형철 반부패비서관이 검찰이 수사에 착수한다고 보고해서 알았다. 박형철도 검찰 수사에 개입하지 못했고, 사후 상황 보고만 받았다. 그런데 지금까지도 법원 쪽에서는 문재인과 조국이 윤석열을 시켜서 판사들을 망신 줬다는, 황당한 얘기가 파다하다. 사견으로는, 문제 되는 판사들은 범죄 수사가 아니라 행정 징계의 대상이었다고 본다. 법원이 적시에 징계했더라면 검찰 수사까지 안 갈 수도 있었을 것이다. 그러나 검찰 입장에서는 이번 기회에 법원의 기를 죽여야겠다고 판단한 게 아니었을까? (2022년 9월 6일 필자와의 인터뷰)

16 법무부 장관 vs 검찰총장

2011년 12월 7일 서울 마포아트센터에서 문재인의 책《검찰을 생각한다》북콘서트가 열렸다. 그날 사회를 본 조국은 이렇게 말했다.

"검찰에서 (검찰개혁을 추진하는) 법무부 장관의 뒤를 캘 가능성이 있다. 소문으로 흔들어서 이 사람을 낙마시킬 수도 있는 조직이다. 따라서 강골이고 깨끗한 사람이 필요하다. (중략) 정권 초반에 진보적이고 개혁적인 분이 법무부로 들어가서 검찰을 개혁하고, 나가겠다는 분들은 빨리 보내드려야 한다. (검찰이) 집단항명해서 사표를 제출하면 다 받으면 된다."

조국이 법무부 장관 적임자와 관련해 문재인에게 질문을 던졌다. 문재인이 객석을 향해 "여러분, 우리 조국 교수 (법무부 장관으로) 어떻냐?"고 묻자 큰 웃음이 터져 나왔다. 조국은 크게 당황했지만 "롯데 자이언츠 구단주 외에는 자리 욕심이 없다"는 말로 넘어갔다.

이날의 대화는 문재인이 집권하면 조국에게 법무부 장관을 맡길 것을 일찌감치 암시하는 에피소드로 남았다.

그러나 대통령이 된 문재인은 조국을 법무부 장관이 아니라 민정수석으로 임명했다. 문 대통령은 2019년 5월 9일 취임 2주년 KBS 대담에서 "민정수석의 가장 중요한 임무인 권력기관 개혁은 법제화 과정이 남아있다. 그 작업까지 성공적으로 마쳐주길 바란다"고 말했다. 조국에게 차기 법무부 장관을 맡길 것이라는 문재인의 뜻은 한층 분명해졌다.

그에 앞서 7월에 임기를 마칠 문무일 검찰총장의 후임자를 정하는 문제가 남았다.

6월 13일 오후 법무부 검찰총장후보추천위원회(위원장 정상명)가 차기 검찰총장 후보로 봉욱(사법연수원 19기), 김오수·이금로(이상 20기), 윤석열(23기) 4인을 추천했다.

검찰-비검찰 라인이 맞선 민정수석실

6월 17일 최종 발표를 앞두고 조국이 민주당 법사 위원들을 상대로 일대일 의견 수렴에 나섰다.

윤석열 검찰총장 임명에 찬성했다는 김종민의 말이다.

총장으로 보내기에는 무리한 인사다, 총장 리더십에 문제가 있다. 이 두 가지 때문에 반대하는 사람이 더 많았다. 물론 윤석열이 고무신 거꾸로 신을 수 있다는 우려도 있었다. 문재인 정부에 문제가 있다면 냉정하게 수사할 필요는 있다고 생각했지만, 지금 보여준 것처럼 의도적으로 정치적으로 공격할 거라고는 상상하지 못했다. (2022년 9월 14일 필자와의 인터뷰)

조국의 회고다.

금태섭, 박주민, 전해철 등등 대다수가 윤석열 검찰총장 임명에 반대했다. '너무 빠르다', '위험하다' 등등 이유는 각각이었지만 결론은 반대였다. 그래도 윤석열을 정부 방침에 협조할 사람으로 생각했기 때문에 '일단 고검장으로 올린 후 지켜보자'는 의견도 있었다. 정반대로 '윤석열이 민주당 대선 후보가 될 수 있다'는 외부 의견도 있었다. 반면 민정수석실 의견은 검찰 라인과 비검찰 라인으로 갈렸다. (2022년 9월 6일 필자와의 인터뷰)

당시 청와대 공직기강비서관이었던 최강욱(21대 국회의원, 더불어민주당)이 후보자 검증을 맡았다. 최강욱은 정치인으로 변신한 뒤 "나는 (윤석열) 적극 추천한 사람이 아니다"[7]라고 말했다.

최강욱의 말이다.

윤석열은 총장 부적격자라는 취지의 보고를 올렸다. 솔직한 생각은 후보자 4명 모두 별로였지만, 그나마 김오수와 봉욱이 윤석열에 비해서는 자기 관리가 된 사람이라고 판단했다. 어쨌든 그런 취지로 조국에게 검증 보고서를 3차례 올렸고, 대통령에게 최종 보고할 때는 나도 갔다. 그 자리에서 '윤석열은 자기 명성의 기초가 된 국정 농단, 사법 농단 수사를 유지하고 싶다는 생각이 강하다. 그러나 검찰의 이익을 포기하면서까지 정부의 방침에 동참할지는 믿어지지 않는다'고 보고했다. 보고 후에 나는 물러 나왔고, 조국과 노영민이 그 자리에 남았다. 조국이 나온 후 어떻게 하기로 했냐고 물으니 '(대통령이) 윤석열로 할 것 같다'는 답변을 들었다. (2022년 8월 25일 필자와의 인터뷰)

문재인 정부의 고위 관계자는 "윤석열의 서울지검장 시절 수사 능력에 대한 대통령의 평가가 중요했을 것이다. 자세한 상황은 밝힐 수가 없지만, 최강욱이 대통령에게 올린 보고서가 있으니 비공개 법적 기한 후에는 공개될 것"이라고 말했다.

문재인은 기자들에게 속내를 잘 드러내지 않는 대통령이었다. 그런 그가 조국이 장관에서 물러난 뒤 관련 질문을 받을 때마다 "아주 크게 마음에 빚을 졌다"(2020년 1월 14일 신년간담회), "그 사람, 그 가족이 겪은 고통에 마음이 아프다"(2022년 4월 14일 인터뷰)고 말했다. 당시 사정을 잘 아는 청와대 관계자들은 "민정수석실의 반대 의견에도 불구하고 윤석열을 총장으로 낙점해 결과적으로 조국을 힘든 상황에 이르게 한 것에 대한 안타까움 아니겠냐"고 해석했다.

민주당 "윤석열은 검찰개혁 적임자"

그러나 이 모든 것은 예상 밖의 결과가 나온 뒤의 얘기다. 다시 시계를 2019년 6월 17일로 돌려보자. 오전 11시 고민정 청와대 대변인이 검찰총장 지명 결과를 발표했다.

"윤석열 후보자는 검사로 재직하는 동안 부정부패를 척결해 왔고, 권력의 외압에 흔들리지 않는 강직함을 보여줬습니다. 특히 서울지검장으로서 탁월한 지도력과 개혁 의지로 국정 농단과 적폐 청산 수사를 성공적으로 이끌어 검찰 내부뿐만 아니라 국민들의 두터운 신망을 받아왔습니다. 윤석열 후보자가 아직도 우리 사회에 남아있는 각종 비리와 부정부패를 뿌리 뽑음과 동시에 시대적 사명인 검찰개혁과 조직 쇄신 과제도 훌륭하게 완수할 것이라고 기대합니다."°

여당은 윤석열이 서울지검장 시절부터 지속해 온 적폐 청산을 검찰총장이 돼서 마무리하길 기대했다. 홍익표 민주당 수석대변인은 "우리 사회에 남은 적폐 청산과 국정 농단 수사를 마무리하고 미래지향적인 새로운 검찰개혁을 이끌 적임자"라고 논평했다.

한편, 같은 당 이인영 원내대표는 "윤석열의 칼날은 양면적이다. 나중에 우리를 향해 돌아올 수도 있다"며 "우리 정부의 이야기도 듣지 않고 자신의 원칙대로 강직하게 행동할 수 있다는 점에 걱정이 있을 정도"(6월 19일 관훈클럽 토론회)라고 말했다. 그러나 그의 우려는 "윤석열이 가진 검찰의 칼을 정치적으로 활용했

° 고민정은 2022년 2월 22일 페이스북에 "그땐 부정부패를 척결해 온 사람으로 검찰개혁을 완수해 줄 사람이라 믿었다"며 "할 수만 있다면 2019년 7월 16일을 통째로 지워버리고 싶다"고 썼다.

다는 이야기는 들어본 적이 없다. 검찰의 중립성과 독립성을 지키는 데 필요한 자질이라고 본다"는 자신의 또 다른 말에 가려졌다.

6월 20, 21일 이틀간의 한국리서치 여론조사에서도 윤석열 검찰총장 지명에 대해 '적절했다'는 응답(46%)이 '부적절했다'(27%)를 압도했다.

7월 8일 검찰총장 인사청문회에서 윤석열은 '검찰 힘 빼기'에 대해 원론적인 답변으로 피해 갔다.

금태섭 의원이 검찰의 직접 수사권 축소 방안을 묻자 윤석열은 "지금 당장은 점진적으로 줄여나가되 장기적으로는 안 해도 되는 것 아니냐는 생각을 가지고 있다"고 답했다. '특수부 폐지' 확답을 받으려는 질문에도 그는 말을 빙빙 돌렸다.

> 금태섭: 검찰 본연의 업무에 집중하기 위해 우리나라에 특수부(현 반부패수사부)를 한 3개 정도만 남기고 다 없애겠다는 의견을 개진할 생각은 없습니까?
>
> 윤석열: 저도 장기적으로…….
>
> 금태섭: 아니, 장기적으로가 아닙니다. 지금은…….
>
> 윤석열: 지금 당장은…….
>
> 금태섭: 한 1년 후까지 지금 하는 사건을 정리하고 1년 후에는 특수부를 세 가지 정도만 남기고 수사 지휘와 공소라는 검찰 본연의 임무에 집중하겠다고 말씀하실 생각은 없으십니까?
>
> 윤석열: 증권이라든가 공정거래 이런 것들은 전문적인 (수사가)

필요하고 관련 기관에서 고발이나 수사 의뢰가 계속 들어오기 때문에…….

그는 2015년 말 문재인의 측근 양정철에게서 2016년 총선 영입을 제안받은 사실을 시인하며 양에게 "저는 정치에 소질도 없고 정치할 생각은 없다"고 말한 사실을 털어놨다. 이후에도 검찰 업무에 집중하고 정치에 관여하지 않겠다는 뉘앙스였다. 이 시점까지 2년 뒤 그의 대선 출마를 예상한 국회의원은 아무도 없었다.

청문회 막판에는 윤석열이 2012년 수뢰 의혹을 받은 윤우진 전 용산세무서장에게 검찰 출신 이남석 변호사를 소개해 주고도 "제가 소개할 이유가 없다"고 거듭 부인한 사실이 입길에 올랐다. 다음 날 오후 민주당 법사위 소속 김종민, 박주민, 백혜련, 송기헌, 정성호 의원이 기자회견을 열어 "7년 전의 전화 통화가 윤석열 검찰총장 임명을 취소할 중대한 사안은 아니다"라고 옹호했다. "드러난 거짓말에 대해서는 사과해야 한다"고 주장한 금태섭은 기자회견에 불참했다.

윤석열은 검찰총장이 된 후 자신을 지원사격해 준 몇몇 의원들에게 전화로 사례했다. 김종민과의 통화에서는 이런 얘기가 오갔다고 한다.

김종민: 한 가지 꼭 당부하고 싶은 게 있습니다. 검찰이 칼 휘두르라고 우리가 지지한 게 아닙니다. 대한민국의 정의는 법이 세

우는 것이니 검찰이 정의를 지킨다는 생각을 내려놓아 주세요.

윤석열: 김 의원 말에 전적으로 공감합니다. 현장에서 보니 검사들이 사건 실적 보고를 하다 보면 검찰권을 남용하는 폐단이 생기는데, 이런 보고하는 걸 없애겠습니다.

한 가지 의문이 있다. 이른바 조국 사태라는 돌발 변수가 없었다면 윤석열은 총장 임명 당시 약속한 검찰개혁을 이행할 의지가 있었을까?

김종민의 말이다.

나는 절반 이상은 이행했을 것이라고 본다. 윤석열이 검찰 내부에서 비주류였기 때문이다. 조국 사태 이전까지는 공수처와 검경수사권 분리 등의 방향성에는 찬성 의사를 밝혔다. 조국 사태가 아니었다면 자신이 공개적으로 한 말을 뒤집는 게 쉽지 않았을 거다. 그런데 이런 사건이 벌어지면서 진영 대결이 되니까 자기가 했던 말도 다 뒤집어 버렸다. (2022년 9월 14일 필자와의 인터뷰)

7월 25일 윤석열은 문재인 대통령의 임명장을 받았다. 베일 속에 가려져 있던 윤석열의 부인 김건희가 "2013년 행사를 기획하며 문재인의 대통령 당선을 예견했다"는 말을 한 것이 2년 뒤 대선 국면에서 화제가 됐지만, 이때만 해도 청와대 내부에서는 "윤석열 부인이 분위기를 밝게 해주고 갔다"는 식의 가십성 평가가 더 많았다.

문재인 대통령이 윤석열을 두고 이날 한 말도 두고두고 그의 운신에 장애가 됐다.

"우리 윤 총장님은 정말 권력에 휘둘리지 않고, 권력의 눈치도 보지 않고 사람에 충성하지 않는 자세로 아주 엄정하게 처리해서 국민의 희망을 받으셨는데, 그런 자세를 앞으로도 계속해서 끝까지 지켜 주십사 합니다. 제가 그 점을 강조하는 것은 이제 그런 자세가 살아있는 권력에 대해서도 똑같은 자세가 되어야 한다고 생각하기 때문입니다. 우리 청와대든 정부든 또는 집권 여당이든 만에 하나 권력형 비리가 있다면 그 점에 대해서는 정말 엄정한 그런 자세로 임해 주시기를 바라고, 그렇게 해야만 검찰의 정치적 중립에 대해서 국민이 체감하게 되고, 그다음에 권력의 부패도 막을 수 있는 길이라고 생각합니다."

이날은 조국이 청와대에서 근무한 마지막 날이기도 했다.

'특수부 싹쓸이' 검찰 인사에 경악한 민주당 의원들

7월 26일 조국 민정수석 후임으로 김조원 전 감사원 사무총장이 임명됐고, 윤석열은 윤석열대로 검찰총장으로서의 첫 인사를 단행했다. 서울지검 차장 자리를 독식했던 특수부 검사들이 검찰의 주요 보직을 싹쓸이했다(이두봉 1차장 → 과학수사부장, 박찬호 2차장 → 공안부장, 한동훈 3차장 → 반부패·강력부장). 과거 같으면 기획, 공안 파트 검사들에게 배분됐을 기획조정부장(이원석 해외불법재산환수합

동조사단장), 형사부장(조상준 부산지검 2차장), 인권부장(문홍성 검찰연구관) 자리도 모두 특수부 출신들에게 돌아갔다. 윤석열은 자신의 후임 서울지검장에 한동훈을 밀었지만, 청와대의 반대에 부딪혔다. 그러나 한동훈은 반부패·강력부장으로서 조국 수사의 선봉에 서게 된다.

5일 뒤 실시된 중간 간부 인사도 마찬가지였다. 서울지검 1차장에 신자용 전 법무부 검찰과장, 2차장에 신봉수 서울지검 특수1부장, 송경호 서울지검 특수2부장이 수직 이동했다.

법사위 소속 민주당 의원들은 하나같이 경악했다. 김종민은 "검찰 최악의 인사였다. 군부독재 시절에 비유하면 하나회 출신들을 보안사만이 아니라 수방사와 국방부, 육본 등등 군 요소마다 골고루 다 배치해 놓은 것과 같다"고 평했다.

8월 9일 문재인 대통령이 박상기 장관 후임으로 조국을 지명했다. 5일 뒤 국회에 제출된 인사 청문 요청안이 공개되며 조국의 부인과 자녀 명의로 74억 원의 사모펀드를 투자 약정한 사실이 드러났다. 투자를 권유한 사람은 조국의 5촌 조카 조범동이었다. 조국 가족이 소수의 투자자에게서 돈을 모아 주식과 채권 등에 투자, 운용하는 비공개 펀드에 가입한 것이 논란이 됐고, 윤석열도 "어떻게 민정수석이 사기꾼들이나 하는 사모펀드에 돈을 댈 수 있냐"고 흥분했다.

그러나 사모펀드 논란은 장관 인선에 치명타를 입힐 수준은 아니었다.

훗날 검찰은 조범동을 자본시장법 위반과 업무상 횡령 혐의로 기소했지만, 조국에게 관련 혐의를 적용하지는 않았다. 법원도 조범동의 유죄를 인정하면서도 그의 범죄가 조국의 민정수석 지위와 연관된 것은 아니다, 즉 '권력형 범죄'는 아니라고 판단했다.

8월 15~16일 KBS 〈일요진단 라이브〉가 한국리서치에 의뢰한 여론조사에서 조국 법무부 장관 지명에 대해 '적절한 인사'라는 응답이 42%, '부적절한 인사'라는 응답이 36%였다('판단 유보' 23%).

여론을 결정적으로 움직인 것은 '자녀 교육' 문제였다.

8월 20일 《동아일보》가 1면에 조국의 딸 조민이 고등학생 시절 대한병리학회에 제출한 영어 논문에 제1저자로 등재된 사실을 보도했다. 기사에서 익명으로 소개된 논문의 책임 저자는 단국대 장영표 교수였고, 장 교수의 아들이 조민과 고등학교 동기였다. 대한병리학회 논문이 등재된 2009년에 두 사람이 서울대 법대 공익인권법센터에서 인턴을 한 사실도 잇따라 드러났다. 단국대 논문은 고교생의 기여도에 대한 논란을 일으켰고, 대한병리학회는 9월 5일 "해당 논문에서 저자의 자격 요건을 충족하는 사람은 장영표 교수 한 명뿐"이라며 논문을 직권 취소했다.

8월 23일 서울대와 고려대에서 조민 의혹에 대한 진상 규명을 요구하는 촛불 집회가 열렸다. 서울대생들은 가정 형편이 어렵지 않은 조민이 학교 재학 중 장학금을 받은 사실을, 고대생들은 '허위 논문'을 조민이 입학 과정에서 이용한 사실을 문제 삼

았다.°

8월 24일 황교안이 이끄는 자유한국당 지도부가 광화문에서 장외 집회를 열었다. 문재인 정부 출범 이후 광화문광장은 문 정부에 불만을 품은 시위대에 늘 '점령'된 상태였지만, 조국 이슈가 불거지자 지리멸렬했던 보수층이 결집하기 시작했다.

KBS가 일주일 만에 여론조사를 다시 해보니 조국의 법무부 장관 수행이 '적절하지 않은 인사'라는 응답이 48%, '적절한 인사'라는 응답은 18%였다('판단 유보'는 34%).

'자녀 교육' 논란에 흔들린 '조국 임명' 여론

일주일 만에 '적절한 인사'가 24%p나 빠지고, '판단 유보'와 '부적절 인사'가 각각 11%p, 12%p 늘어났다. 조국에게 가장 해명이 필요한 사안에 대해 '자녀의 논문 및 입시 특혜 의혹'(65%)이 '일가족 사모펀드 투자 의혹'(13%)과 '웅동학원 채무 관련 가족 소송 의혹'(10%)을 압도했다.

조국의 법무부 장관 임명을 낙관하던 청와대 민정수석실에도 '적신호'가 켜졌다. 민정수석실 내부에선 검찰 편에서 법무부 장관 임명에 반대하는 박형철 반부패비서관과 임명을 주장하는 최강욱 공직기강비서관 사이에서 미묘한 긴장감이 흘렀다.

° 유시민은 이 시위에 대해 "의사 표현은 할 수 있지만, 뒤에서 자유한국당 패거리들의 손길이 어른어른하는 그런 거"라고 깎아 내렸다.[8]

8월 25일 오전 10시 조국이 언론사 마이크 앞에 섰다.

"개혁주의자가 되기 위해서 노력했지만 아이 문제에는 불철 저하고 안이한 아버지였음을 겸허히 인정합니다. 당시 존재했던 법과 제도를 따랐다고 하더라도 그 제도에 접근할 수 없었던 많은 국민과 청년에게 마음에 상처를 주고 말았습니다. (중략) 그렇지만 심기일전하여 문재인 정부의 개혁 임무 완수를 위해 어떤 노력이든 다하겠습니다. 저와 제 가족이 고통스럽다고 하여 제가 짊어진 짐을 함부로 내려놓을 수도 없습니다."

윤석열은 8월 22일 간부 회의를 열어 조국에 대한 압수수색 영장 청구를 논의했고, 27일 칼을 뽑았다. 26일 구속영장 청구 3시간 만에 법원이 영장을 발부했다. 검찰 총수였던 윤석열의 말이다.

"그때는 야당에서 반대해 장관 지명 후 3주가 지났는데도 인사청문회 날짜를 못 잡았어요. 그래서 정유라 입시 학사 비리를 담당한 고형곤 특수2부장에게 신속히 검사 몇 명 뽑아서 해보라 했더니 3,000페이지 정도 기록이 만들어졌고 압수수색영장 청구는 가능하다고 해요. 그래서 법원에 영장을 넣었는데 한동훈 반부패부장이 오후 3시쯤 다급하게 제 방에 와요. '총장님. 영장이 다 발부됐습니다' 하면서. 오전 10시에 넣었는데 다른 때와 달리 3시간 만에 영장이 휴대전화 등 몇 개만 빼고 싹 나온 거예요. 일반적으로는 아무리 자료가 탄탄해도 절반 정도가 기각되고 영장도 자정 넘어 발부됐거든요."[9]

8월 27일 오전 8시 30분 검찰의 동시다발 압수수색이 시작되자 청와대와 여야 정치권 모두가 '멘붕'에 빠졌다. 이 와중에 가장 빨리 반응한 사람들은 누리꾼이었다. 그날 오후 3시 30분경 '조국 힘내세요'가 네이버 실시간 검색어 1위에 올랐다.

검찰의 속내를 몰랐던 박상기 장관이 윤석열을 오후 4시 서초동 인근의 한 호텔로 불러냈다.

"윤석열은 나를 만난 자리에서는 입시 문제에 대해 거의 말을 안 했다. 과거 문제가 많았던 사모펀드 사건과 똑같다는 거다. (윤석열이) 이미 결론을 내리고 있다는 느낌이었다. 그리고 부부 일심동체라는 표현을 썼다. 부부 일심동체이니 정경심 교수가 사모펀드 관련해서 문제가 있다면, 그건 곧 조국 장관의 문제이기도 하다는 주장이었다. (중략) 윤석열 총장이 강한 어조로 '조국 전 장관을 낙마시켜야 한다'고 말했다."[10]

혼돈의 국면에서 정치인들이 비교적 빨리 입장을 정리했다. 압수수색 다음 날(8월 28일)은 민생 경제를 살피기 위한 민주당 현장 최고위원 회의(인천)가 열리기로 되어있었는데 이 자리는 순식간에 검찰 성토대회장으로 변했다.

"(검찰이) 언론에는 압수수색 취재를 허락하면서 관계 기관과는 전혀 협의를 안 했다. 이는 전례 없는 일이었다. 오늘 이 회의가 끝나는 대로 당으로 돌아가서 긴급한 대책을 세워야 할 것이다." (이해찬 대표)

"검찰은 분명히 피의 사실 공표죄를 범하고 있다. 이 적폐가 바로잡히지 않는다면 검찰은 바로 설 수 없다. 검찰이 피의 사실 공표죄를 범했다고 확인되는 순간 유출자를 반드시 적발해서 다시는 이런 일이 일어나지 않도록 하는 것이 먼저 검찰이 해야 할 일이라는 점을 분명히 밝힌다." (설훈 최고위원)

"수사 기밀 또는 수사 자료가 의혹을 증폭시키는 데 악용되는 일이 있어서는 결코 안 될 것이다. 그렇게 되면 검찰 수사는 국민으로부터 또 다른 의혹의 대상이 될 수 있을 것이다." (박광온 최고위원)

정권의 운명이 걸린 조국의 거취

이해찬 대표는 그날 오후 2시 경기 김포에서 열린 민주당 원외지역위원장 하계 워크숍에 참석해서 이번 사건을 노무현 서거와 연결했다.

"어제부터 나오는 뉴스들은 피의 사실 유출이라 볼 수 있다. 가장 나쁜 검찰의 적폐가 다시 나타나기 시작하는 것이라 볼 수 있다. 이 당사자를 반드시 색출해야 한다. 우리가 피의 사실을 유포해서 인격 살인을 하고, 심지어 노무현 대통령 때는 있지도 않은 논두렁 시계를 가지고 얼마나 모욕을 주고, 결국은 서거하시게 만들지 않았는가? (중략) 이런 점에서 본다면, 내년 총선이 '문재인 대통령이 성공적으로 임기를 마치냐', '정권을 재창출하냐', 아니면 '더 어려워지냐'를 가늠하는 어려운 선거라는 생각이 든다."

이해찬 발언을 기점으로 조국의 거취는 더는 개인의 인사 문제가 아니라 정권의 운명이 걸린 건곤일척의 승부가 되어버렸다.

여당의 대선 주자들에게도 조국 사태는 '선택의 시간'이었다. 검찰개혁의 완수를 위해서는 조국 장관을 지켜야 한다는 지지층과 그의 장관직 수행을 의뭉스러워하는 여론 사이에서 적절한 답변을 내놓아야 했다.

8월 31일 이재명 경기지사는 "수사는 수사기관에 맡기고 법에서 정한 대로 청문회를 열어 충분히 묻고, 후보자에게는 해명 기회를 준 후 판단은 국민이 하게 하자"고 했고, 김부겸 의원은 "군사계엄 시절에 내가 도망다니다가 자수할 때도, 보안사에 먼저 연행한 아버지는 풀어줬다"며 "후보자가 청문회 준비에 집중할 수 있도록 검찰 수사는 청문회 때까지 멈춰야 한다"고 말했다.

박원순 서울시장은 이들보다 이틀 늦은 9월 1일 오전에야 메시지를 발표했다. 박원순은 "제가 곁에서 지켜봐 온 조국은 대한민국을 좀 더 나은 사회로 확장하고 발전시키는 데 꼭 필요한 인물"이라며 "아직 명확히 확인되지 않은 사실과 명백한 거짓을 진실인 양 내세우며 여론 재판으로 책임을 짊어지게 하려는 모습은 온당하지 못하다"고 조국을 변호했다.

후일담이지만, 박원순은 이 메시지를 내는 과정에서 고심이 많았다. 서울시의 참모들은 "마땅히 조국의 옆에 서야 한다. 조국이 낙마하면 문재인 정부도 무너진다"는 의견을 올린 반면, 사적으로 가까운 지인 중에는 "국민 눈높이에 못 미치는 인사에 대해 제 목소리를 내지 못하면 당내 경선은 통과해도 본선은 어렵다"고 말하는 사람이 많았기 때문이다. 박원순은 전자를 취했다.

자유한국당의 반대로 국회 청문회 개최가 난항을 겪자 9월 2일 오후 3시 30분 조국은 국회 출입 기자 간담회 형식의 '자체 청문회'를 열었다.

조국의 서울대 동기 진중권은 기자 간담회가 끝난 뒤 이튿날 새벽 2시 13분 조국에게 문자를 보냈다. 그는 "회견 내용을 듣고 찜찜했지만, (질문) 방어하느라 고생했다는 생각에 '수고했다'고 문자를 보냈더니 '열심히 하겠습니다'였던가, 존댓말로 답장이 왔다. 단체 문자 같았다"고 회고했다.[11] 정경심과 같은 동양대 교수로 재직 중이던 진중권은 그해 12월 19일 학교에 사표를 내고 '반(反)조국 논객'이 됐다.

9월 3일 SBS 〈8 뉴스〉가 "조민이 어머니 정경심이 교수로 재직 중인 동양대에서 받은 총장 표창장을 부산대 의학전문대학원에 원서를 내면서 자기소개서에 기재했다"고 보도했다. 다음 날 《중앙일보》 1면에는 "나는 이런 표창장을 결재한 적도 없고 준 적도 없다"는 최성해 동양대 총장의 발언이 실렸다.

9월 4일 오전 최성해는 조국 부부와 두 차례 전화 통화에서 "표창장 발급을 다른 사람에게 위임한 것으로 해달라"는 요구를 받았다고 주장했다.

9월 6일 우여곡절 끝에 조국 장관 후보자에 대한 국회 인사청문회가 열렸다. 이날도 최대 화제는 '동양대 표창장'이었다.

자유한국당 김도읍 의원이 "저희 학교에서는 실제로 많은 일을 부서장 전결로 처리하고 있는 것이 사실이지 않습니까? 팩트와 상황에 대한 현명한 해명을 부탁드린다"며 정경심이 최성해에게 보낸 문자를 공개했다. 조국은 "(최성해에게) 사실대로 밝혀 달라고 말한 것뿐"이라고 답했다.

청문회 막판 질문 쏟아낸 자유한국당

공교롭게도 청문회로부터 7년 전 2012년 9월 7일이 조민이 동양대 표창장을 받은 날이었다. 검찰이 이 표창장 발급을 불법으로 규정하고 공소시효 7년의 사문서위조죄를 적용할 수 있는 마지막 날이었다.

청문회가 막판으로 이르자 야당 의원들의 관련 질문이 쏟아졌다.

"만약에 부인이 기소되면 법무부 장관직을 수행할 수 있겠습니까?" (장제원 의원)

"검찰은 기소할 가능성이 매우 높다고 봅니다. 지금 밤 10시인데 앞으로 2시간 이내에 이 표창장의 위조 행위에 대한 검찰의 기소 여부가 결정되리라고 생각합니다." (주광덕 의원)

"부인이 기소가 되면 후보자께서는 법무부 장관을 하시면 안 됩니다." (김도읍 의원)

"처가 기소되고 본인이 수사를 받고 이런 법무부 장관이 과연 되겠습니까? 상식적으로 생각합시다." (여상규 법사위원장)

조국은 "처가 기소될지 불기소될지 알 수가 없는데 어떤 경우든 임명권자의 뜻에 따라서 움직이겠다"고 답했다.

9월 7일 0시 15분 서울지검 특수2부가 정경심을 불구속 기소했다고 발표했다. 청문회를 마친 조국은 기자들을 만나 "검찰의 결정을 존중한다"는 말만 하고 국회를 떠났다.

그 무렵 서울지방변호사회 검경 수사권 조정 및 공수처 태스크포스(TF)에 참여하고 있던 권경애 변호사는 사무실에서 '정경심 기소' 속보를 TV로 지켜봤다. 그는 자신의 저서 《무법의 시간》에서 자정을 넘은 시각 TF 활동을 함께한 김남국 변호사(21대 국회의원, 더불어민주당)와 통화한 내용[12]을 소개했다.

> 권경애: 어떻게 하지? 결국 기소했네요.
>
> 김남국: 네, 정 교수님이 위조하신 것 같아요. 사모펀드도 관여하셨고.
>
> 권경애: 딸은 부산의전원 합격도 취소될 것 같은데. 조국 후보는 어쩌면 좋아.
>
> 김남국: 후보 사퇴하셔야 할 것 같아요. 임명하시면 안 될 것 같아요.°

청문회가 끝난 상황에서 공은 이제 청와대로 넘어왔다.

앞서 청문회 당일 오후 4시 32분 문 대통령은 5일간의 동남아 3개국 순방을 마치고 성남 서울공항에 도착했다. 여독이 채 풀

° 그러나 조국 법무부 장관 임명 며칠 후 서울변회 TF팀 소잔 회의에서 김남국은 "저는 진영을 지켜야죠. 조국 장관님을 수호해야죠"라고 말했다고 권경애는 회고했다.

리지 않은 상황에서 그는 밤 9시부터 4시간 동안 노영민 비서실장과 강기정 정무수석 등을 불러 법무부 장관 임명 가부를 논의했지만, 뚜렷한 결론을 내리지 못했다.

문 대통령은 다음 날 민주당 이해찬 대표와 이인영 원내대표, 이낙연 총리, 노영민 비서실장과 오찬을 가졌다. 이해찬과 이인영은 '임명', 이낙연과 노영민이 '불가' 쪽에 섰다.°

당·정·청 핵심 4인의 의견이 2 대 2로 갈리는 상황에서 문재인은 "내가 어떤 결정을 내리든지 따라줄 수 있겠냐"고 물었고, 참석자 모두 그러겠다고 답했다.

같은 날 오후 3시에는 후보 경선 때부터 자신을 도운 핵심 참모 4명을 불렀다. 문재인은 사정상 불참한 김경수 경남지사가 '여기서 물러서야 한다. 한발 더 나가면 정쟁의 수렁에서 빠져나오지 못한다'는 의견을 전해왔다고 운을 뗐다. 임종석도 "지금은 국민 여론을 듣고 여당과 지지자들을 설득해야 한다"고 말했다. 그러나 나머지 두 명은 조국 장관 임명을 주장했다. 이번에도 '2 대 2'였다.

윤석열 사표 받으라고 지시한 문재인

그날 밤 김조원 수석이 윤석열 총장에게서 전화를 받았다. 법무부 장관이나 민정수석이 검찰 수사를 지휘하지 않는 문재인 정부의 전통에 비추어 검찰총장이 민정수석에게 전화를 거는 것은 극히 이례적인 일이었다. 윤석열은 "내가 30곳이나 압수수색했는데, 아직도 조국 하나 정리 못 합니까? 그런 식이면 민정수석이 무슨 필요가 있습니까? 이런 식으로 나오면 내가 (총장을) 그만두겠습니다"라고 말했다.

윤석열과 통화가 끝난 뒤 김조원은 최강욱에게 전화를 걸었다.

> **김조원**: 윤석열 이 사람, 정말 형편없네. 윤석열이 내 전화를 계속 받지 않다가 오늘에서야 처음 통화했는데, 조국이 법무부 장관을 그만두지 않으면 자기가 사퇴하겠다는 거야.
>
> **최강욱**: 제가 뭐라고 그랬습니까? 윤석열은 원래 그런 사람입니다.

일요일인 9월 8일 오전 대통령 관저에서 청와대와 정부의 최고위급 인사들이 참석하는 회의가 다시 열렸다. 김조원은 회의 시간보다 일찍 올라가서 전날 윤석열과 통화한 내용을 대통령에게 보고했다.

당시 상황을 전해 들은 최강욱의 회고다.

대통령이 정말 화가 나면 표정이 굳어지는데 그날 분위기가 그랬다고 한다. 대통령이 윤석열의 사표를 받으라고 김조원 수석에게 지시했다. 총장이 이렇게 나오는 것은 자신의 인사권에 대한 도전이라고 판단한 거다. 찬반 의견이 팽팽해서 대통령도 쉽게 결정 못 내리는 상황에서 윤석열의 전화가 조국 임명을 결심하는 촉진제가 됐다고 할 수 있다.

그래서 그 뒤 어떻게 됐나?
김조원이 관저에서 내려와서 검찰과 선이 닿아있는 박형철 비서관에게 검찰총장 사표를 받으라고 지시했다. 월요일(9월 9일) 민정수석실 회의에서 김조원이 '윤 총장 사표 어떻게 됐냐'고 묻더라. 그런데 박형철이 '순간적으로 분출된 감정의 표현이지, 진심으로 사퇴하려는 것은 아닐 겁니다'라고 답하는 거다. 내가 하도 어이가 없어서 그 자리에서 '박 비서관, 지금 뭐 하는 겁니까?'라고 격렬하게 항의까지 했다. (2022년 8월 25일 필자와의 인터뷰)

그러나 '검찰총장 사표 수리'는 조국 장관 임명이라는 대형 이슈에 묻혀 흐지부지됐다.

'민정수석실 설전'이 있던 날 오전 9시 문 대통령은 청와대 참모진과의 티타임에서 조국을 장관에 임명하겠다는 의사를 피력했다. 강기정이 곧바로 여의도로 넘어가 민주당 지도부에 대통령의 뜻을 전달했다. 전날 오후 민주당 최고위원 간담회에서 '조국 임명'을 놓고 거수투표를 한 결과와도 부합된 결정이었다

(찬성 7, 반대 1, 유보 2).

같은 날 오후 2시 조국이 법무부 장관 임명장을 받으러 청와
대에 들어왔다. 민정수석 시절 호흡을 맞췄던 강기정이 그의 손
을 꽉 잡으면서 "힘내시라"고 말했고, 김외숙 인사수석도 "어떻
게 버티셨어요"라며 말을 잇지 못했다.

문 대통령은 이 자리에서 "인사청문회까지 마친 상태에서, 본
인이 책임져야 할 명백한 위법행위가 확인되지 않았는데도 의
혹만으로 임명하지 않는다면 나쁜 선례가 될 것"이라며 "검찰은
검찰이 해야 할 일을 하고, 장관은 장관이 해야 할 일을 해나가
면 된다"며 복잡한 심경을 피력했다. 그러나 조국은 임명장을
받은 직후 대통령에게 "아무래도 제가 오래 장관직에 있지 못할
것 같다. 미리 후임자를 생각해 두시는 것이 좋겠다"는 뜻을 전
달했다.

조국에게 당시 상황을 물었다.

대통령은 뭐라고 하던가?

내가 오래 버틸 수 없다는 것을 대통령이라고 모를 수 있을까?

**그런 분위기를 알면서도 장관 임명장을 준 게 더 이해가 가지
않는다.**

이해찬 민주당 대표의 판단에 손을 들어준 거다. 조국 사태를 어
떻게 처리하냐에 따라 정국의 주도권이 검찰로 넘어갈 수 있다
고 판단한 거니까. 그 이후 검찰 수사는 울산 선거, 월성 원전, 김

학의로 차례차례 정권을 정면으로 겨누는 방향으로 나아갔다.
(2022년 9월 6일 필자와의 인터뷰)

조국은 당일 저녁 7시 법무부 첫 간부 회의를 주재하는 자리에서 "저와 가족 관련 사건의 수사나 공판 상황에 대해 검찰 보고를 받거나 검찰총장을 지휘하지 않겠다"고 밝혔다.

검찰은 검찰대로 새 법무부 장관의 눈치를 살피지 않았다.

9월 23일 오전 8시 30분 서울지검 특수2부 수사관들이 조국의 방배동 아파트 주차장에 도착했다. 10분 뒤 조국이 출근하자 9시부터 아파트 압수수색에 돌입했다. 온라인 공간에는 "해도 해도 너무한다"는 조국 지지자들의 분노가 넘쳐 올랐고, 조국은 퇴근하면서 "강제수사를 경험한 국민의 심정을 절실히 느낀다"며 유감을 표했다.

조국 사태를 바라보는 언론계와 여당 지지층의 확연한 시각 차를 보여주는 일이 다음 날 발생했다.

이날 검찰은 "전날 압수수색 도중 수사관들이 점심으로 짜장면이 아니라 한정식을 주문해서 먹었다"는 보도자료를 발표했다. "검찰이 가족만 있는 아파트에서 빚 독촉하는 조폭이나 건달들이 하는 것처럼 짜장면을 시켜 먹었다"는 비난이 쏟아진 것에 대한 대응이었다. 이 일로 인해 윤석열에게는 '윤짜장', '윤춘장'이라는 조소 섞인 별명이 붙었다.

서초동 대 광화문, 집회 세 대결로 비화한 조국 사태

조국은 자신의 회고록 《조국의 시간》에서 다음과 같이 말했다.

> 죽을 때까지 못 잊을 장면이 있다. 2019년 9월 23일 집 압수수
> 색 후 기자들이 식당 배달원에게 질문을 던지며 희희낙락하던
> 장면이다. 이들이 킬킬대며 던진 질문은 이랬다. '사장님, 어떤
> 메뉴를 먹었나요? 몇 그릇 시켰어요? 그것만 말씀해 주시면 안
> 돼요? 찌개류를 먹었나요, 아니면 짜장면, 짬뽕 같은 걸 먹었나
> 요?' 기자들의 속마음과 진면목을 본 듯했다. 검찰에게 나와 내
> 가족이 사냥감이었다면, 기자들에게는 동물원의 원숭이였다.[13]

그날 기자협회는 《동아일보》의 '조국 딸의 단국대 제1저자 논
문 검증'과 《한국일보》의 '조국 딸의 부산대 의전대 장학금 특
혜 의혹'을 이달의 기자상 수상작으로 올렸다. 정부 고관의 인사
검증을 가치 있는 특종으로 평가해 온 전통을 이어온 결정이었
지만, "개혁을 방해하는 검찰에 힘 실어주는 보도"라는 반론도
나왔다.

9월 21일 수백 명 단위로 시작된 '조국 수호, 검찰개혁' 서초
동 촛불 집회에 9월 28일 주최 측 추산 200만 명, 지하철역 승
하차 인구 기준 10만여 명이 모였다.

그러나 촛불은 서초동에서만 타오르지 않았다. 10월 3일 개천
절 기념 광화문광장 보수 집회의 주 테마는 '조국 사퇴'였다. 서

초동 집회 주최 측이 200만을 부르자 광화문 집회 측은 300만
으로 응수했다.

하지만 서울시와 KT가 휴대전화 기지국의 접속 단말기 수로
계산해 보니 이날 오후 2시 광화문 인근에는 최대 36만 7,157명
이 모였다. 10월 5일 저녁 7시 서초동 집회 인원을 같은 방법으
로 측정해 보니 최대 11만 4,704명이 집계됐다.

숫자와 별개로 살펴야 할 것이 각 집회의 '주력군'이었다. 서
울시와 KT가 공공빅데이터를 이용해 공개하는 '서울 생활 인구'
자료로는 각 집회 참가자들의 연령대도 추정할 수 있었다.

광화문 집회에는 70세 이상(35%)이 가장 많았고, 60대(27.3%)
를 그 뒤를 이었다. 반면, 서초동 집회의 주축은 40대(26.7%)와
50대(24.4%)였고 30대(12.2%)가 다음이었다. 조국 장관 임명을
놓고 6070 노년층과 3050 청장년층의 세대 대결이 벌어지고
있었다.

서초동 집회 참가자 62% "노무현 서거가 참여에 영향"

주목할 점은, '노무현 트라우마'가 사람들을 서초동 집회로 이끈
주요 동력이었다는 점이다. 《한겨레》가 이날 집회 참석자 52명
을 인터뷰해 보니 이들 중 32명(62%)이 노무현의 서거가 집회 참
여에 영향을 미쳤다고 답했다.

다음은 2019년 10월 7일 자 기사의 일부를 인용한 것이다.

사실이면 상관이 없는데 당시도 사실이 아닌 것을 검찰이 자기가 원하는 대로 언론에 뿌린 것 아닌가. 한국 민주주의에 많은 공헌을 한 대통령인데 자존심을 무너뜨려 세상을 떠나게 한 것이라고 생각한다. 민주주의에 꼭 필요한 사람들을 그때처럼 잃을 수는 없다. (50대 최아무개씨)

그때 노무현 대통령을 많이 돕지 못해서 그 생각만 하면 가슴이 아프다. 그런 기억이 촛불을 드는 데 영향을 미쳤다. (50대 조아무개씨)

(권양숙 여사가) 논두렁에 (박연차 전 태광실업 회장에게 받은 고가의) 시계를 버렸다는 것처럼 확인되지 않은 피의 사실을 검찰이 유포하고 언론이 그대로 보도한 측면에서 유사한 점이 있다고 본다. (50대 박아무개씨)

집회 참가자 대부분은 두 사건을 같은 맥락으로 보고 있었다. 조국 장관에 대해 "검찰개혁의 선봉장이다", "조국을 지켜야 검찰개혁으로 이어질 수 있다", "조국 수호와 검찰개혁은 같이 외쳐야 한다"고 입을 모았다.

이날 문 대통령은 "정치적 사안에 대해 국민의 의견이 나뉘는 것은 있을 수 있는 일이며 이를 국론 분열이라고 생각하지 않는다"고 하면서도 "정치적 의견 차이가 활발한 토론 차원을 넘어서서 깊은 대립의 골로 빠져들거나 모든 정치가 그에 매몰되는 것은 바람직하지 않다"고 우려를 표시했다.

청와대와 여당의 입장에서 양대 집회의 세 대결만큼 안 좋은 것이 여론의 추이였다.

9월 7일 KBS-한국리서치: 임명 찬성 37%, 반대 49%.

9월 11일 KBS-한국리서치: 임명 잘했다 38.9%, 잘못했다 51.0%.

9월 18일 리얼미터: 임명 찬성 35.3%, 반대 55.5%

9월 20일 갤럽: 적절 34%, 부적절 54%.

10월 11일 CBS-리얼미터: 장관 유지해야 한다 40.5%, 물러나야 한다 55.9%.

그리고 조국 장관 비토 여론은 문재인의 국정 운영 지지율에도 점점 반영되고 있었다.

10월 9일(광화문)과 10월 12일(서초동)에도 집회는 계속 이어졌다. 조국은 12일 서초동 집회에 간 선후배들이 찍은 현장 동영상을 보면서 장관 사직서를 써 내려갔다.

10월 14일 오후 2시 조국이 법무부 장관 사직 의사를 밝혔다. 한 시간 뒤 문재인도 입장을 내놓았다.

"저는 조국 법무부 장관과 윤석열 검찰총장의 환상적인 조합에 의한 검찰개혁을 희망했습니다. 꿈같은 희망이 되고 말았습니다. 결과적으로 국민들 사이에 많은 갈등을 야기한 점에 대해 매우 송구스럽게 생각합니다."

지명부터 사퇴까지 장장 67일간 이어진 '조국 사태'는 이렇게 한 매듭을 지었다.

조국 사태는 청와대에 깊은 내상을 남겼다. 인사 검증을 담당했던 최강욱은 자신도 모르게 사퇴 논의가 진행된 것에 충격을 받고 사표를 던지려고 했다.

조국이 사퇴한 다음 날 정오 무렵 문재인은 최강욱, 박형철 등 민정수석실 비서관들을 상춘재 오찬에 초대했다. 오찬에는 노영민 비서실장과 김조한 민정수석, 강기정 정무수석, 윤도한 국민소통수석 등이 배석했다. 문재인은 그 자리에서 최강욱에게 "나도 민정수석실 있어봐서 얼마나 힘들고 피곤한지 잘 안다. 당신이 청와대를 나가면 누가 제일 좋아할지 생각해 봤냐?"며 그를 다독였다. 최강욱의 비서관 사퇴는 5개월 미뤄지게 됐다.

청와대 비서관 통해 '감찰부장 임명' 철회 요구한 윤석열

최강욱은 "그날 잊지 못할 일은 오찬이 끝난 후에 있었다"고 말했다.

조국이 장관직을 사퇴하면서 마지막으로 결재한 게 판사 출신 한동수의 감찰부장 임명이었다. 자신이 물러난 후 윤석열의 독주가 예상되는 상황을 염두에 둔 카드였다. 문재인이 그날 오찬을 마친 뒤 경기도 화성에서 열리는 미래차 산업 국가 비전 선포식에 참석하려고 헬기장으로 이동하려는데 박형철이 대통령이 탑승한 차를 붙잡고 얘기했다.

박형철: 검찰총장이 꼭 부탁드릴 게 있다고 합니다. (조국이 임명한) 감찰부장만은 다른 사람으로 바꿔 달라는 겁니다.

문재인: 감찰부장은 총장의 전횡을 견제하는 자리이니만큼 총장이 원하는 사람을 시킬 수 없어요.

최강욱은 "대통령이 그 말을 하기 전에 잠시 씩 웃었는데 '내가 이런 사람을 검찰총장에 임명했나'라는 소회가 묻어난 듯했다"고 말했다.

17   세 가지 옵션과 마지막 퍼즐

10월 17일 국회 법사위 국감에서 민주당 백혜련 의원이 윤석열에게 따졌다.

> **백혜련**: 조국 장관에 대한 수사는 총장님이 지시를 내렸습니까?
>
> **윤석열**: 이런 종류의 사건은 제 승인과 결심 없이는 할 수가 없지요.

문재인 정부와 윤석열 검찰은 견원지간이라는 것이 확인됐다.

그러나 많은 사람이 윤석열에 대한 애증의 감정을 쉽사리 정리하지 못했다. 12월 6일 《경향신문》에 실린 윤석열의 발언("대통령에 대한 충심은 그대로고 성공하는 대통령이 되도록 신념을 다 바쳐 일하고 있는데 상황이 이렇다")은 관전자들을 혼란스럽게 했다.

김어준 "윤석열은 검찰의 방식으로 자신의 사랑 표현했다"

2020년 이후 반(反)윤석열로 선회한 김어준의 초기 해석도 그런 분위기에서 나왔다.

> 윤석열을 열심히 응원했던, 박수 쳤던 사람으로서 내가 주목한 것은 '충정'이다. 거기에 윤 총장의 진심이 담겨있다고 생각한다. 윤석열 개인에게 인정 욕구가 있을 것 아닌가? 윤 총장의 인정 욕구는 과거에 어떻게 보상받았을까?
>
> 서열 문화가 강한 검찰에서 위에서 지시하고 칭찬받는 것으로는 (인정 욕구가) 충족되지 않았다. 위를 들이받고 아래를 보호하는 역할로 심리적 보상을 받았을 것이다. 그 과정에서 '큰형님 콤플렉스'가 만들어졌을 것이다.
>
> 윤석열에게 문재인은 검찰 조직 밖에서 충성할 만한 존재의 등장이다. 저 사람이 잘되도록 내 역할을 하겠다는 것이 충정으로 표현됐다고 본다. 아버지의 성공을 진심으로 바라는 아들인데, (또 다른) 불량 아들이 하나 있다. 검찰은 교화 기관이 아니라 사정 기관이니 목을 따버린 거다. 검찰의 방식으로 자신의 사랑을 표현한 거다. (2019년 12월 27일 〈유시민의 알릴레오〉 출연)

문 대통령은 11월 19일 MBC에서 방송한 〈국민과의 대화〉에 출연해 "국민에게 갈등을 주고 분열하게 만든 점에 대해 송구스럽다"고 하면서도 "이번 기회에 검찰개혁의 중요성이나 절실함이 다시 한번 부각된 것은 한편으로는 다행스럽다"고 말했다.

문제는 검찰을 제압할 만한 적임자를 찾는 것이었다. 11월 26일 박찬호 검찰 공공수사부장과 김태은 서울지검 공공수사 2부장 라인이 2018년 청와대의 울산시장 선거 개입 의혹 수사에 착수했다. 한동훈 반부패·강력부장과 고형곤 서울지검 반부패수사2부장도 그 해를 넘기지 않고 조국에 대한 불구속 기소 방침을 발표했다(12월 31일).

2020년 1월 2일 민주당 추미애 전 대표가 조국 후임 법무부 장관에 임명됐다. 그는 2003년 노무현 정부 조각 단계에서도 법무부 장관 후보군으로 자천타천 거론됐었다. 노무현 정부 시절 좌초된 검찰개혁의 임무가 17년 만에 그에게 찾아왔다.

1월 8일 추미애가 발표한 검찰 인사안은 윤석열 검찰 체제를 흔들어 놓았다. 울산 선거 수사를 지휘하던 박찬호가 제주지검장으로, 조국 장관 수사를 맡았던 한동훈이 부산고검 차장으로, 이명박·박근혜 정부의 문화예술계 블랙리스트를 수사했던 이두봉 검찰 과학수사부장이 대전지검장으로 전보됐다. '조국 압수수색'을 거들었던 배성범 서울지검장은 법무연수원장으로, 서울지검 시절부터 핵심 측근이었던 윤대진 수원지검장은 사법연수원 부원장으로 각각 발령 났다.

이 밖에도 윤석열 총장 취임 뒤 검찰 요직에 포진했던 친윤 검사들이 일선 지검장으로 보내졌다. 주요 수사를 지휘하는 서울지검장에는 이성윤 법무부 검찰국장이 내정됐다. 이성윤은 조국이 장관직에서 물러난 뒤 문재인이 검찰개혁을 지시할 때 김오수 법무부 차관과 함께 청와대로 부른 사람이었다. 자유한국당은 그에게 '친여 검사' 딱지를 붙였다.

'추윤 갈등'

1월 23일 중간 간부 인사에서는 서울지검 차장 4명이 모두 교체됐고, 조국 수사를 맡았던 고형곤도 대구지검 반부패수사부장으로 자리를 옮겼다. 우여곡절 끝에 자리를 지킨 김태은은 6일 뒤 송철호 울산시장을 포함해 한병도·백원우·박형철 전 청와대 비서관, 황운하 전 울산경찰청장 등 13명을 공직선거법 위반 혐의로 무더기 기소했다. 추미애 장관이 2월 4일 청와대의 울산시장 선거 개입 의혹 수사 관련 공소장을 공개하지 않겠다고 결정하며 법무부와 검찰은 다시 대립했다.

　취임 초기 추미애에 대한 최강욱의 평가다.

　　노영민 등 청와대 수뇌부는 검찰 인사권만 잘 다스리면 윤석열 변수를 통제할 수 있다고 판단했다. 추미애 장관도 윤석열과 상견례(1월 7일)를 한 뒤에는 '굳이 윤을 총장에서 몰아낼 필요가 없다. 내가 충분히 통제할 수 있다'는 인식을 내비쳤다. 추미애로서는 자신이 정권의 골칫덩이를 해결하면 그것이 정치적 자산이 될 것으로 판단한 거다.

　　한편으로는 '내가 조직을 지켜줄 테니 윤석열 문제에 대해서는 내 명을 따르라'는 사인을 검찰에 줬다. 윤석열과 검찰은 한

몸인데 추미애는 둘이 별개라고 생각했다. 청와대에 있던 내가 불안감을 느낄 정도의 안이한 인식이었다. (2022년 8월 25일 필자와의 인터뷰)

그러나 날이 갈수록 윤석열의 정치적 체급은 올라갔다. 1월 31일 《세계일보》 여론조사에서 윤석열(10.8%)은 이낙연 총리(32.2%)에 이어 차기 대선 주자 2위로 부상했다(황교안 10.1%, 이재명 5.6%, 박원순 4.6%). 이듬해 6월 30일 정치인으로 변신한 윤석열은 국회 기자실 《세계일보》 부스를 찾아 "그때 그 조사 아니었으면 내가 여기까지도 안 왔다"고 말했다. 총선을 앞둔 여당 의원들은 이즈음부터 윤석열을 때리는 발언으로 지지층을 결집했는데, 이러한 행보들이 하나둘 쌓이면서 윤석열의 체급도 덩달아 올라가는 결과를 빚었다.

2월 11일 추미애 장관은 기자 간담회에서 "법을 개정하기 전이라도 지방 검찰청 단위에서 수사와 기소 분리는 시범적으로 시도할 수 있다"고 말했다. 수사와 기소 분리를 장기 과제로 보고 사실상 거부했던 윤석열의 입장과는 배치됐다.

4월 총선을 앞둔 3월 31일에는 MBC 〈뉴스데스크〉 보도로 채널A 이동재 기자 사건이 터진다. 이 사건의 성격에 대해 문재인 정부는 '검언유착'으로, 자유한국당과 보수 언론은 '권언유착'으로 각각 규정한다.

MBC 보도의 골자는 이동재가 검사와의 친분을 언급하며 이철 전 밸류인베스트코리아 대표 측에 유시민 비위 진술을 강요했다는 것. 이동재가 언급한 '현직 검사'가 한동훈이라는 게 드러나며 한동훈에 대한 수사가 쟁점으로 떠올랐다.

7월 2일 추미애가 윤석열의 지휘를 중단하는 내용의 수사 지휘권을 발동하자 윤석열은 조남관 검찰국장을 통해 '특임검사 임명' 중재안을 냈다. 이 과정에서 일부 검찰 간부들은 "장관이 특임검사를 받아주면 (윤석열이) 팔짱을 끼고 사진을 찍어주겠다"고 추미애를 회유했다. 추미애가 윤석열과 검찰이 일심동체로 묶였다는 것을 실감하게 된 사건이었다.

7월 29일 사건 수사를 맡은 정진웅 서울지검 형사1부장이 한동훈의 아이폰 유심을 압수하려고 몸싸움을 시도했다가 오히려 '독직폭행'으로 기소되는 수모를 겪었다. 관련 재판에서 유죄 선고를 받은 정진웅은 항소심에서는 "폭행의 고의가 있었다는 증거가 부족하다"는 이유로 무죄를 받았다.°

추미애와 윤석열의 '추윤 갈등'은 해를 넘기지 않고 절정을 향해 치달았다.

추미애는 11월 24일 오후 서울고검 기자실을 찾아 윤석열에 대한 징계 및 검찰총장 직무배제 방침을 발표했다.

추미애는 징계 사유로 •언론사 사주와의 부적절한 접촉 •조국 사건 등 주요 재판부에 대한 불법 사찰 •채널A 사건 및 한명숙 사건 관련 측근을 비호하기 위한 감찰 정보 거래 •검찰총장

○ 추미애 장관은 그해 11월 12일 "한동훈 사례와 같이 피의자가 휴대폰 비밀번호를 악의적으로 숨기고 수사를 방해하는 경우 (잠금 해제를) 강제로 이행하는 법 제정을 검토하라"는 지시를 법무부에 내렸지만, 법 제정에는 실패했다.

조사 관련 협조 의무 위반 및 감찰 방해 •정치적 중립에 관한 총장의 위엄과 신망 손상 등을 들었다.

12월 16일 새벽 4시 법무부 징계위원회는 윤석열에 대해 정직 2개월을 의결했다. 이는 윤석열을 검찰로부터 퇴출하려던 추미애에게는 너무도 기대에 못 미치는 결과물이었다.

노영민 청와대 비서실장이 다음 행보를 고심하던 추미애 장관에게 뜻밖의 전화를 걸었다.

노영민: 결국 징계 결정이 내려졌군요. 축하합니다.

추미애: 축하라뇨? '임기가 보장된 검찰총장에게 고작 정직 2개월 징계하려고 그 난리 피운 것이냐'는 비난을 받아도 할 말이 없게 되었습니다. 제가 시작한 일이니 제가 책임지겠습니다.

노영민: 네. 책임진다고 하셨으니 사직서 들고 청와대로 들어오세요.

추미애: 네? 제 얘기는 제가 시작한 일을 제가 잘 마무리하겠다는 의미입니다. 사직서라뇨? 대통령의 뜻입니까? 저는 사직서 쓸 의사가 전혀 없습니다.

노영민: …….

그날 오후 5시 추미애는 청와대로 들어갔다. 그는 대통령의 진짜 의중을 확인해야 했다.

추미애 법무부 장관 사퇴의 진실

추미애는 2021년 민주당 대선 후보 경선을 앞두고 펴낸 대담
집《추미애의 깃발》에서 1시간 10분 동안 이어진 대화의 한
토막[14]을 소개했다.

> 추미애: 제 임무는 일단 여기서 끝났습니다. 다음 개혁 조처를
> 이어나갈 분을 임명해 주십시오.
> 문재인: 추 장관의 추진력과 결단이 아니었다면 공수처와 수사
> 권 개혁을 비롯한 권력기관 개혁은 불가능했을 겁니다. 그간 수
> 고해 줘서 고맙습니다. 조금 쉬도록 하세요.

그러나 이것은 그날 대화의 핵심이 아니었다. 실제로는 이런
대화가 오갔다.

> 추미애: 대통령님, 저는 법무부 장관직에서 사퇴할 의사가 없습
> 니다. 제가 해야 할 일들이 많습니다. 중간에서 그만두면 안 되는
> 일들입니다.
> 문재인: 추 장관은 당 대표까지 하셨던 분 아닌가요? 당이 장관
> 직에서 사퇴하길 원하는데 이러시면 되겠습니까? 그동안 수고
> 많으셨습니다. 법무부 장관직에서 사퇴해 주세요.
> 추미애: ······.

추미애는 대담집에서 그 순간의 심경만큼은 솔직하게 드러냈다. 그는 "개혁을 중간에 멈추고 나온 듯해서 온몸이 산산조각난 것 같았다"고 말했다.

설상가상으로 12월 24일 서울행정법원 12부(재판장 홍순욱)가 윤석열이 낸 징계처분 집행정지 신청을 인용하며 그에게 총장 자리에 일시 복귀할 길이 열렸다.

추미애의 사퇴와 윤석열의 직무 복귀로 귀결된 2020년 '추윤 갈등'에 대한 김종민의 해석이다.

> 청와대의 목표는 조국 사태 이후 검찰 인사를 특수부 중심에서 기획, 공안, 특수 파트가 서로 견제할 수 있게 해서 윤석열이 크게 월권하지 못하는 수준으로 끌고 간다는 것이었다. 그런데 추미애는 윤석열을 몰아내야 한다고 생각해서 계속 징계를 시도하고, 그 싸움에서 결과적으로 윤에게 진 거다. 추미애는 자꾸 본인이 잘했다고 하는데 그렇게 볼 수 없다. 장관이 대통령의 생각과 다르게 뭔가를 도모했을 때 그게 성공할 수 있었겠나?
>
> (2022년 9월 14일 필자와의 인터뷰)

본 심리까지 시간을 벌게 된 윤석열은 2021년 3월 1일 언론 인터뷰에서 당·청이 추진하는 검수완박법과 중대범죄수사청을 "직을 걸고 막겠다"고 했다. 같은 해 3월 3일 대구지검을 방문하는 자리에서는 "검수완박은 부패 판치게 하는 '부패완판'"이라는 어법을 썼다. 정치권에서는 윤석열의 입에서 '정치인의 언어'

가 나오기 시작했다고 분석했다.

3월 4일 오후 2시 윤석열은 검찰총장직을 사퇴했다.

그로부터 7개월 10일이 지난 10월 14일 서울행정법원 12부(재판장 정용석)가 법무부의 징계처분이 적합하다는 판결을 내렸지만, 이 시점의 윤석열은 국민의힘에 입당해 유력한 대선 주자로 발돋움한 뒤였다. 야당 지지층 다수는 법원 판결과는 상관없이 윤석열을 도구 삼아 문재인 정부를 심판하겠다는 마음을 먹고 있었다.

문재인과 윤석열은 문 정부 전반기 2년 동안 '환상의 콤비'였지만, 후반기 3년은 '잘못된 만남'으로 귀결됐다. 윤석열의 집권으로 노무현의 유훈 같았던 검찰개혁의 꿈도 사그라들었다. 1987년 민주화 이래 가장 강력한 권력기관으로 군림해 온 검찰은 윤석열 정부와 한배를 타게 됐다. 검찰총장 출신 대통령이 국정을 잘 운영하면 '역시 검찰'이라는 찬탄이 흘러넘칠 것이고, 그가 좋은 평가를 못 받고 물러나면 '썩어빠진' 검찰을 대대적으로 뜯어고쳐야 한다는 목소리가 울려 퍼질 것이기 때문이다.

세 가지 옵션

필자의 지인들은 2019년 조국 사태에 현명하게 대처하지 못한 것이 문재인 정부의 패인이라고 입을 모았다.

그들의 얘기를 정리하면, 문재인과 조국에게는 '세 가지 옵션'이 있었다.

첫째, 문재인이 첫 내각을 구성하는 단계에서 조국을 법무부 장관으로 지명하는 방안이다.

더는 새로운 사실이 아니지만, 문재인이 내각을 구성할 때 조국은 가장 유력한 법무부 장관 후보 중 하나였다.

손혜원은 "조국을 민정수석 아니라 법무부 장관에 임명했어야 했다. 검찰개혁을 마음먹었다면 정권이 가장 인기 좋을 때 해야 했는데, 힘 빠진 시점에 장관을 임명하니 그런 사단(조국 사태)이 난 것"이라고 회고했다.

청와대 시절 노무현 대통령을 지근거리에서 보좌했던 문재인은 조국을 장관보다는 민정수석으로 기용하는 방향으로 마음이 기울었다. 새정치민주연합 대표 시절 문재인을 보좌했던 당직자들은 "무슨 현안만 있으면 문재인이 '조국은 이렇게 생각하던데……'라는 식으로 말을 꺼내서 놀라곤 했다"고 말했다.

금태섭은 문재인 정부 출범이 임박한 시점에 조국과 전화로 나눈 대화를 기억하고 있었다.

조국: 제가 민정수석과 법무부 장관 중 어느 자리로 가는 게 맞을까요?

금태섭: 이왕 하려면 서울대 교수직 사표 내고 장관으로 가는 게 맞습니다.

조국: 장관직을 하려면 인사청문회를 거쳐야 하는데 자유한국당 의원들이 가만두겠습니까?

금태섭: 지금이 기회입니다. 탄핵을 거쳐서 집권했는데 한국당

이 검찰개혁의 명분을 거스를 수 있겠습니까?

조국의 설명은 이렇다.

선거가 끝날 무렵 당선될 경우 같이 일하자는 메시지를 문재인 캠프로부터 받았다. 민정수석이 아니라 법무부 장관을 해야 한다고 의견 준 사람도 몇몇 있었다. 법무부 장관을 하게 되면 정치인으로 변신한다는 의미가 강해지기 때문에 그건 아니라고 답했다. 임명권자의 입장에서 보면, 민정수석 업무는 검찰뿐만 아니라 법무, 경찰, 국정원, 기무사 등 권력기관 개혁을 추진하는 것이기에 민정수석을 제안하신 것으로 안다. 내가 법무부 장관으로 가게 되면 검찰개혁만 해야 한다는 의미다. 문 대통령 입장에서는 법무부 장관 일만 맡길 수 없다고 판단한 것이다.

지나고 보니 국정원보다는 검찰개혁이 훨씬 어려웠다.

지금은 검찰이 가장 주목받는 집단이 됐지만, 당시에는 국정원, 기무사 할 것 없이 모든 권력기관을 다 개혁해야 하는 상황이었다. 문 대통령은 나에게 민정수석을 맡겨서 권력기관 개혁의 컨트롤 타워 역할을 하길 원했다. 왜 하필 교수 출신에게 그렇게 중요한 역할을 맡겼을까? 문 대통령 입장에서는 대학교수에게 맡기면 개인적인 욕심을 내지 않을 거라고 판단한 측면도 있을 것이다. 문 대통령과는 2012년 대선부터 시작해서 당 혁신위원도 해봤기 때문에 권력기관 개혁의 방향이 거의 일치한다는 것을 확인한 상태였다.

문재인 정부가 출범하면 '개혁 대상'으로 전락할 검찰도 아직 정권에 맞설 힘을 비축하지 못한 상태였다. 검찰 내부에서는 대선이 끝나면 김수남 검찰총장이 사표를 낼 것이라는 얘기가 파다했고, 실제로 그렇게 됐다.

문재인이 대통령에 취임하자마자 서울지검장에 임명한 윤석열은 아직 임명권자의 뜻을 거슬러 마음대로 칼을 휘두를 정도로 권능을 갖추지 못했다. 역설적으로, 그는 서울지검장 2년간의 적폐 수사로 실력을 발휘한 뒤 "검찰개혁을 맡겨도 될 사람"으로 인식됐다.

어쨌든 문재인을 돕더라도 언제든 서울대 교수로 돌아가길 원했던 조국은 준정치인으로 인식됐던 장관행을 버거워했다.

조국은 학계 선배인 박상기가 법무부 장관을 맡아 검찰개혁을 힘있게 추진하길 바랐지만, 박상기는 정권의 기대에 미치지 못했다. 조국이 장관 자리에 머문 35일 동안 시행령 형태의 수많은 개혁 조치를 쏟아낸 것도 역설적으로 전임 박상기가 '아무런' 조치를 하지 않았다는 방증이다. 그러나 불가역적 수준의 법률 제정으로 뒷받침되지 못한 검찰개혁안들은 윤석열 정부가 들어서자마자 무력화됐다.

조국의 회고다.

소수 여당의 힘으로 수사권 조정 법안을 통과시킬 수 없으니 시행령으로 할 수 있는 것은 다 해보자고 입장을 정리했다. 그것은 대통령의 뜻이기도 했다. 예를 들어 2018년 기무사의 명칭을 안보지원사령부로 바꾸는 것은 대통령령으로도 가능했다. 내가 법무부 장관 재임 동안 내놓은 시행령들은 사실 박상기 장관 시절에 실행되었어야 할 일들이었다.

박상기가 검찰의 반발에 밀렸다거나 검찰에 포위돼서 못 했다고 봐도 될까?

박 장관은 나에게 학계 선배였다. 그분은 대통령과도 사적 인연이 하나도 없었다. 과거 정부에서는 민정수석이 장관에게 지시하는 관계였지만, 문재인 정부는 민정수석이 장관을 존중하면서 일을 풀어가길 원했다. 소수 여당 정부에서 검경수사권 조정을 위해 많은 노력을 했다. 그러나 뭔가 치고 나가기보다는 얼굴 붉히지 않고 일을 원만히 풀어가려는 스타일이었던 것으로 기억한다. (2022년 9월 6일 필자와의 인터뷰)

둘째, 조국 법무부 장관 임명을 철회하고 사태를 조기에 수습하는 방안이다.

조국이 박상기 후임으로 지명된 뒤 사모펀드에 이어 고등학생이었던 딸이 영어 의학 논문의 제1저자로 등재된 사실이 드러났다(2019년 8월 20일).

이 무렵 청와대 김조원 민정수석과 최강욱 공직기강비서관 사이에는 이런 대화가 오갔다.

김조원: 여론의 역린을 건드리는 지점이 교육과 병역입니다. 2006년 8월 김병준 교육부총리가 낙마할 때 공직기강비서관이 나였는데, 이런 문제로 대통령에게 부담을 주면 안 됩니다. 조국 장관의 임명을 이쯤에서 접는 게 어떻습니까?

최강욱: 말이 됩니까? 안 그래도 검찰은 전직 대통령과 대법원장을 구속시켜서 기고만장해있는데, 법무부 장관까지 맘대로 고를 수 있다는 사인을 주면 안 됩니다.

김조원은 공직자 자녀 입시 이슈의 폭발력을 감지했지만, 장관 사퇴로 상황을 조기 수습한다는 결단에는 이르지 못했다. 오히려 "한 번 밀리면 계속 밀린다"는 위기의식이 범여권 전체를 감쌌다.

자녀 입시를 둘러싼 논란은 공직자 인사 검증에서 약방의 감초처럼 등장하는 이슈였다.

1993년 김영삼 문민정부가 첫 내각을 꾸리면서 박희태를 법무부 장관에 임명할 때 일이다. 김영삼 정부 이전까지만 해도 대통령이 장관에게 임명장을 주면 그만이었다. 나중에 아무리 뒷말이 나와도 대통령이 여론에 밀려서 인사를 철회한다는 것은 있을 수 없었다.

그러나 박정희, 전두환, 노태우에 이어 첫 민간인 출신 대통령이 된 김영삼은 달랐다. 그는 모든 조간신문을 샅샅이 읽고 밤 9시 TV 뉴스를 시청한 뒤에야 잠들 정도로 '여론'에 민감한 대통령이었다.

그런데 1993년 3월 2일《동아일보》사회면 톱기사로 대학 편법 입학 실태가 보도됐다. 그중 한 단락이 문제였다.

"현직 장관의 딸인 박아무개양은 국내에서 고교까지 나왔으나 미국 캘리포니아에서 출생할 때 속지주의를 택하고 있는 미국법에 따라 얻은 시민권을 계속 유지하고 있다가 지난 91학년도에 외국인 자격으로 이화여대에 정원외로 입학했다. 박양은 한국 국적은 포기한 것으로 알려졌다."

익명으로 소개됐지만, 현직 장관은 법무부 장관에 막 임명된 박희태였다. 노태우 정부의 국무총리 제4행정조정실에도 몸담았던 손진철은 김영삼 당선자에게 사적으로 보관하고 있던 2만여 명의 방대한 '인물 파일'을 전달했다. 그러나 대통령직인수위 관계자는 "박희태 법무부 장관의 경우 딸의 이중국적 및 대학 편법 입학 문제로 장관직을 사퇴하긴 했지만 박희태의 인물 파일에 이미 이중국적 문제는 정확히 기재돼 있었다. 하지만 당선자는 그 파일을 전혀 이용하지 않았다"고 말했다.[15]

어쨌든 박희태는 별다른 해명 없이 5일 만에 장관직을 조용히 내놓았다. 당시 재선 의원이었던 그는 의원직을 내놓지 않고 훗날 국회의장 자리까지 올랐다.

검사 출신 박희태가 법무부 장관직을 유지하고 검찰을 다스리려 했다면 후배 검사들이 들고 일어났을까? 그건 알 수 없다. 다만 그가 장관직을 내놓음으로써 김영삼 정부는 '법무부 장관 비위 의혹' 리스크를 덜었고, 야당도 퇴임 장관에 대한 수사를 요구할 정도로 인정이 박하지 않았다. 법무부 장관 자리는 또 다른 검사 출신 김두희에게 돌아갔다.

다시 2019년으로 시계를 되돌려 본다.《동아일보》보도 이후 조국 수사의 초점은 사모펀드에서 자녀 입시 스펙 문제로 무게 중심이 옮겨졌고, 조국 부부 모두가 재판을 받는 처지가 됐다.

특히 부인 정경심은 1~3심 재판에서 딸 조민이 부산대 의전원 입시에 사용한 '논란의 동양대 표창장' 뿐만 아니라 •동양대 보조연구원 •단국대 장영표 교수 논문에 제1저자 등재 •공주대 연구소 논문초록 제3저자 등재 •서울대 로스쿨 인턴 •한국과학기술연구원(KIST) 인턴 •부산 아쿠아팰리스호텔 인턴 등 이른바 '7대 스펙'이 모두 허위로 판정 나면서 징역 4년형이 확정됐다. 2022년 1월 27일 대법원 판결이 나오자 부산대와 고려대 모두 조민의 입학 허가를 취소했고, 조국 가족은 부산대를 상대로 입학 취소 무효 소송을 제기한 상태다.

금태섭은 "《동아일보》보도 때 장관직 안 받고 물러났다면 검찰 수사가 더 이상 들어가지 못했을 것"이라고 말한다.

> 조국이 잠시 쉬었다가 다음 총선에서 다시 나올 수도 있었다. 내가 이런 말 하면 '그런 게 정치적 처신'이라고 힐난하는 사람들이 있는데, 우리나라 사람들이 한 번 무너진 사람을 때리고 또 때리진 않는다. '이쯤에서 그만해'라는 여론의 성화를 검찰도 감당하기 어려웠을 것이다. 그런데 이 모든 일이 음모이고, 여기서 물러나면 정권이 완전히 죽을 것이라는 판단에 휘말린 거다.
> (2022년 8월 18일 필자와의 인터뷰)

훗날 조국도 "지금 와서 생각하면, 나와 가족을 위해서는 그때 그만뒀어야 했다"고 말했다.

마지막 옵션은 조국 법무부 장관과 윤석열 검찰총장의 동시 퇴진이다.

조국의 장관 거취가 논란이 되던 시기 김남국과 권경애 사이에는 다음과 같은 문자 대화가 오갔다.

> **김남국**: 검찰총장 임기 이전에 해임하는 것은 헌법을 위반하는 거죠?
>
> **권경애**: 임기제는 직업공무원 제도를 보장하기 위한 장치이고, 검찰총장 임기는 검찰의 정치적 중립성을 보장하기 위한 것이니, 검찰총장을 임기 전에 해임하는 것은 헌법 원리에 반한다고 봐야죠.
>
> **김남국**: 그렇죠. 아무리 진영의 변호사로 나서서 방어하고 있지만, 헌법에 반하는 말을 할 수는 없어서요.°

그러나 당시만 해도 청와대와 여당 어디에서도 이런 시나리오를 공개적으로 얘기할 사람은 없었다.

1988년 노태우 정부 시절 검찰총장 2년 임기제가 도입된 이래 임기를 채우지 못하고 사퇴한 검찰총장들이 적지 않았지만,

---

° 훗날 국회의원이 된 김남국은 2020년 12월 추미애 법무부 장관과 윤석열 검찰총장의 동반 사퇴론이 부상했을 때 "동반 사퇴는 있을 수 없고 윤석열 총장이 책임지고 사퇴해야 한다"는 입장으로 선회했다.

권력의 노골적인 압력으로 사퇴한 사람은 2013년의 채동욱 총장이 유일했다. 채동욱이 박근혜 정부의 뜻대로 국정원 댓글 사건을 처리하지 않자 국정원 간부들이 그의 사생활 정보를 언론에 흘려 사표를 받아냈다. 채동욱 사건 당시 박근혜 정부를 맹비난했던 민주당 정부가 6년 만에 검찰총장을 찍어낸다는 것은 정치 도의상 용납될 수 없었다.

그런데 이러지도 저러지도 못하는 상황에서 돌발 상황이 발생했다. 2019년 9월 7일 윤석열이 김조원 민정수석을 통해 문재인에게 "조국이 장관을 그만두지 않으면 내가 그만두겠다"는 의사를 전달한 것이다. 다음 날 오전 김조원의 보고를 받은 문재인은 윤석열의 발언을 인사권자에 대한 도전으로 받아들였다. 최강욱은 "윤석열 전화가 오히려 조국 장관 임명의 트리거(방아쇠) 역할을 했을 수 있다"고 평가했다.

문재인은 조국의 법무부 장관 임명을 결심한 것에 그치지 않고 김조원에게 윤석열의 사표를 받아내라고 지시했다. 김조원은 대통령의 뜻을 박형철에게 전달했다. 그러나 청와대가 '조국 법무부 장관 임명'을 발표하면서 '윤석열 사표'는 흐지부지됐다.

문재인 청와대가 더 이상 '윤석열 사표'를 밀어붙이지 않은 것에 대한 최강욱의 설명이다.

그걸 공론화할 경우 윤석열이 말을 번복할 상황도 고려해야 했다. 윤이 '나는 그런 뜻으로 한 말 아니다, 대통령에 대한 나의 충정을 표현하려다가 나온 실수'라고 나온다고 치자. 문 대통령은 사표를 안 내려는 사람에게 억지로 받아내는 모양새가 되지 않나? 검찰은 '정권을 겨냥한 수사를 막으려고 사표 요구한다'는 프레임을 짤 것이고. 검찰이 그동안 보인 행태를 보면 그 정도 장난은 충분히 할 사람들이라고 판단했다. (2022년 9월 18일 필자와의 전화 인터뷰)

윤석열을 내치지 못한 이유

서초동에서 '조국 수호, 검찰개혁' 집회가 한창 타오르던 시기에 손혜원은 대통령 부인 김정숙을 만나 놀라운 말을 들었다. 두 사람은 숙명여중, 숙명여고 동기 동창이었고, 둘의 사적 관계를 떠나 손혜원은 2016년 김종인 비대위원장 영입에 관여하는 등 '문재인 정치'의 막후에서 중요한 역할을 한 인물이었다.

손혜원이 먼저 "윤석열은 도대체 누구 얘기를 듣고 앉힌 거냐"며 윤석열과 가까운 여권 핵심 측근들을 거론했다. 오늘날의 사태를 초래한 윤석열 영입이 대통령의 의중은 아닐 것이라는 뉘앙스의 질문이었다.

김정숙이 답했다.

"손 의원, 그게 아냐. 우리가 부탁한 거야. 대통령이 윤석열을 사저로 불러서 식사하면서 검찰총장 맡아달라고 간곡하게 부탁해서 맡게 된 거야."

손혜원은 망치로 한 대 맞은 것 같은 충격을 받았다. 한편으로, 여당발 윤석열 비토론에도 불구하고 문재인이 윤석열을 내치지 못한 이유도 깨닫게 됐다.

17 세 가지 윤석열과 마지막 퍼즐

> 결과야 어떻든 윤석열과 같이 가기로 결론 내린 사람은 문 대통령 아니냐? 조국과 최강욱이 안 된다고 했는데도 그 말을 안 들어서 일이 이렇게 된 건데, 대통령 본인이 윤을 검찰총장으로 쓰고 싶은 마음이 그만큼 강했던 거다. (2022년 7월 27일 필자와의 인터뷰)

조국 사태가 일단락된 후 2020년 내내 추윤 갈등이 정치권을 떠들썩하게 하는 것을 보고도 문재인은 "저의 평가는 (윤석열은) 그냥 문재인 정부의 검찰총장"(2021년 1월 18일 신년 기자 간담회)이라고 말해 사람들을 어리둥절하게 했다.

금태섭은 "문 대통령이 윤석열을 검찰총장에서 조기에 물러나게 했다면 그는 (검증 과정에서) 대통령이 되지 못하고, 보수 진영도 인물난으로 헤맸을 것"이라고 평가했다.

김종민의 말이다.

> 윤석열이 조기 퇴진했다면 (정권과 검찰의) 소모적인 싸움도 오래 가지 않았을 것이다. 대통령에게 검찰총장 해임권이 있는지 없는지에 대해서는 청와대도 내부적으로 법률 검토를 많이 했다. 그러나 명쾌하게 '해임권이 있다'는 결론을 내리지는 못했다. 정치적으로는 임기세 총장을 이 정도 일로 쫓아내는 게 부담이 되는 것도 있었고. 결국 법리적 요인과 정치적 요인이 섞여서 해임

하지 못했다. 대통령이 검찰총장이 물러나도록 정치력을 발휘하지 못한 것에 대한 아쉬움이 있지만, 자칫 대통령이 총장을 해임해서 싸움이 벌어질 경우 이것이 윤석열을 정치적으로 키워줄 수 있다는 딜레마도 있었다. (2022년 9월 14일 필자와의 인터뷰)

문재인은 2022년 4월 JTBC 손석희 앵커와의 인터뷰에서 "반대를 무릅쓰고 (윤석열을 검찰총장에) 임명했다는 것은 잘못 알려진 사실이며 많은 사람이 추천하고 지지했다"고 말했다. 윤석열의 조국 수사가 시작되기 전까지는 그를 비토하는 목소리가 높지 않았는데, 대선 결과가 나오자 자신의 선택을 책망하는 것에 대해 불편한 심기를 드러낸 것인지도 모른다.

윤석열의 검찰총장 임명부터 대통령 취임까지 이어진 일련의 사태를 문재인은 어떻게 받아들였을까? 복수의 청와대 관계자들은 "재임 시절 대통령에게서 '윤석열을 검찰총장에 임명한 것을 후회한다'는 말을 들었다"고 밝혔다.

닫는 글

2017년 5월 15일 월요일 아침 나는 회사 메시지함을 열어보고 아연실색했다. 이런 제목의 메일들이 주말 사이 쏟아졌기 때문이다.

"기레기질 좀 작작합시다."

"문재인 대통령이 당신 친구입니까?"

"예의는 밥 말아 드셨나요?"

"가르치려 들지 마라~"

주말 사이 무슨 일이 있었던 걸까?

청와대 출입 기자였던 나는 토요일 문재인 대통령의 산행에 동행했고, 같은 날 오후에는 대통령 부인 김정숙이 홍은동 사저에서 청와대로 이사 가는 모습을 취재했다.

그런데 메시지를 보낸 독자들은 이 기사에서 두 가지를 문제 삼았다.

첫째는 기사 제목 〈"이사 갑니다"…… 문재인 부부, 홍은동

주민들과 '작별'>에서 대통령 부부를 왜 '문재인 부부'라고 썼냐는 지적이었다. 변명하자면, 대통령 부부를 폄훼할 의도는 없었다. 다만 자연인에서 대통령으로 명실상부 지위가 바뀌는 순간이어서 "앞으로 5년간 못 부를 텐데 이름 한번 불러 보고 싶다"는 생각이 스쳤다. 기사를 다듬은 편집기자도 제목에 대한 이견을 내지 않았다.

둘째는 '대통령 부인 김정숙 씨'라는 표현. 전직 박근혜 대통령이 배우자가 없었기 때문에 배우자 호칭은 10년 만에 부활한 논쟁거리였다. '여사'(女史)라고 부르느냐 마냐의 문제였는데 공교롭게도 당일 산행에서 문 대통령은 '김대중 대통령 부인 이희호 여사'로 예시하며 '김정숙 여사'로 불러달라고 기자들에게 요청했다.

그러나 나는 이명박 대통령 부인 김윤옥을 언급하는 기사를 쓸 때 '여사'로 쓴 적이 없었다. 사람에 따라 받아들이는 온도 차가 있겠지만, 나에게 여사는 전근대적인 호칭이었다.°

그러나 문재인의 팬들, '문팬'들은 나의 이런 설명을 받아들이지 않았다. 그날 페이스북 프로필 사진을 문 대통령과 산행 중에 찍은 사진으로 바꾸면서 "(문재인을 지지하지 않은) 59% 국민 여러분, 양해해 주세요"라고 쓴 것이 문팬들을 더 화나게 했다.

° 나만 '여사' 호칭에 부정적인 것은 아니었다. 문 대통령의 핵심 측근이었던 양정철도 2018년 1월 펴낸 책 《세상을 바꾸는 언어》에서 "요새 동네에선 여성들이 서로에 대한 존칭으로 너그럽게 아무에게나 '여사님'이란 호칭을 쓴다. 대통령 부인에 대한 존칭으로는 부적절하다"는 입장을 내놓았다.

내 딴에는 문 대통령과 사진 찍은 것에 우쭐한 마음을 겸손하게 표현한 것인데, 문팬들은 문 대통령과 자신들을 조롱하는 것으로 받아들였다. 회사에 출근하자마자 이 문제로 '대책 회의'가 열리는 등 회사로서도 피해를 최소화하기 위해 진땀을 흘려야 했다.

이 사건을 계기로 나는 민주당 지지자들에게 광범위하게 깔려 있는 '노무현 트라우마'에 주목하게 됐고, 그것이 어떠한 귀결에 이를지 주시했다. 이 책은 그 결과물인 셈이다.

돌이켜 봐도 2009년 노무현의 죽음은 큰 사건이었다. 그리고, 누구의 잘못을 논하기 전에 그 사건으로 인해 생긴 사람들의 상흔은 치유되어야 했다.

나는 노무현의 가치를 잇는 후계자가 정권을 잇고 참여정부의 공과를 객관적으로 평가할 날이 오면 이 트라우마가 치유된다고 봤다.

'노무현의 비서실장' 문재인이 2017년 5월 23일 봉하마을 8주기 추도식에 참석해 "앞으로 임기 동안 대통령님을 가슴에만 간직하겠다. 현직 대통령으로서 이 자리에 참석하는 것은 오늘이 마지막일 것"이라고 했을 때 가슴이 벅차올랐다.

내 판단이 틀렸다. 민주당 지지층의 트라우마는 내가 헤아린 것보다 훨씬 깊었다. 노무현 청와대의 대변인을 지낸 김종민의 말이다.

김내숭과 노무현에 대한 지지는 사람보다는 가치에 중점을 둔 것이기 때문에 매우 의미 있는 에너지였다. 노무현 정부의 노선이 자신의 가치와 맞지 않는다고 해서 지지층 일부가 이탈하기도 했다. 그런데 노 대통령이 돌아가신 후 '지못미' 정서가 말 그대로 2단계의 '묻지 마 지지'로 표출된 것이다. 2단계가 심해진 3단계에서는 2단계에서 추앙했던 인물을 비판하는 사람, 세력들은 모조리 악마화된다.

건전한 1단계에서 '묻지 마 지지'의 2단계로 가더라도 다시 1단계로 돌아갈 가능성이 없지 않은데 2단계를 제어하지 못하면 3단계로 넘어가는 것은 금방이다. 2017년 경선에서 이재명이 문재인을 비판했다고 해서 가장 큰 표적이 되었는데, 5년이 지난 지금 그를 좋아하는 사람들이 이재명을 비판하는 세력에 '수박' 낙인을 찍어서 악마화를 시도한다는 게 아이러니하다. (2022년 9월 14일 필자와의 인터뷰)

조기숙은 "초창기의 문파들과는 이성적으로 여론 수렴을 하는 게 가능했다. 상황이 틀어진 것은, 2017년 대선에서 민주당이 승리한 후 새로운 지지층이 유입되면서부터다. 문재인 지지율이 80%를 넘으니 내게도 막말, 쌍욕 하는 사람들이 나타났다"며 "문재인, 조국, 이재명을 지키자는 구호는 '노무현 트라우마'를 빙자한 포퓰리즘"이라고 규정했다. 그런 현상의 '수혜자'라고 할 수 있는 문재인조차 퇴임 인터뷰에서는 "(그런 얘기는) 선거용이죠. 누가 와서 지켜줍니까"라고 반문했다.

그런 말이 무색하게도 문재인은 여전히 인기 있는 전직 대통

령이다. 민주당의 전현직 국회의원들, 청와대 직원들이 그와 만
난 뒤 소셜미디어에 올린 '인증 사진'은 문재인의 존재감이 여전
하다는 것을 보여주고, 그의 이름은 여전히 신문 정치면에 오르
내린다. 그러나 흐뭇한 뉴스가 아니라서 읽는 내내 답답해진다.

왕조 시대에 권력을 놓는 것은 곧 죽음을 의미했다. 조선 사대
부 선비들의 목숨을 앗아간 사화와 옥사들이 증명하는 사실이
다. 노무현의 죽음 이후 이어진 전직 대통령 수난사는 우리가 이
오래된 망령, 더 직접적으로는 '노무현 트라우마'로부터 자유롭
지 못하다는 것을 보여준다.

문재인의 시대는 이 과제를 푸는 데 실패했지만, 문재인 이후
의 현대사는 노무현의 비극을 딛고 일어서야 한다.

문재인 정부의 부름을 받아 적폐를 도려내는 칼 역할을 하다
가 문 정부와 멀어진 뒤 '적폐 세력'과 힘을 합해 정권 교체의 주
역이 된 '윤석열 드라마'의 교훈이 있다면 "세상을 바꾸려면 선
의와 열정 이상의 세심함과 절제가 필요하다"는 것일 거다.

그러나 윤석열 정부가 이런 교훈을 이해하지 못하는 느낌을
주고 있어서 걱정이다. "문재인에게 당한 만큼 되돌려 주겠다"
는 심사를 버리지 못했다는 점에서 그들도 '노무현 트라우마'에
서 벗어나지 못하고 있다.

나는 권력을 쥔 사람의 '법대로' 타령이 두렵다. 온갖 명분을
갖다 붙여도 권력을 쥔 쪽이 마음을 먹으면 '빼앗긴' 쪽은 속수
무책으로 당하는 깃을 똑똑이 지켜봤기 때문이다.

상대방을 깎아내리고 두들겨 패서 지지층의 환심을 사는 정

치가 권력을 잡는 데는 유용할 수 있다. 그러나 치세에는 전혀 다른 '게임의 법칙'이 작동하고, 그걸 체득할 즈음에는 임기가 끝난다는 사실을 잊는다.

윤석열 정부의 첫해는 실망스러웠다. 임기 둘째 해, 2023년에는 전임 정부가 풀지 못한 악순환의 고리를 끊어내고 '국민 통합'을 보여주는 대통령으로 돌아와 주길 소망한다. 큰마음 먹고 검찰 출신 대통령을 선출했는데 "다시는 검사를 뽑으면 안 되겠다"는 말이 나온다면 그것은 개인의 불행으로 끝날 일이 아니다.

미주

1부
'지못미' 노무현

1 노무현재단, 《봉하일기》[전자책], 부키, 2012.

2 이재정, 《캐비닛의 비밀》, 한티재, 2018, 133쪽.

3 구영식, 〈"김종익은 민간인"…… 총리실은 알고 있었다 '버럭 비서관' 이영호, 뻔뻔한 거짓말 '들통'〉, 《오마이뉴스》, 2012년 1월 10일.

4 이재정, 《캐비닛의 비밀》, 한티재, 2018, 99쪽.

5 김정은, 《2009년 5월》, 웅진지식하우스, 2011.

6 최재혁, 〈작년 11월 이명박에 직보한 국세청 자료…… 모든 것이 담겼다〉, 《조선일보》, 2009년 3월 25일.

7 CBS 라디오 〈김현정의 뉴스쇼〉, 정두언 인터뷰, 2018년 1월 19일.

8 세계일보 법조팀, 《노무현은 왜, 검찰은 왜?》, 글로벌콘텐츠, 2010, 80쪽.

9 세계일보 법조팀, 《노무현은 왜, 검찰은 왜?》, 글로벌콘텐츠, 2010, 102쪽.

10 김정호, 《바보 농부, 바보 노무현》, 생각의길, 2017, 174쪽.

11 BBS 불교방송 〈김재원의 아침저널〉, 박희태 인터뷰, 2009년 4월 20일.

12 세계일보 법조팀, 《노무현은 왜, 검찰은 왜?》, 글로벌콘텐츠, 2010, 117쪽.

13 강윤중, 〈고요와 적막, 긴 기다림…… 봉하마을 2주간의 기록〉, 《경향신문》, 2009년 4월 23일.

14 평화방송 〈열린세상 오늘 이석우입니다〉, 조기숙 인터뷰, 2009년 4월 23일.

15 같은 인터뷰.

16 평화방송 〈열린세상 오늘 이석우입니다〉, 홍준표 인터뷰, 2009년 5월 6일.

17 문재인, 《문재인의 운명》, 북팔, 2017년.

18 문재인, 《문재인의 운명》, 북팔, 2017년.

19 평화방송 〈열린세상 오늘 이석우입니다〉 백원우 인터뷰, 2009년 5월 1일.

20 박창식, 〈노 전 대통령, 돈 문제 대신 인정하려 했다〉, 《한겨레》, 2009년 6월 1일.

21 JTBC 〈썰전〉, 2017년 11월 16일.

22 노무현재단 〈노무현, 열 컷의 풍경〉 추모 특집 좌담회, 2010년 5월 17일.

23 CBS 라디오 〈시사자키 정관용입니다〉 김경수 인터뷰, 2012년 5월 21일.

24 참여연대, 2009년 4월 8일 성명.

25 평화방송 〈열린세상 오늘 이석우입니다〉 노회찬 인터뷰, 2009년 4월 9일.

26 진중권, 2009년 4월 8일 진보신당 게시판.

27 김창룡, 〈'비판을 무시한 선물'—몰락하는 노무현〉, 《미디어오늘》, 2009년 4월 10일.

28 박상주, 〈노무현 전 대통령께〉, 《미디어오늘》, 2009년 4월 14일.

29 이대근, 〈굿바이 노무현〉, 《경향신문》, 2009년 4월 16일.

30 김종구, 〈비굴이냐, 고통이냐〉, 《한겨레》, 2009년 5월 1일.

31 강상철, 〈진보신당 노회찬 인터뷰〉, 《노동과 세계》, 2009년 5월 8일.

32 박창식, 〈노 전 대통령, 돈 문제 대신 인정하려 했다〉, 《한겨레》, 2009년 6월 1일.

33 노무현, '사람사는 세상' 홈페이지, 2009년 4월 12일.

34 노회찬, 2009년 5월 23일 진보신당 대표단 회의.

35 진중권, 2009년 5월 23일 진보신당 게시판.

36 김종구, 〈말의 힘, 칼의 힘〉, 《한겨레》, 2009년 6월 5일.

37 이대근, 〈노무현의 마지막 선물〉, 《경향신문》, 2009년 6월 15일.

38 김창룡, 〈전직 대통령 서거, 고개만 숙이지 말라〉, 《미디어오늘》, 2009년 8월 19일.

39 세계일보 법조팀, 《노무현은 왜, 검찰은 왜?》[전자책], 글로벌콘텐츠, 2010.

40 김혜리, 〈지식소매상 유시민〉, 《씨네21》, 2009년 6월 15일.

41 남소연·김영균, 〈"민주당, 부자와 대기업·강남까지 포용해야"〉, 《오마이뉴스》, 2009년 3월 17일.

42 강만길 고려대 명예교수, 고영구 변호사(전 민변 초대회장), 구중서 문학평론가(전 민예총 이사장), 김근태 전 열린우리당 의장, 김상근 목사(전 민주평통 수석부의장), 김우식 전 청와대 비서실장, 김원기 전 국회의장, 김중배 전 MBC 사장, 노준식 노씨 중앙종친회장, 리영희 한양대 명예교수, 문희상 국회 부의장, 박영숙 전 한국여성재단 이사장, 박재승 변호사(전 대한변협 회장), 박형규 목사(남북평화재단 이사장), 백낙청 서울대 명예교수, 서동구 전 KBS 사장, 선진규 정토원 원장, 송기숙 소설가(전 한국작가회의 회장), 송기인 신부, 신경림 시인, 신상우 전 국회 부의장, 오충일 목사, 이기명 전 노무현 후원회장, 이상희 서울대 명예교수, 이선종 원불교 서울교구장, 이해동 목사(진 덕성여대 이사장), 이효재 이화여대 명예교수, 임재경 언론인, 임채정 전 국회의장, 전윤철 전 감사원장, 정세균 민주당 대표, 정대철 전 대통합민주신당 창당준비위 공농상임위원강, 조영함 변호사(전 국가인권위원회 위원장), 조정래 소설가, 지은희 전 여성부 장관, 최영도 전 국가인권위

원회 위원장, 한승헌 전 감사원장, 한완상 전 대한적십자사 총재, 함세웅 민주화운동기념사업회 이사장. (가나다순)

43 강기정, 강창일, 김경협, 김성곤, 김영주, 김용익, 김우남, 김윤덕, 김재윤, 김진표, 김춘진, 김태년, 김현, 김현미, 노영민, 도종환, 문병호, 문재인, 문희상, 박기춘, 박남춘, 박병석, 박주선, 백재현, 서영교, 설훈, 송영길, 신계륜, 신기남, 신학용, 안민석, 양승조, 오영식, 오제세, 우상호, 우원식, 우윤근, 원혜영, 유기홍, 유대운, 유승희, 유인태, 윤호중, 윤후덕, 이낙연, 이목희, 이미경, 이원욱, 이인영, 이석현, 이용섭, 이종걸, 이춘석, 이해찬, 임수경, 장병완, 전병헌, 전해철, 정세균, 정청래, 조경태, 천정배, 최규성, 최민희, 최재성, 홍영표.

44 강병원, 김경수, 김두관, 김부겸, 김영진, 김정호, 박재호, 심기준, 전재수, 조배숙, 조승래, 최인호, 황희(이상 국회의원), 김만수, 김성환, 김영배, 김우영, 민형배, 염태영, 이창우(이상 기초단체장).

45 최보은, 〈"한나라는 섬멸해야 할 적 아니다"〉, 《한겨레》, 2005년 9월 8일.

46 임대식, 《박원순이 걷는 길》[전자책], 한길사, 2015.

47 2011년 9월 3일 《중앙일보》-한국갤럽 여론조사.

48 노무현, 《여보, 나 좀 도와줘》, 새터, 2017, 25~26쪽.

49 이종탁, 〈노무현재단 상임이사 문재인 변호사〉, 《경향신문》, 2010년 5월 13일.

50 이완, 〈문재인, 운명에서 해방되다〉, 《한겨레21》, 2022년 5월 13일.

51 문재인, 《문재인의 운명》, 북팔, 2017년.

52 최강욱, 《권력과 검찰》, 창비, 2017, 48쪽.

53 문재인·김인회, 《문재인, 김인회의 검찰을 생각한다》[전자책], 오월의봄, 2011.

54 문재인·김인회, 《문재인, 김인회의 검찰을 생각한다》[전자책], 오월의봄, 2011.

55 문재인·김인회, 《문재인, 김인회의 검찰을 생각한다》[전자책], 오월의봄, 2011.

56 세계일보 법조팀 지음, 《노무현은 왜, 검찰은 왜?》, 글로벌콘텐츠, 2010, 254쪽.

57 2018년 1월 30일 정호성 검찰 진술 조서.

58 고재석, 〈"안철수, 애국심 있다면 反文으로 뭉치자"〉, 《신동아》 2020년 2월 호.

59 최우석, 〈박근혜 정부 마지막 청와대 대변인 정연국-'박근혜 청와대'의 마지막을 증언하다〉, 《월간조선》 2019년 11월 호.

60 김의겸, 〈최순실 게이트-탄핵-정권 교체 '숨은 의인' 입 열다〉, 《한겨레》, 2017년 5월 16일.

2부

문재인의 운명과 윤석열

1 문재인·김인회, 《문재인, 김인회의 검찰을 생각한다》[전자책], 오월의봄, 2011.

2 SBS 〈김어준의 블랙하우스〉 양정철 인터뷰, 2018년 1월 17일.

3 이충재, 〈박상기 前 법무 "검찰이 한국 사회 방향 결정한다고 생각하는 검사들 적잖아"〉, 《한국일

보〉, 2019년 10월 31일.

4　김기태, 〈유출 문건 없애버린 유해용…… "영장 판사도 수사 대상"〉, SBS, 2018년 9월 11일.

5　안아람, 〈윤석열 "대법 문건 유출, 법대로 철저 수사" 지시〉, 《한국일보》, 2018년 9월 8일.

6　안성모·조해수·박성의, 〈검찰 '적폐 수사'에 끓는 법원의 반격 시작됐다〉, 《시사저널》, 2019년 1월 21일.

7　KBS 라디오 〈김경래의 최강시사〉, 최강욱 인터뷰, 2020년 3월 27일.

8　TBS 〈김어준의 뉴스공장〉, 유시민 인터뷰, 2019년 8월 29일

9　박주연, 〈"조국 의혹 쏟아져 나올 때…… 대통령 임명장 잉크도 안 말랐는데 어떻게 하나 고민"〉, 《경향신문》, 2021년 7월 9일.

10　한상진, 〈박상기 최초 증언, "윤석열, '조국 사태' 첫날에 조국 낙마 요구"〉, 뉴스타파, 2020년 7월 2일.

11　김태호, 〈진중권 "3년 끊은 담배 다시 피워, 조국과 김어준 진보 망쳤다"〉, 《중앙일보》, 2021년 6월 21일.

12　권경애, 《무법의 시간》[전자책], 천년의상상, 2021년.

13　조국, 《조국의 시간》[전자책], 한길사, 2021.

14　추미애, 《추미애의 깃발》[전자책], 한길사, 2021년.

15　동아일보특별취재팀 지음, 《잃어버린 5년, 칼국수에서 IMF까지 1》, 동아일보사, 1999년.

노무현 트라우마

보복을 넘어 공존의 정치로

손병관 지음
©손병관, 2022

초판 1쇄　2022년 12월 1일 발행

ISBN 979-11-5706-274-4 (03300)

만든 사람들

기획편집	황정원
디자인	이혜진
홍보 마케팅	장형철 최재희 맹준혁
인쇄	아트인

펴낸이	김현종
펴낸곳	㈜메디치미디어
경영지원	이도형 이민주
등록일	2008년 8월 20일 제300-2008-76호
주소	서울시 중구 중림로7길 4, 3층
전화	02-735-3308
팩스	02-735-3309
이메일	editor@medicimedia.co.kr
페이스북	facebook.com/medicimedia
인스타그램	@medicimedia
홈페이지	www.medicimedia.co.kr

이 책을 읽는 당신이 궁금합니다.

 카메라를 켜고 QR코드를 스캔해 주세요.
답해주시는 분들 중 추첨을 통해
소정의 선물을 드립니다.